KB112226

검사내전

지은이 김웅은 1970년 전라남도 여천군에서 태어났다. 서울대학교 정치학과를 졸업하고 1997년 39회 사법시험에 합격했으며 2000년 사법연수원을 수료했다. 인천지검에서 첫 경력을 시작한 이래 창원지검 진주지청, 서울중앙지검, 법무부 법무심의관실, 광주지검 순천지청에서 평검사 생활을 했으며, 광주지검 순천지청을 시작으로 서울남부지검과 서울중앙지검에서 부부장검사 시절을 보냈다. 이후 광주지검 해남지청장과 법무부 법무연수원 대외연수과장을 거쳐, 현재는 첫 경력을 시작한 인천지검에서 자신과는 평생 인연이 닿지 않을 것 같았던 공안부장으로 일하고 있다.

검사내전

2018년 1월 19일 초판 1쇄 발행
2023년 11월 1일 초판 64쇄 발행

지은이 김웅
펴낸곳 부키(주)
펴낸이 박윤우
등록일 2012년 9월 27일
등록번호 제312-2012-000045호
주소 서울시 마포구 양화로 125 경남관광빌딩 7층
전화 02) 325-0846
팩스 02) 325-0841
홈페이지 www.bookie.co.kr
이메일 webmaster@bookie.co.kr
제작대행 올인피앤비 bobys1@nate.com
ISBN 978-89-6051-617-5 03300

이 도서의 국립중앙도서관 출판예정도서목록(CIP)은 서지정보유통지원시스템 홈페이지(http://seoji.nl.go.kr)와 국가자료공동목록시스템(http://www.nl.go.kr/kolisnet)에서 이용하실 수 있습니다.(CIP제어번호: CIP2017034466)

생활형 검사의
사람 공부, 세상 공부

검사내전

김웅 지음

부·키

나사못처럼 살아가겠다던
선배를 기억하며

검사들은 야근을 하다 밤늦게 몇몇이 모여 번개처럼 빠른 술자리를 가지곤 한다. 주로 밤 10시 반쯤 검찰 메신저에 남아 있는 선후배들끼리 의기투합해서 검찰청 부근의 '카페'라고 불리는 술집으로 간다. 검사들은 대개 술집에서 환영받지 못하는 존재다. 다른 손님들을 쫓기 때문이다. 그래서 검찰청 주변에 허름하고 손님이 거의 찾지 않는 곳을 단골로 삼는다. 검사들 말고는 찾는 손님이 거의 없어 편하고 술값도 싼 데다 가끔 라면도 끓여준다. 그때의 시간들이 많이 생각난다. 거기에서 한 선배가 해준 말을 아직도 생생하게 기억한다. 그 선배는 소위 '귀족 검사들'과는 거리가 먼 형사부 검사였다. 지방만 전전하다가 가끔 올라오는 수도권에서도 형사부에만 있었지만, 원칙을 지키는 절제 있는 수사로 공판검사들의 존경을 받는 선배였다.(공판검사는 형사소송에서 공소가 제기되어 판결이 날 때까지 진행되는 공판을 담당하는 검사다. 통상 수사를 담당하는 검사와 공판을 담당하는 검사가 분리되어 있다.)

어느 날엔가 나는 무척 화가 나 있었다. 내가 검찰에 들어온 뒤 이 조직은 늘 추문과 사고에 휩싸였다. 그때마다 뼈를 깎는 각오로 일신하겠다는 발표를 하곤 했다. 그러다 보니 이제는 더 이상 깎을 뼈도 없는 연체동물이 된 것 같았다. 그런 상황을 접할 때마다 늘 죄인처럼 지냈지만, 추문과 아무런 상관이 없는 대부분의 검사들이 왜 싸잡아서 욕을 먹어야 하는지 의구심이 들었다. 마치 아담과 하와가 금지된 과일을 먹은 죄 때문에 애꿎은 목수의 아들이 죽어야 했던 것처럼, '검사동일체'란 원칙하에 위에서 사고를 치면 아래에 있는 사람들도 모조리 욕을 먹어야 하는 기이한 상황으로 느껴졌다. 물론 그 이후로 평검사들도 적잖게 사고를 쳤기 때문에 억울해하기도 어려워지긴 했지만 말이다.

아무튼 그런 억울함에 젖어 있던 당시 그 선배를 찾아갔다. 내 화를 가장 적절하게 맞장구쳐줄 것이라고 생각했기 때문이다. 내가 다짜고짜 이런저런 이야기를 하면서 분통 터지지 않느냐고 묻자 선배는 폭탄주를 한 잔 건네면서 이런 말을 했다. 자신은 대한민국이라는 거대한 여객선의 작은 나사못이라는 것이었다. 나사못의 임무는 배가 어디로 가는지를 걱정하기보다 자신이 맡은 철판을 꼭 물고 있는 것이라고 했다. 그게 대한민국이 자신에게 요구하는 것이라고 했다. 사람들이 벤츠 자동차를 살 때는 삼각별 엠블럼을 보고 사지만 실상 벤츠를 벤츠답게 해주는 것은 수천 개의 보이지 않는 나사못들 덕분이라고 했다.

나는 그때 우리 회사에서 소위 잘나간다고 하는 수많은 선배들에게서는 단 한 번도 느껴보지 못한 '존경'이란 감정을 느꼈다. 나도 나사못 같은 사람이 되어야겠다는 생각을 했던 것 같다. 물론 이제는 가끔 희미하게 기억만 하는 다짐이 되어버렸지만, 그 순간만은 잊히지 않는다.

얼마 후 그 선배는 부장검사로 승진했지만 그리 오랜 시간이 지나지 않아 사표를 냈다. 떠나기 전 후배들을 불러 술을 사주면서 나중에 자신이 변호사가 되어 사무실에 찾아가면 친절하게 대해 달라고 했다. 왜 사표를 썼느냐고 묻자, 집안 경제 사정도 어렵고 또 부장검사로서 후배들을 지도하고 이끌어주는 역할은 겁이 난다고 했다. 그때 나는 부장검사라는 지위는 후배들에게 길을 비춰주고 문제가 생기면 책임지는 자리라는 것을 알게 되었다.

가끔 집 소파에 앉아 야구를 보며 맥주 한잔 마실 때가 있다. 야구가 끝나고 소파에 누워 꾸벅꾸벅 졸 때면 마술처럼 세상을 다 가진 듯 떠들썩하게 웃고 마시던 그 시절의 기억이 스쳐 지나가기도 한다. 거악을 일소하지는 못하더라도 대한민국이라는 큰 배의 나사못 역할이나 제대로 해보자고 선의를 불태웠던, 항하사恒河沙처럼 넘쳐흐르던 거품 속에서의 다짐들도 아쉬움 속에 지나간다. 어쩌면 이 책은 그 아쉬움의 기록일지도 모르겠다.

나는 어떤 물음,
어떤 눈빛을 가지고 살아가는가

김민섭 ●『대리사회』『나는 지방대 시간강사다』 저자

추천사를 의뢰 받을 때부터 나는 김웅 검사의 글이 무척 괜찮을 것이라고 짐작했다. 고등학교 시절부터 사귀어 온, 지금은 검사가 되어 있는 어느 친구 때문이다. 고3 때 모 대학에서 주최하는 백일장에 응모하겠다며 시를 쓰고 있는 나에게 그는 "너 정말 멋지구나. 나도 한번 써볼까? 잘 안 되겠지만…" 하더니 30분이 채 안 되어 시 한 편을 뚝딱 써냈다. 그리고 며칠 후, 그는 장려상을 받았다. 내 표정 관리가 잘 안 되었는지 그는 꽤나 미안해했다. 그는 청해진에서 대양을 바라보는 장보고의 심정을 절절하게 써냈고, 나는 고작 파도의 아름다움에 대해 썼다. 누가 심사를 했더라도 그를 장려할 수밖에 없었을 것이다. 그때 나는 '아, 공부 잘하는 놈들은 원래 문학도 미술도 음악도 다 잘하는 거구나.' 하고 생각했고, 한동안 백일장에 제대로 응시하지 못했다. 김웅 검사의 글을 읽으면서도 '아

역시 잘하는 놈들은…' 하는 심정이 되어버렸다.

스물한 살이 되었을 무렵, 뭐든 잘하던 그 친구가 나에게 같이 법 공부해보지 않겠냐고 제안한 적이 있다. 국문학 전공이었던 나는 법보다 문학이 더 좋다고 답했다. 물론 합격할 가능성이 거의 없다고 판단했고, 그래도 꽤 멋진 척은 하고 싶었던 '문학청년'의 적당한 핑계였다. 그 친구는 고시촌이 있는 신림동에서 청춘을 보냈고 내가 대학원에 들어갈 무렵 사법연수원이 있는 일산으로 주거지를 옮겼다. 나는 자식 하나 잘 키워낸 부모의 마음이 뭔지 알 것 같아서 괜히 혼자 뭉클했다. 동시에 둘이서 온라인 게임만 좀 덜했어도 1년은 더 빨리 고시촌을 뜰 수 있었을 텐데, 하는 마음에 숙연해지기도 했다. 그러고 보니 김웅 검사도 게임과 스포츠에 대한 조예가 남다르다. "주변 시위자에게 사명감과 전투력을 불어넣는 존재였다. 실드 버프를 걸어주는 힐러 같은 거다"라든가 "토레스가 부진하다고 해도 축구선수가 아닌 것은 아니다. 롯데 팬들이 아무리 '느그가 프로가'라고 울부짖어도 롯데 자이언츠가 프로야구 팀이라는 사실은 변하지 않는 것과 같다"는 문장을 보면서, 신림동 시절에 지역 위닝일레븐 대회에 나가면 최소한 4강에 오르고 새벽마다 유럽에서 벌어지는 축구 경기를 챙겨 보던 친구가 떠올랐다. 그러나 그가 사법연수원에 들어간 뒤로는 서로 연락이 줄었다. 나는 나대로 논문을 쓴다고 정신이 없었고, 그는 고시 공부할 때보다 몸은 더 힘들다고 했던 것 같다.

이 책을 읽는 동안 계속 그 친구가 떠올랐다. 그가 고시를 준비하던 시절에 나와 주고받았던 몇 번의 인상적인 대화가 그대로 담겨 있었기 때문이다. 친구가 어느 지검에 '시보'로 몇 개월 머물게 되었을 때 그를 만나러 일부러 간 일이 있다. 그가 이끄는 대로 어느 한우 고깃집으로 갔는데 내가 먼저 문을 열고 들어갔다. 주인은 나를 보며 "몇 분이세요? 두 분이면 저기 앉으세요." 하고 홀의 어느 구석을 가리켰다. 그런데 그는 곧 뒤따라 들어온 친구를 보고는 갑자기 부처님이라도 오셨다는 표정을 하며 "아이고…" 하고 탄식 비슷한 것을 내뱉었다. 그러더니 친구를 가장 안쪽 방으로 안내했다. 정확히 기억나지는 않는데, 그 친구가 앉은 자리에 팔걸이 같은 게 있는 방석 의자가, 그러니까 사극에서 무슨 대감이 앉을 법한 그런 게 있었던 것 같다. 나는 그러거나 말거나 그저 친구를 만나러 온 것이니 서로의 밀린 이야기를 그럭저럭 이어 나갔다. 그러는 동안 주인이 들락거리며 직접 고기를 구워주었고, 차돌박이가 두부보다 많이 들어 있는 된장찌개도 나왔다. 식당에서 나설 때 주인은 "차장검사님은…" 하고 누군가의 안부를 물었다. "아이고" 하는 몇 번의 추임새와 '차장검사님'이라는 단어만 어렴풋이 기억이 난다.

당시 친구와 나눈 대화 중 가장 기억나는 건 내가 그에게 "너, 눈이 왜 그래?" 하고 물었던 순간이다. 친구는 "내 눈이 뭐?" 하고 나를 바라봤는데, 뭐랄까, 신림동에서든 일산에서든 그런 눈을 하고 있는 그를 본 기억이 없었다. 원래 그다지 선하게 생긴 인상이 아니기도 하지만 눈을 곧 피하게 될 만큼 뭔가 이전과는 다른 기운이 묻어 있었다. "야, 네 눈 무서워"라고 말하자, 그는 '픽'인지 '씨익'인지 알 수 없는 짧은 웃음을 보이면서 "미안, 한 달 동안 나쁜 놈들을 너무 많이 봤어. 걔들하고 같이 있으면서 눌리지 않으려다 보니까 눈이 걔들을 닮아가는 것 같아." 하고 답했다. 그때 나는 몹시 슬퍼졌다. 한우는 무슨, 유럽산 냉동 삼겹살이나 먹으러 갔으면 좀 나았으려나, 모르겠다.

이 책은 내 오랜 친구가 왜 그런 눈을 하게 되었는지를 어느 정도 말해준다. 그에 더해, 그가 왜 예전의 눈으로 조금씩 돌아오고 있는지, 그러나 왜 여전히 신림동 시절의 그 눈으로 돌아올 수는 없게 되었는지에 대한 답을 동시에 하고 있다.

모든 개인은 조직에 동화되고 순응하기를 요구받는다. 검찰 조직이라고 해서 예외는 아닐 것이다. 김웅 검사는 거기에서 한 발 비껴난 사람처럼 보인다. 자신이 속한 조직과 그 구성원들을 한 발 물러서서 바라본다. 예컨대, 차장검사와 법원수석부장판사가 술자리에서 부하직원들을 호출해 어느 쪽이 더 많이 나오는지 내기한 일화를 전하면서 "부르기만 하면 마냥 달려오는 것을 바랄 거면 개를 기르면 된다"고 말한다. 자신은 가지 않았고, 다음 날 내기에서 진 차장검사에게 욕을 먹은 부장검사가 훈계하자 그는 "그럼 제가 술 마시다 차장님을 불러도 차장님이 나와주나요?" 하고 물었단다. 폭탄주가 조직의 문화인 검찰에서 폭탄주를 마시지 않기 위해 당직을 자처하는, 관할 지역이 아니라 굳이 자기 고향에서 행사를 개최하는 검사장을 대놓고 비꼬는, 김웅은 그런 별난 인간이다. 우리는 이처럼 조직의 논리에 쉽게 물들지 않고 물음표를 가지는 이들을 종종 만난다. 그러나 그들이 조직에 대한 애정이 없는 것은 아니다. 사실 누구보다도 국가를, 회사를, 학교를, 자신이 속한 공간을 사랑하는 이들이다. 그래서인지 여러 흥미로운 일화들보다도 다음의 고백이 더욱 인상적이었다. "일반인의 막연한 선입견과 달리 그 당시 검찰의 문화는 유연했다. (…) 아무튼 그런 면모가 있었기 때문에 그때 나 같은 놈도 검찰에 빌붙어 있을 수 있었다."

　　김웅 검사는 어떤 눈을 하고 있을까, 나는 이 책을 읽으며 궁금해졌다. 책의 첫머리를 장식하는 「사기 공화국 풍경」을 읽다 보면, 그는 우리가 일상에서 쉽게 상상할 수 없는 괴물들과 늘 상대한다. 친구는 언제나 내게 "법을 공부하다 보니까 돈을 벌 수 있는 방법이 너무 많이 보여. 그러니까, 우리가 생각하기에는 분명히 사기인데 합법적으로 이걸 빠져나갈 수 있는 거야. 이게 말이 돼?" 하고 말했다. 김웅 검사는 자신이 담당했던 여러 사기 사건들을 담담하게, 때로는 분노와 슬픔을 담아 내어보인다. 과연, 그 친구가 "이게 말이 돼?" 하고 말했던 게 이런 거구나 싶을 만큼 합법적인 사기꾼들이 참 많다. 그러나 단순히 자극적인 서사에 초점을 두는 게 아니라 그 피해자들에게 반드시 시선을 돌린다. 그들이 어떤 삶을 산 사람들이었는지, 왜 피해를 당할 수밖에 없었는지, 그래서 지금은 어떻게 살아가고 있는지, 하는 것을 들여다보며 사기 사건 자체보다는 현실을 살아가는 인간에 대해 이야기한다. 또한 듣기 좋은 위로를 건네는 대신 이렇게 말한다. "사기꾼들에게 걸리면 누구라도 그 마수에서 벗어날 수 없다. 그건 나도 마찬가지다. (…) 그러니 제발 범죄 피해를 당하지 마시라. 피해자도 헌법상 기본권이 보장된 우리나라 국민이지만 실제로는 2등 국민이다." 그는 개인이 가진 한계뿐 아니라 법이 가진 한계까지도 솔직히 고백한다. 아파하면서도, 자신의 자리에서 할 수 있는 최선의 말을 그렇게 건넨다.

하긴, 나에게도 '꼭 좀 만나고 싶다'는 연락이 종종 온다. 모아놓은 재산이 있어 보이지는 않을 텐데, 김웅 검사의 말에 따르면 "만만한 데 말뚝 박고, 생가지보다 마른 가지 꺾는 법"이란다. 웬만하면 거절하지만, 그래도 어쩌다 만나보면 그들은 좋은 옷을 입고 좋은 시계를 차고 앉아 좋은 말만 건넨다. 솔직히 회가 동할 때도 있지만, 그때마다 "누군가 너에게 이유 없이 그냥 잘해주진 않아. 그리고 그렇게 좋은 게 있으면 너한테 왜 말해주겠니?" 하던 아버지의 말을 떠올린다. 거의 넘어갔다가도 늘 그 말을 움켜쥔 채 빠져나오곤 한다. 그래서 정말 일생일대의 기회를 한두 번 날렸을지는 모르겠지만, 덕분에 아직 김웅 검사의 얼굴을 보지 않고 살아가는 모양이다.

이제 몇 년 차 법조인이 된 내 친구는 어떤 눈을 하고 있을까, 다시 궁금하다. 사실 그 친구를 오래 만나지 못했다. 김웅 검사처럼 구속을 앞둔 피의자에게 담담히 믹스 커피를 타줄 만한 정도의 내공이 되었을까, 아니면 그들에게 지지 않기 위해 여전히 그들의 눈빛을 닮아가고 있을까, 나는 잘 알 수가 없다. 다만 이 책을 통해 짐작할 뿐이다. 김웅 검사에 따르면 드라마나 영화에 등장하는 검사의 모습과 현실 사이에는 "항공모함 서너 개는 교행할 수 있을" 만한 간격이 있다고 한다. 그들의 실제 모습을 들여다보고 상상할 수 있게 해준다는 점만으로도, 이 책은 여러 사람들에게 권할 만하다. 더불어 김웅 검사를 통해 자신이 속한 조직에서 '나는 어떤 물음표를 가지고 살고 있는지, 어떤 눈을 하고 살아가고 있는지' 스스로 질문을 던져보는 기회를 얻을 수 있을 것이다. 거기에 이 책의 진정한 가치가 있다.

차례

서울중앙지검을 떠나기 전에 영민 씨를 불렀다. 그에게 뭔가 멋진 이야기를 해주고 싶었다. 하지만 바보 같게도 나는 그에게 살다 보니 세상이 다 사기 같다고 말했다. 영민 씨 같은 사람에게 세상은 더욱 그렇다고 했다. 청년에게 희망을 주라는 말도 사기라고 했다. 그런 말을 하는 사람들은 대부분 자기 자식들에게 희망이 아니라 특혜를 준다. 청년에게 위로를 건넨다는 교수나 종교인도 정작 관심은 돈에 있는 것일지 모른다. 정의와 법치주의를 부르짖는 검찰도 대한민국에서 벌어지는 거대한 사기의 주연일지 모른다. 어쩌면 개처럼 일하는 형사부 검사들의 선의와 신실함이 이 사기의 가장 화려한 기술로 악용되었을지 모른다. 그래서 세상은 늘 영민 씨 같은 사람들의 시간과 노력과 기대를 훔쳐 가는지 모른다.

1

사기 공화국 풍경

사기 공화국이다. 사회 전체에 세속적인 욕망이 창세기 바다처럼 들끓고 있다. 권위주의 정권과 압축 성장 과정에서 부정한 축재가 성공하는 것을 직접 지켜본 역사적인 경험도 있다. 사기 사건은 부동산 시장과 같아서, 인접한 과거를 반영하는 후행지수이다.

사기는 남는 장사다. 밑천 없이 시작할 수 있고, 세금도 안 낸다. 사기를 쳐도 잘 잡히지 않고, 설사 잡혀도 대부분 쉽게 풀려난다. 손익분기점을 훌쩍 넘긴다. 그러다 보니 한 해에 24만 건의 사기 사건이 발생한다. 2분마다 1건씩 사기가 벌어지는 셈이다. 사기로 인한 피해액도 매년 3조 원이 넘는다.

대부분의 범죄는 순간적인 감정을 이기지 못해 벌어진다. 살인이나 폭력 등이 그렇다. 그러나 사기 범죄는 다르다. 감정보다 계산에 기초한다. 위험보다 수익이 높다고 판단되기 때문에 사기를 치는 것이다. 순간적인 감정으로 사기 치는 경우는 없다. 결국 사기가 넘쳐나는 이유는 그것이 남는 장사이기 때문이다. 노벨경제학상을 받은 게리 베커Gary Becker도 범죄를 저지르는 이유에 대해 '범죄를 통해 얻는 수익이 그로 인해 치르게 되는 비용보다 높기 때문'이라고 설명했다. 적어도 우리나라에서 사기죄가 창궐하게 된 배경은 게리 베커의 분석대로다. 소스타인 베블런Thorstein Veblen도 말하지 않았던가. 인간은 쾌락과 고통을 번개처럼 계산하는 계산기라고.

사기꾼은 어지간해서 죗값을 받지 않는다. 사기꾼이 구속될 확률은 재벌들이 실형을 사는 것만큼 희박하다. 설사 구속되더라도 피해자와 외상합의(합의금의 일부만 주고 나머지는 나중에 주겠다고 약속하는 것)를 하거나 할인 합의를 하면 구속적부심(피의자의 구속수사가 합당한지를 법원이 판단하는 절차, 구속된 피의자는 검사가 기소 제기를 하기 전까지 누구나 청구할 수 있다)이나 보석으로 쉽게 풀려난다. 재판 중에도 피해자 일부에게 합의금을 주는 조건으로 위증을 교사하곤 한다. 그래서 무죄로 빠져나오기도 쉽다. 수사나 재판을 받을 때 중병이 드는 것은 재벌이나 정치인에게 국한된 일이 아니다. 원래 그 초식招式은 사기꾼들이 만든 비급이었다. 자신이 병들지 않으면 가족 중에 누구 하나라도 죽을병에 걸린다. 이 병이 신기한 것은 영어의 몸에서 풀려나면 저절로 낫는다는 점이다. 내림굿을 하면 씻은 듯이 낫는 신병과 같은 것이다.

설사 실형이 선고되더라도 낙담하기에는 이르다. 1심에서 법정구속이 되는 경우는 드물기 때문이다. 구속될 경우 사기꾼의 방어권이 심하게 손상될 수 있다는 해괴한 믿음 때문이다. 오랜 실무 경험을 가진 변호사를 선임하거나 일부 합의라도 하면 항소심에서는 집행유예가 나올 확률이 높아진다. 실형이 나오더라도 어지간해서는 검사 구형량과 동일한 형이 선고되는, 소위 '역기 드는 일'이 없다. 교도소를 가더라도 가석방을 노릴 수 있고, 형집행정지도 종종 받는다.

이런 천혜의 환경 조성으로 우리나라 사기범의 재범률은 77%에 이른다. 처벌을 받은 사기꾼 10명 중 8명은 다시 범죄를 저지른다는 뜻이다. 사기범의 55%는 5개 이상의 전과를 가지고 있다. 이건 확실히 비정상이다. 이렇게 사기범의 재범률이 높은 것은 처벌이 약하기 때문이다. 위험과 수익을 비교해볼 때 위험은 무시할 만하다는 것을 몸소 경험했기 때문이다. 그래서 사기는 줄어들지 않고, 사기꾼의 재범은 늘어나는 것이다.

진화심리학자 레다 코스미디스Leda Cosmides와 존 투비John Tooby는 인간에게 사회적 교환 상황에서 규범을 어기고 남을 속이는 배신자를 탐지하는 인지적 알고리즘이 존재한다고 주장한다. 이 배신자 인지 능력이 사회 구성원 간의 협력을 추진하는 원동력으로 작용한다는 것이다. 누가 속이려 드는지 알 수 있기 때문에 서로 배신하지 않고 협력하게 된다는 얘기다. 그러나 배신자에 대한 응당한 처벌이 따르지 않을 때, 배신자 인지 능력은 사회적 규범을 불신하게 만드는 양면의 얼굴을 가지게 된다.

애석하게도 우리나라에서 사기꾼에게 응당한 처벌이 가해진다고 믿는 사람은 별로 없는 것 같다. 그러다 보니 우리가 지닌 배신자 인지 능력은 법에 대한 불신으로 이어졌다. 바로 '무전유죄 유전무죄'라는 불신이다. 사법 제도가 극적으로 개선되지는 않을 테니 그 불신이 이른 시일에 해소되지는 못할 것이다. 그래서 당분간 이 배신자 인지 능력의 부작용을 줄이기 위해서는, 매정한 말이지만, 각자가 알아서 사기를 피해야 한다. 옛말에 '도둑놈은 한 죄, 잃은 놈은 열 죄'라고 하지 않았던가. 무책임하다고 욕하지는 마시라. 그리 무리한 요구는 아니다. 왜냐하면 사기의 공식은 비교적 단순하고 허접하기 때문이다.

사기꾼은
목숨 걸고 뛴다

동물의 왕국을 주름잡는 치타는 시속 120킬로미터로 달릴 수 있다고 한다. 반면 치타의 먹잇감인 톰슨가젤의 속력은 고작 시속 80킬로미터이다. 고작이라고 해서 미안하다. 치타는 완벽한 위장술과 발자국 소리 하나 내지 않는 유연함으로 톰슨가젤에게 최대한 가까이 다가갈 수 있다. 고양이 발바닥의 귀여운 젤리는 원래 그런 용도다. 그렇게 최대한 접근한 후 방심한 틈을 타 순식간에 달려들어 잡아먹는다.

그러나 이렇게 치명적인 기술과 조건을 갖추었음에도 치타의 사냥 성공률은 30퍼센트 정도밖에 되지 않는다고 한다. 신기한 일이다. 왜 그럴까? 그건 아마도 생사가 걸린 싸움이기 때문인 것 같다. 치타는 그 경주에서 지더라도 또 뛸 수 있지만 가젤은 그렇지 않다. 경주에서 지면 다시는 뛸 수 없다. 먹기 위해 뛰는 것과 죽지 않기 위해 뛰는 것은 다를 수밖에 없다. 사기꾼을 잡는 것도 마찬가지다. 사기꾼은 죽지 않기 위해 뛴다. 사정이 이렇다 보니 수백 명의 사기꾼을 상대하는 검사와 단 한 명의 검사만 상대하는 사기꾼의 싸움은 녹록한 승부가 아니다.

할머니는 후덕하고 진실한 인상이었다. 하지만 인상과 달리 할머니는 사기 전력만 34회에 이르고 수백억 원대 어음 사기도 귤 까먹듯 태연히 저지르는 '연쇄 사기마'였다. 할머니의 사기 수법은 조자룡 헌 칼 쓰듯 현란하고 정확해서 그가 한번 나서기만 하면 수많은 중소업체들이 장마철에 감꽃 떨어지듯 줄줄이 도산했다.

할머니의 수법은 이러했다. 일단 건실한 유통업체를 물색한다. 주로 장기간 어음 거래를 성실하게 해온 작은 상사가 그 대상인데, 목표가 정해지면 바지사장을 내세워 매입한다. 회사를 인수한 후 1년간 소량이지만 꾸준히 거래를 한다. 모든 거래는 어음으로 하고, 약속어음은 어김없이 결제한다. 이렇게 1년 정도 충분히 신용을 쌓은 후 때가 되었다 싶으면 숨겨둔 발톱을 드러낸다. 대기업으로부터 연말 선물 주문이 들어왔다거나 중국으로부터 대량 주문이 들어왔다면서 한꺼번에 엄청난 양의 물품을 구입한다. 주로 손쉽게 돈으로 바꿀 수 있는 알루미늄 괴나 랩톱 같은 물품들을 대량으로 사들인다.

누구나 갑작스런 패턴의 변화는 좋지 않은 신호라는 것을 안다. 추세가 급격히 변하는 것은 정상이 아니라는 의미다. 남편이 갑자기 콜롬보 지갑을 사오면 그건 내연녀에게 콜롬보 백을 사주었다는 뜻이다. 의심해봐야 한다. 할머니의 갑작스런 대량 주문에 대한 반응은 두 가지로 갈렸다. 일부 피해자들은 주문량의 비정상적 변화를 무시하고 장기간의 안정적 거래 추세를 믿는 쪽으로 오판했다. 일부 신중한 피해자들은 거래량의 변화에 민감했고 그에 따른 추가 신용을 요구했다. 하지만 할머니는 그들도 아주 간단히 속였다. 우선 SK텔레콤에 물품을 납품할 것이라고 말한 뒤 자기 수하에게 SK텔레콤 부장 행세를 하게 했다. 별로 어려운 일도 아니다. SK텔레콤 부장 명함은 아무나 만들 수 있다. 사람들은 명함만으로 그가 대기업 부장이라고 믿었다. 피해자에게는 SK텔레콤으로 직접 납품하라고 했다. 그런 후 수하로 하여금 방문자 자격으로 SK텔레콤 본사 주차장에 들어가 피해자로부터 물건을 건네받게 했다.

또 다른 수법은 담보를 제공하는 것이다. 주로 자금 회전이 절실한 건설업자에게 접근하여 약속어음을 주고 빌라를 구입한 후 이를 물품 대금에 대한 담보로 제공하는 것이다. 할머니는 이런 수법으로 거래업체들을 속여 대량으로 물품을 외상구입한 후 이를 '땡처리' 시장에 헐값으로 팔아치웠다. 두꺼비가 파리 잡아먹듯 눈 깜짝할 사이에 중소업체 수십 개를 들어먹은 것이다.

여기까지는 뭐 이야기할 만한 거리도 못 된다. 사기 공화국에서 이 정도 사기꾼은 야산에서 멧돼지 보듯 흔한 일이다. 할머니의 내공은 이제부터 드러난다. 할머니는 10년 넘게 같은 사기를 반복했는데 단 한 번도 처벌받지 않았다. 게다가 수차례 수배를 받아 기소중지가 되었음에도 전혀 체포되지 않은 전설적인 기록도 가지고 있었다.(기소중지는 피의자의 소재가 불분명하여 수사를 종결할 수 없을 경우 그 이유가 없어질 때까지 수사를 일시 중단하는 것을 말한다. 지명수배나 지명통보가 내려지고 출국이 금지된다.) 무엇보다 놀라운 점은 자기 발로 검찰청에 걸어 들어가 수배를 푼 다음 당당하게 걸어 나오는 일이 허다했다는 것이다. 이쯤 되면 멧돼지가 버젓이 9호선 타고 다니는 셈이니 지면을 할애할 만하다.

물론 할머니가 처음부터 고수였던 것은 아니다. 그도 소싯적에는 감방을 들락거린 속칭 '꽈배기'였다. 그러나 어설픈 처벌이 반복되면서 마치 비 온 후 죽순 자라듯 사기 공력이 늘었고, 경찰·검찰의 속성에도 정통하게 되었다. 꽃다운 청춘의 한 조각을 감방에서 보낸 대가로 얻은 관록과 후덕한 인상, 그리고 대범함이 더해져 '만렙' 사기꾼으로 성장한 것이다.

할머니가 한바탕 해먹고 나서도 어음 만기일까지는 사기 행각이 드러나지 않는다. 그렇게 서너 달이 지나간다. 어음 결제일이 한참 지나서도 피해자들은 속았다는 것을 인정하지 않는다. 그런 인상이 아니었다는 것이다. 사람들은 상대방의 외모나 인상만 보고 판단하는 경우가 많고, 또 그런 허술한 판단이 옳다고 고집스럽게 우긴다. 더욱이 사람들은 너무 큰 불행이 닥치면 부정하고 싶어 한다. 그래서 사기를 당한 것이 아니라고 스스로를 속인다. 할머니의 회사에 피치 못할 사정이 생긴 걸 거라고, 곧 돌아와 예전처럼 어음을 잘 해결해줄 거라고 스스로를 속인다.

그러나 결국 현실을 직면할 수밖에 없게 되면 그제야 고소장을 작성한다. 대개 자기가 납품한 물건이 '땡처리' 시장에 나앉아 있는 것을 직접 보고서야 고소를 한다. 고소장이 접수되어도 몇 달간은 이름뿐인 바지사장을 뒤쫓는다. 주로 주거 부정이거나 노숙자인 바지사장을 간신히 잡고 나서야 할머니의 존재가 드러난다. 그러나 할머니는 이미 허공 속의 연기처럼 사라진 뒤다. 할머니를 수배한 뒤 사건을 기소중지하고 나면 1~2년이 훌쩍 지나간다. 우연히 할머니가 잡히더라도 그는 바지사장에게 책임을 전가한다. 그럼 사라진 바지사장이 나올 때까지 할머니를 참고인 중지 처분하고 다시 풀어준다.(참고인 중지는 같은 사건의 피의자나 참고인·고발인 등의 소재가 불명확할 경우 사건 수사를 중단하는 조치를 말한다.) 바지사장이 잡히면 다시 할머니에게 전가하고, 할머니가 잡히면 다시 바지사장에게 전가하고, 이런 말도 안 되는 상황이 계속되는 것이다.

할머니의 대범함은 이제부터 시작된다. 할머니는 도주 중에도 자신에 대한 수배를 해제시켜야 할 상황이 되면 주저 없이 검찰청에 출석했다. 주로 외국에 나가야 하거나 또 다른 사기를 위해 자신의 신원을 확인시켜줘야 할 때다.

우리나라 검사들은 2년마다 인사이동을 한다. 대구지검에서 근무하다가 순천지청으로 가는 식이다. 인사이동을 하면 그동안 자신이 담당했던 사건들은 해당 검찰청에 그대로 두고 가는데 대략 200~300건이다. 이 사건들은 다른 검사들이 배당받아 처리하게 된다. 이것을 '재배당'이라고 한다. 재배당은 매우 빈번하게 일어난다. 통상 6개월마다 이루어지는 부서 이동이나 휴직·연수 등 검사가 자리를 비워야 할 때에도 일어난다. 개인적인 생각이지만 언론에 자주 나오는 검사보다는 재배당과 이송을 적게 하는 검사가 좋은 검사다. 재배당을 하게 되면 모든 수사가 일시에 얼어붙게 되고, 새로운 검사가 재배당 받은 사건을 파악하는 데 오랜 시간이 필요하기 때문이다. 더구나 재배당을 받은 검사는 기소중지된 사건의 존재 자체를 모른다. 기소중지된 사건들은 기록 보관 창고에 있고 전산상으로만 승계가 된다. 해당 사건은 수배된 피의자가 잡혀야 창고에서 나와 빛을 보게 되고, 검사는 그제야 비로소 해당 기록과 대면하게 되는 것이다. 불행히도 할머니는 그 사실을 잘 알고 있었다.

할머니는 새로운 검사에게 자신의 사건이 재배당된 것을 확인한 후, 토요일 오전을 택해 느닷없이 검사실로 쳐들어온다(당시에는 토요일 오전에도 근무를 했다). 조금 있으면 퇴근한다는 기대감으로 느슨해진 틈을 타 다짜고짜 욕설과 고함을 지르며 들이닥치는 것이다. 자신은 이름을 빌려주었을 뿐인데 도대체 왜 자신을 수배해놓았느냐고 고래고래 소리를 지른다. 이른바 '선빵'을 날리는 것이다. 그 기세에 눌린 새로운 검사는 전임 검사가 무언가 실수를 했구나 싶은 생각이 들어 쩔쩔매게 된다. 기선에서 밀리면 끝까지 밀리는 법이다. 병아리 때 쫓기면 장닭이 돼도 쫓긴다.

검사는 할머니의 역정에 쫓겨 허둥지둥 기소중지된 사건을 찾는다. 기소중지된 사건들은 검찰청 기록 보관 창고 안에 있다. 이 창고에서 기록을 찾는 데만 30~40분이 걸린다. 한참 만에 기록이 검사실로 옮겨지는데 그 엄청난 두께에 검사는 지레 겁을 먹는다. 자신도 퇴근해야 하고 같은 방에 있는 수사관이나 실무관도 퇴근해야 하는데 한두 시간 내에 볼 수 있는 양이 아니기 때문이다.

이때 검사도 사람인지라 타협을 하게 된다. 제 발로 걸어 들어온 인자한 인상의 할머니를 구태여 체포해서 당장 기록을 살펴볼 것이 아니라 일단 귀가시키고 나중에 천천히 파악한 후 다시 불러

사기꾼은 목숨 걸고 뛴다

야겠다고 생각한다. 제 발로 찾아온 사람이 도주할 리 없다고 자신과 타협한다. 그래서 검사는 할머니에게 뭔가 착오가 있었던 것 같다고 사과하면서 우선 수배를 해제시켜놓을 테니 나중에 소환하면 꼭 나오시라고 당부한다. 이렇게 할머니는 수배가 해제되고 아무런 조사도 받지 않은 채 오히려 검사의 사과를 받으며 당당히 검찰청을 걸어 나간다. 들뜬 토요일의 퇴근 욕심이 부른 집중력 부족을 할머니는 이탈리아 축구의 전설 '인자기' 뺨칠 위치 선정으로 파고드는 것이다.

한편 검사는 주말을 보내고 월요일이 돼서야 기소중지된 할머니 사건을 재기한다. 이제 다시 사건번호가 부여되고 전산에 입력이 된다. 그러나 사건번호가 입력되었다고 바로 수사가 시작되는 것은 아니다. 통상 사건은 3개월 이내에 처리해야 하고, 그러지 못할 경우 매월 수치화되는 사건 처리 통계에 안 좋은 영향을 미치게 된다. 그러다 보니 검사로서는 오래된 사건들을 먼저 보게 되는 것이다. 이제 갓 재기하여 사건번호를 부여받은 할머니 사건은 당연히 우선순위에서 밀리게 된다. 결국 검사가 할머니 사건 기록을 들여다보게 되는 것은 재기 후 3개월이 임박해서이다.

3개월 후 할머니의 사건 기록을 본 검사는 자신이 속았다는 것을 깨닫고 급히 할머니에게 출석을 요구한다. 할머니는 당황하지 않고 당연히 출석하겠노라고 말한 후 그 시간을 최대한 늦춘다. 막상 출석하기로 한 날이 되면 병원에 입원해야 하니 일주일쯤 시간을 더 달라고 한다. 진단서도 팩스로 보내준다. 물론 일주일 후에도 나오지 않는다. 일주일 후에는 또다시 일주일 연기를 부탁한다. 점차 전화도 잘 받지 않고, 이제 초조해지는 것은 검사 측이다. 그러다 보면 장기 미제가 되어 부장과 차장에게 온갖 욕을 얻어먹은 뒤 결국 수배를 걸고 기소중지를 하게 되는 것이다. 그러다 보면 인사이동 시기가 되고 그 검사는 기소중지된 기록과 짙은 회한을 남긴 채 다른 검찰청으로 떠난다. 그리고 그 자리를 대신하러 온 새로운 검사는 토요일 오전에 느닷없이 할머니의 욕설을 듣게 되는 것이다.

그런데 그 새로운 검사였던 나는 좀 특수한 상태였다. 초임 검사로서 풍운의 꿈은 불과 한두 달 만에 사라지고 새 직업을 알아봐야 할 형편이었다. 일을 못했기 때문이다. 모든 통계가 안 좋았다. 미제도 많았고 모든 사건을 시한에 임박해서야 간신히 처리했다. 멀쩡히 자백하던 사람도 내 앞에만 오면 부인을 했다. 구속된 피의자를 연달아 다섯 번이나 무혐의로 풀어주기도 했다. 지금이야 인권을 옹호한 사례라고 할지 모르겠지만, 그때만 해도 무능력의 상징이었다. 그러다 보니 '당청꼴찌'라는 어엿한 별명도 얻었다. 초임 검사가 별명을 얻기 쉽지 않은데 어떤 면에서든 동기들 중에서 두각을 드러낸 것이리라. 아무튼 그러다 보니 부장들 사이에서도 기피 대상이 된 나는 여러 형사부를 전전하는 '저니맨' 신세였다. 청사 앞 여관에 '달방'을 얻어놓고 매일 야근을 했지만 좀체 평판은 나아지지 않았다.

그해 부서 이동이 있을 때 나는 여름휴가 중이었다. 통상 부서 이동 시기에는 휴가를 가지 않는다. 하지만 다른 시기를 선배들이 차지하고 나니 당청꼴찌로서는 선택의 여지가 없었다. 휴가를 다녀오자 이미 부서 이동이 있었고, 뜻밖에도 내가 조사부에 배치되어 있었다. 당시 초임 검사로서는 좀처럼 가기 어려운 부서였다. 더구나 당청꼴찌가 가는 것은 불가능했다. 마치 웨이버 공시된 투수가 플레이오프 선발로 선 것과 비슷했다. 나도 의아했고, 모든 검사들이 의구심을 가졌다. 당시 조사부장은 얼마나 마음이 힘들었는지 차장검사를 두 번이나 찾아가 당청꼴찌는 못 받겠다며 재고를 부탁했다고 한다. 참, 일반적인 회사에서는 부장이 차장보다 상급이지만 검찰청은 다르다. 차장은 '차 검사장'의 줄임말로 부장의 상급자이고 모든 사건의 결재를 담당하는 중요하고도 엄청난 중노동을 하는 역할이다. 지리산 천왕봉으로 올라가기 직전에 반드시 거쳐야 하는 '깔딱 고개'와 같은 것이다.[검사의 승진 순서는 평검사(3급대우) → 부부장검사 → 부장검사(13~19년 차) → 차장검사(19~20년 차) → 검사장(준차관급) → 고검장(차관급) → 검찰총장(장관급) 순이다.]

아무튼 당시 차장은 무슨 이유에서인지 얼굴도 모르는 나를 조사부로 강력하게 밀어주었다. 그러나 당청꼴찌가 조사부에 가게 되자 주변의 시선이 곱지 않았다. 조직에서 한번 무시당하면 살아남기가 여간 어려운 것이 아니다. 그래서 나는 눈치를 보느라 선배들이 시키는 잡일을 많이 했다. 그중 가장 대표적인 것이 대신 당직을 서는 일이었다. 문제의 그날 역시 당직이었다. 당직은 통상 밤 12시까지 청에서 대기를 해야 한다. 그러니까 나는 집에 갈 수 없었다. 그런 까닭에 노느니 장독 깬다는 심정으로 할머니의 기록을 읽기로 했다.

예상과 달리 검사가 자리를 잡고 앉아 기록을 읽기 시작하자 당황한 할머니는 자꾸 말을 붙인다. 순하게 생겼는데 검사라니 믿기지 않는다는 말을 한다. 다들 그리 생각하고 나도 부인하지는 않는다. 그러더니 묻지 않은 자신의 고향 이야기도 한다. 청상과부가 되어 안 해본 일 없이 고생했다는 이야기며 연탄가스 먹고 죽을 뻔 한 이야기 등 눈물 없이는 들을 수 없는 넋두리를 하더니 느닷없이 우리나라 경제력 집중에 대해 어떻게 생각하느냐고 묻는다. 나는 잘 모르는 분야라고 하자, 젊은 사람이 의식이 없다며 그건 청춘이 아 니라고 훈계도 한다.

할머니는 예상과 달리 의식 없는 검사가 몇 시간째 기록을 읽 고 있자 뭔가 잘못되어 간다는 것을 깨달았다. 그러나 할머니도 이 른바 빠꿈이, 그 정도 대비하지 않았을 리 없다. 정서적인 접근이 실 패하자 두 번째 계획을 꺼냈다. 자꾸 현기증이 난다고 하면서 물을 달라고 했다. 그러더니 갑자기 주섬주섬 진단서를 꺼내 보여주면서 예전에도 응급실에 늦게 가는 바람에 전신마비가 올 뻔했다며 위협 구를 던졌다. 견제구다. 겁이 났다. 그런데 자세히 보니 진단서가 좀 이상했다. 꼬깃꼬깃한 것이 거의 2년 전에 발급받은 것이다. 누가 2년 묵은 진단서를 품고 다니겠는가? 송혜교가 써준 러브레터라도 그리는 못할 거다. 이상하다는 생각이 들었다.

기록은 이제 절정으로 치달아 할머니의 자영업자 대학살 연대 기가 펼쳐지기 시작했다. 나는 기록을 보면서 힐끗힐끗 할머니를 쳐 다보기 시작했다. 평범한 외모와 달리 사람도 즉사시킨다는 청자고 둥이 떠올랐다. 전임 검사의 출석 요구에 대해 '자기는 검찰청 쪽으 로는 오줌도 안 싸니 알아서 잡아가라'고 했다는 할머니의 유난스 러운 배설 습관을 기재한 수사 보고서들이 몇 장씩 달리기 시작했 다. 보고서를 넘기는 박자에 맞춰 할머니의 숨소리도 절정으로 치달았다. 그러더니 갑자기 할머니가 앰뷸런스를 불러달라고 했다. 정말 고민스러운 순간이었다. 분명 꾀병이라고 생각됐지만 확신까지는 아니었다. 꾀병이 아니라는 확증이 없었다. 만약 아니라면 치명적이다.

할머니는 당장이라도 쓰러질 것처럼 보였다. '웩웩' 소리를 치더니 쭈그려 앉는다. 그 순간 나는 설사 꾀병이라도 119를 불러야겠다고 결정했다. 검찰은 원래 사람 잡는 곳이 아니기 때문이다. 그런데 전화기를 드는 순간 할머니는 '억' 소리를 치더니 바닥으로 쓰러졌다. 그러곤 거품을 물고 경련을 일으켰다. 눈앞에서 사람이 거품 물고 쓰러지는 것을 직접 본 사람들은 별로 없을 것이다. 궁금하지 않겠지만 그 기분을 알려주자면 그냥 머릿속이 까매진다. 너무 당황스러워 119에 전화하려던 것도 까먹었다. 그냥 멍하니 서 있었다. 마침 계장은 담배를 피우러 나간 상황이었다.

'인공호흡을 해야 하나?'

사람의 코는 모양이 제각각이듯 좋아하는 향에 대한 기호도 천차만별이다. 어떤 사람은 꽃 냄새를 좋아하지만, 어떤 사람은 암모니아 냄새를 좋아하기도 한다. 나는 세제 냄새를 좋아했다. 왜냐고 묻지는 마시라. 기호에는 원래 이유가 없다. 각자의 독특한 기호는 가끔 예상치 못한 곳에서 밥값을 하기도 한다. 할머니의 입에 다가간 순간, 뭔가 익숙한 냄새가 났다. 어디선가 아주 친근하게 맡아봤던 이 청초한 냄새는? 알 듯 말 듯 콧속과 머릿속을 맴도는 이 냄새는? 그렇다! 그것은 '하이타이' 냄새였다. 갑자기 저 구석에 처박혀 있던 이성이 형광등 켜지듯 돌아와 비로소 기능을 하기 시작했다. 잠시 자리를 비운 것이 미안했던지 이성은 부지런히 밀린 일을 했다.

　나는 어려서부터 잔병과 큰 병 어느 한쪽으로 치우치지 않고 고루 앓았기 때문에 어지간한 증상은 몸소 겪어봤다. 월요일 운동장 조례에서 쓰러진 것 정도는 이야깃거리도 못 된다. 이렇게 쓰러지려면 얼굴색이 변하든가 식은땀이라도 흘려야 한다. 그러나 할머니는 마치 드라마 속의 회장님처럼 멀쩡하게 쓰러졌다. 가만히 할머니를 쳐다보니 지쳤는지 경련도 멈춘다. 누워서 억지로 경련을 일으키려면 강한 코어 근육이 필요하다. 할머니에게 그런 강력한 근력 운동은 위험할 것 같아 조용히 귀에 대고 "할머니, 옥시크린은 언제 넣어드릴까요?"라고 속삭였다. 그때 나는 할머니의 미간과 입이 미세하게 움직이는 것을 보고 말았다. 할머니는 아쉬움이 남았던지 몇 초간 더 혼신의 연기를 했지만 관록에 걸맞게 신속한 판단을 내렸고, 이내 툭툭 털고 일어나 짧은 욕설 한마디로 상황극을 마감했다. 할머니는 최후의 수단으로 미리 하이타이를 환丸으로 만든 후 몰래 가지고 온 거였다. 하이타이 환을 입속에 넣고 침으로 녹이면 상당한 양의 거품이 나온다. 쓰러지는 거야 누구나 할 수 있지만 거품을 연기하려면 과학의 힘을 빌려야 한다.

　결국 할머니는 구속되었다. 그 후 할머니는 나에게 곧 죽을지도 모르는 자신을 꼭 구속시켜야 했느냐고 비난했다. 그러더니 자기는 실적을 노리는 피도 눈물도 없는 검사의 희생양이라고 악다구니를 부렸다. 나는 할머니에게 '애로'라는 경제학자를 아느냐고 물었다. 경제학자 케네스 애로Kenneth Joseph Arrow가 말하길, 모든 상거래에는

　　　　　　　　　　　　사기꾼은 목숨 걸고 뛴다

신뢰가 포함되어 있다고 한다. 따라서 신뢰 관계는 경제활동에 필수 불가결한 요소인데, 상호 신뢰가 결여되면 세계 경제까지 지체된다는 것이다. 나는 할머니에게 할머니 때문에 세계 경제가 지체되었다고 말했다. 할머니는 나를 빤히 쳐다보더니 그게 뭔 개소리냐고 받아쳤다. 신경 쓰지 말라고 말했지만, 사실 그건 할머니가 재판을 받다 구형량을 듣는 순간 진짜 쓰러질 수도 있다는 뜻이었다.

늘 이런 고수들을 잡는 것은 아니다. 말했듯이 치타는 가젤을 놓치는 경우가 더 많다. 후배들에게 자주 말해주는 쓰라린 실패담도 있다. 스스로 천재적인 증권·선물투자자라고 떠들고 다니던 '장 씨'라는 여자 사기꾼이 있었다. 스무 살 때부터 증권투자를 하다 삼성증권에 스카우트되어 100평 넘는 사무실에서 10여 명이 넘는 자기 팀을 이끌었다는 허무맹랑한 말로 자신을 소개하는 장 씨는 스치기만 해도 사망을 일으킬 만한 살수였다. 주로 비상장 주식을 사서 두 배 이상 수익을 올려주겠다고 하거나, 소송에서 승소하면 나오는 고액 배당금을 나눠주겠다고 속여 투자금 명목으로 등쳐먹는 수법이었다. 장 씨는 만나는 모든 사람들을 대상으로 사기를 쳤다. 보험설계사, 미용사, 가사도우미, 자기 집에 커튼을 달아준 업자, 아파트 관리사무소 직원, 옆집에 사는 농기계 수리업자, 냉장고를 배달해준 대리점 사장 등 그야말로 다양했다. 굳이 공통점을 찾으라면 하나같이 어렵고 힘든 사람들이었다.

장 씨는 사기를 치면서 처벌을 피하기 위해 늘 가명을 사용했다. 조사하면서 장 씨에게 왜 가명들을 사용하느냐고 묻자, 자신은 시동생으로부터 성폭행을 당해 어쩔 수 없이 집을 나오게 되었는데 그때 자신의 영혼이 죽었다고 했다. 그러더니 어찌 죽은 이름을 쓸 수 있겠느냐고 감성 폭발하는 변명을 했다. 그래서 장 씨의 과거 사건들을 다 뒤져봤다. 예상대로 장 씨는 결혼하기 전인 1994년경에도 이미 같은 가명을 사용하여 사기를 친 적이 있었다. 그래서 '그때는 시동생이 존재하지도 않았는데 어찌 미래에 시동생으로부터 성폭행을 당할 걸 예측할 수 있었는지' 정중히 물어봤다. 그러자 사실은 남자들이 자신을 성적으로 괴롭혀 자아를 잃어버렸기 때문에 본명을 사용할 수 없었다는 지극히 포스트모던한 답변을 남겼다.

포스트모던하게 빠져나갈 궁리를 하는 장 씨였지만 어쨌든 조사를 마치면 구속영장을 청구할 계획이었다. 예전에는 검사실에서 조사를 하다가 혐의가 밝혀지면 그 자리에서 바로 긴급체포했다. 그렇게 체포된 상태에서 구속영장을 청구하는 것이 일반적이었다. 그러나 지금은 어지간해서는 긴급체포를 하지 않는다. 조사를 한 후 일단 귀가시키고 사전구속영장을 청구한다. 그럼 법원에서 심문용 구인영장을 발부하고, 검사실에서 피의자에게 전화를 해 구속영장이 청구되었으니 구속 전 피의자심문에 나오라고 한다.(긴급체포나 현행범체포 후 청구하는 것을 사후구속영장, 체포되지 않은 상태에서 청구하는 것을 사전구속영장이라고 한다. 구인영장은 법원이 구속 전 피의자심문을 하기 위해 발부하는 영장이다.)

이런 절차를 알고 있는 사기꾼들은 검찰 조사에 잘 응한다. 검사실에서 체포되는 경우는 거의 없다는 것을 알기 때문이다. 그리고 조사에 잘 응했다는 이유로 구속영장이 기각되기도 한다. 사기꾼들이 검찰 조사에 잘 응하는 이유는 또 있다. 조사받으면서 자신의 변

사기꾼은 목숨 걸고 뛴다

명이 먹히는지 안 먹히는지 알 수 있다. 자신의 거짓말이 들통났다고 생각되면 구속 전 피의자심문 기일에 출석하지 않고 도주해버리면 된다. 물론 조사 없이 바로 구속영장을 청구하면 도주 확률을 낮출 수 있지만 이 경우 혐의가 입증되지 않았다는 이유로 청구가 기각될 가능성이 있다.

말하자면 우리나라 형사소송 절차와 판례는 피의자에게 도주할 권리를 부여하고 있다. 그것은 우리 국민과 판사들의 선택이다. 그것이 잘못된 선택이라고는 생각하지 않는다. 검찰이라는 강력한 조직에 대항해서 최소한의 전략을 짤 수 있는 기회라도 제공하는 것이 민주주의에 좀 더 부합한다고 생각한다. 다만, 그런 선택을 했으면 그 결과도 받아들여야 한다.

장 씨는 조사를 받은 후 이제 자신은 무혐의 처분되는 것이냐고 물었다. 그래서 커피를 타주며 구속영장을 청구할 것이라고 솔직하게 말해주었다. 당시에 어떤 판사들은 구속할 거라고 말해주지 않았다는 이유만으로 구속영장을 기각하기도 했거니와, 나는 드라이버 거리 말고는 거짓말에 능숙한 편이 아니기도 했다. 다음 날 장 씨는 나타나지 않았고 대신 변호인이 전화를 걸어왔다. 장 씨가 검찰 조사를 받은 후 귀가하여 자살 기도를 했다는 것이다. 다행히 119가 일찍 출동해서 목숨을 구했지만 아주 위험한 상황이었다고 한다. 내게 '헤드샷'을 날린 것이다.

내가 보기에 장 씨는 죽을 때가 되어 저승사자가 찾아가더라도 뺨을 갈기며 사람 잘못 봤다고 할 위인이었다. 페름기에 버금가는 대멸종이 일어나도 마지막까지 살아남기 위해 굴을 팔 사람이었고, 내일 지구가 멸망한다 해도 버드나무를 사과나무라고 속여서 팔 사람이었다. 그래도 혹 내가 사람을 잘못 본 것인가 하여 소방서에 문의해 사건 발생 보고서를 받아보았다. 보고서를 보니, 장 씨는 약을 마시기 전 119에 전화를 걸어 자신이 곧 농약을 먹을 거라고 예고했다고 한다. 게다가 119 대원들이 신속하게 진입할 수 있도록 약을 먹기 전에 현관문도 열어놓았다는 것이다. 목숨을 끊으려는 순간에도 구급대원이 현관문을 따느라 고생할 것을 염려하는 마음 씀씀이에 조금은 감동했다.

사실 나는 장 씨의 놀라운 예측 능력 덕분에 목숨을 건지게 되어 조금은 감사한 마음을 가지고 있다. 장 씨의 행각을 접한 지 약 15년 후, 우리 가족 모두가 일산화탄소 중독으로 쓰러졌을 때 가까스로 119 신고를 하면서 미리 현관문을 열어두었는데, 그 절체절명의 순간에 장 씨의 일이 떠올랐기 때문에 한 행동이었다. 그 덕분에 우리 가족 모두 목숨을 보존할 수 있었다.

장 씨가 실려 갔다는 병원에서 진료기록부를 제출받아 검토해 봤다. 기록에 장 씨가 마셨다고 적혀 있는 농약에 대해 알아보니, 그가 마신 정도의 양으로는 중독 증상이 나타나지 않는다고 한다. 통상적인 초기 치료와 대증요법만으로 치료될 수 있다고 하고, 만약 중독 증상이 나타난다면 다른 약물을 마셨을 가능성이 있으니 이를 확인해봐야 한다는 것이다. 그래서 변호사에게 농약을 마셨다는 이유로 구속영장을 청구하지 않을 수는 없다고 말했다. 장 씨가 마신 농약보다는 9시 뉴스가 건강에 더 안 좋을 것 같다고도 했다. 장 씨는 변호사로부터 검사의 매정한 반응을 전해 듣자 새로운 비책을 꺼내 들었다. 자살을 기도할 정도로 불안증이 심하다는 진단서를 받아 들고 정신병원에 입원해버린 것이다. 나는 장 씨보다 내가 더 정신적으로 불안정하다며 인정할 수 없으니 출석하라고 했지만, 장 씨는 인권 침해라고 항변했다. 강압수사로 자살을 기도한 피의자가 그 후유증으로 정신병원에 입원했는데도 검사가 출석을 요구했다고 언론에 알리겠다는 것이었다.

사실 병원에 입원한 환자를 구속하는 것은 거의 불가능하다. 더구나 정신병원에 입원한 환자를 구속한 사례도 별로 없다. 결국 장 씨를 불구속 상태에서 기소할 수밖에 없었다. 피해자들은 엄청나게 분노했다. 장 씨와 내가 결탁한 것이라는 의심도 받았다.

가젤은 목숨 걸고 뛴다. 그래서 치타라도 잡기 힘들다. 숨이 턱에 찰 때까지 뛰지만 때때로 가젤을 놓친다. 그래도 가젤과 결탁해서 일부러 놓아주었다고 비난받지는 않는다.

어쩌면 울버린,
초인적 능력을 지닌 그들

검사실에 있어서 좋은 점 중 하나는 심심찮게 기적을 목도하거나 영화에나 나올 법한 슈퍼 히어로를 만날 수 있다는 것이다. 귀신을 보거나 염력을 지닌 사람도 부지기수이다. 나에게 조현병 환자들과 금세 친해지는 특별한 능력이 있다는 헛소문이 돌았던 것도 한몫을 했다. 유유상종이란 말도 들렸다. 그러다 보니 다른 방에서 활약하던 백수광부부터 조선의 국모까지 우리 방으로 몰려왔다. 재벌 3세들에게나 일어난다는 일감 몰아주기 같은 거다. 재벌이 되려나 보다.

그중에는 정말 신기 있는 사람들도 있었다. 오락가락하는 와중에 놀랍게도 다른 사람의 과거를 읊조리는 이도 있었고, 나에 대해서 정확히 맞히는 사람도 있었다. 좋은 말만 해줬기 때문에 신통력이 있다고 믿기로 했다. 그래서 조사가 끝나면 나를 위해 기도해달라는 부정한 청탁을 하기도 하고, 로또 번호 좀 찍어달라고 조르기도 했다. 물론 염력을 가진 사람들만 본 건 아니다. 〈엑스맨〉의 '울버린'이나 〈언브레이커블〉의 '던'처럼 초인간적인 회복 능력을 가진 돌연변이도 봤다.

울버린 김 씨는 불운의 아이콘이자 세상의 불행을 홀로 안고 가는 우주의 속죄양이었다. 어찌나 불행했던지 운전만 하면 여성 운전자가 김 씨의 낡은 프레스토를 들이받았고, 일방통행로에 들어서면 역주행하는 차량이, 교차로에 들어서면 신호위반하는 차량이 반드시 김 씨의 차를 들이받았다. 그러다 보니 그는 불과 몇 년 사이에 40여 회의 교통사고를 당했다. 그때마다 김 씨는 극심한 중상을 입었다. 고물 프레스토가 전혀 부서지지 않았음에도 김 씨가 그리 중상을 입은 것을 보면 상대방은 아마 내력을 실어 적의 내장을 파열시킨다는 무당면장武當綿掌을 사용했던 것 같다. 누구나 그런 비급의 무공을 쓰다니, 무서운 세상이다.

김 씨의 불운이 고물 프레스토 탓은 아니었나 보다. 걸어 다닐 때도 그의 불행은 멈추지 않았던 것이다. 정차했다가 출발하는 차량들은 꼭 김 씨의 엉덩이를 치고 갔고, 좁은 골목길을 오가는 차량은 하필 김 씨의 발등을 역과歷過했다. 세상의 불운이란 불운은 모두 진공청소기처럼 빨아들이던 김 씨는 대신 초인간적인 자가 치유 능력을 타고났다. 그래서 발등을 찍히고도 하루 만에 완치되어 다시 다른 차에 같은 발등이 찍히는 기적을 행하기도 했다. 알라후 아크바르!

그뿐 아니다. 전치 6주의 진단을 받고도 3일 만에 쌩쌩하게 완치되어 걸어 다니다 다시 전치 4주의 교통사고를 당하기도 했다. 이 것은 과학적으로 설명이 안 되는 기적이자 돌연변이 유전자의 강력한 실증이라 아니할 수 없다. 설마 히포크라테스 선서까지 한 의사가 돈 몇 푼 벌자고 보험 사기에 가담해 6주라는 중대한 상해 진단서를 허위로 작성해주었겠는가. 그보다는 김 씨의 뼈가 울버린처럼 아다만티움으로 코팅된 거라고 보는 편이 더 상식적인 판단일 거다.

그는 자가 치유 능력뿐 아니라 다른 능력을 하나 더 가지고 있었다. '1+1' 같은 것인데, 바로 미래를 보는 초능력이었다. 믿기지 않겠지만 그는 자신의 불운을 예견할 수 있었다. 그래서 그는 일정한 수입이 없었음에도 불구하고 수십 개의 보험에 가입했다. 월 보험료를 납부할 능력도 없는 김 씨가 이렇게 많은 보험에 가입했다는 것은 그가 미래를 보는 능력이 있다는 확실한 증거다. 그는 연속된 불행과 자가 치유 능력, 그리고 예지력을 적절하게 이용하여 수억 원의 보험금을 받을 수 있었다.

김 씨 같은 초인을 만나게 된 것은 우연이었다. 서울중앙지검 형사부는 사건이 많다. 장마철 곰팡이처럼 뭉게뭉게 늘어나다 산사태처럼 한꺼번에 쏟아진다. 재주 좋은 선배들은 다른 부처로, 인지부서로 파견을 받아 도망가고 미련한 근본천생들은 산사태에 깔려 죽어간다. 중앙지검 형사부에서 누군가 도피하면 그 방의 사건들은 안 그래도 사건에 깔려 죽어가는 다른 검사들에게 재배당이 된다. 덤프트럭에 깔리나 레미콘 차에 깔리나 어차피 마찬가지라 크게 억울하지는 않다. 아무튼 돌연변이 김 씨 사건은 그렇게 누군가가 떠나면서 나에게 재배당되었다.

후진하는 차량으로 김 씨의 엉덩이를 살짝 들이받아 전치 4주의 중상을 입힌 유치원 교사가 김 씨를 사기죄로 고발한 사건이었다. 무서운 살수를 지닌 유치원 교사는 자신의 무공을 숨기고 싶었는지 김 씨가 허위 사고를 일으킨 뒤 보험금을 받아 갔다고 고발했다. 교통사고는 대개 보험 처리를 하기 때문에 보험사도 아닌 가해 차량 운전자가 이렇게 두 눈에 불을 켜고 고발까지 하는 경우가 거의 없다. 그녀를 불러 고발까지 한 연유를 물어보니, 사고 직후 김 씨로부터 들은 부적절한 충고가 결정적인 역할을 한 것 같았다. 그 충고라는 게 정리해보자면 '정신질환에 걸린 여성은 거리를 방황하지 말고 일찍 귀가해서 조신하게 조리 활동에 매진하라'는 요지였다. 김 씨는 많은 능력을 타고났지만 논리적인 사고는 못하는 것 같았다. 정신질환에 걸린 사람이 조리 활동에 전념할 리 없지 않은가. 아무튼 유치원 교사는 김 씨의 충고가 얼마나 부적절한 것인지를 입증하고 싶었기에 부득이 그를 사기죄로 고발했다.

문제는 김 씨가 당한 사고가 허위 사고라는 사실을 밝힐 방법이 없었다는 것이다. 요즘은 블랙박스가 있어서 사고 당시 상황을 알 수 있지만 그때는 그렇지 않았다. 나로서는 딱히 방법이 없으니 그냥 '혐의 없음' 처분을 해도 됐지만, 절대 고수인 그녀의 고발을 가볍게 무시할 수는 없는 일이었다. 그녀가 규화보전葵花寶典을 익힌 동방불패가 아니라고 누가 단정할 수 있겠는가. 뭔가 방법이 있을 듯해서 만지작거리며 세 달 남짓 들고 있었다.

어느 날 월초라 반짝 한가했던 나는 조사를 마치고 화장실에 갔다. 평소에 가던 화장실이 만석이라 어쩔 수 없이 한참을 걸어 복도 건너편 화장실로 갔다. 위장이 안 좋은 사람들은 대부분 안정적인 화장실을 원한다. 그래서 굳이 한참을 걸었던 건데, 거기서 만난 그야말로 안면만 있는 선배가 다짜고짜 나를 붙잡고는 시간이 있느냐고 물었다. 시간이 없다고 말했어야 하는데 정직하게도 급한 일은 방금 해결했다고 말해버렸다. 그러자 선배가 무슨 발표회가 있는데 거기에 가서 앉아만 있어달라는 것이었다. 선배 말은 금융감독원에서 무슨 시스템인가를 개발해 검찰청에서 발표회를 하고 있는데, '검사 놈'들이 아무도 참석하지 않아 모양새가 좋지 않으니 화장실 유람을 다니는 나라도 참석해야 한다는 것이었다. 그래서 장이 안 좋았을 뿐인 나는 졸지에 서울중앙지검 검사 대표가 되어 영광스럽게 그 자리를 지켰다. 벼락감투를 쓴 거다.

가보니 금융감독원 보험조사국에서 엄청난 돈을 들여 '보험 사기 인지 시스템'이라는 것을 개발했다고 했다. 그 시스템은 대상자의 보험금 수령 현황, 가해자 및 관련자와의 연관성, 입원하는 병원 등 모든 보험 경력을 종합하여 보험 사기 점수를 산출해준다고 했는데 무슨 말인지 하나도 알아들을 수가 없었다. 그런데 다행히 나 같은 과학 문맹을 위해 특정인이 관련된 모든 교통사고와 가해자, 피해자, 관련자 등을 도표로 보여주고 보험 사기 점수도 뽑아주겠다는 것이었다. 그 말을 듣는 순간, 하늘에서 종이 울리고 천사들이 나를 둘러싸며 경하의 노래를 불러주는 것 같았다. 돌연변이 김 씨를 위한 맞춤형 설명회였다. 설명회가 끝난 뒤 어차피 서로 모르는 말을 50분 넘게 쏟아낸 발표자를 찾아가 '김 씨 사건'을 이야기하면서 이 사람을 분석해줄 수 있느냐고 물었다. 금감원으로서는 시승

행사에서 차량 구매 의뢰를 받은 셈이었다. 불과 3일 만에 김 씨에 대한 모든 사건을 정리해서 보내주었다.

보험조사국에서 보내준 자료들을 바탕으로 김 씨가 보험금을 타낸 사고 관계자들에게 연락하여 사고 내용을 재조사했다. 유치원 교사 사건 말고도 38건의 보험 사기가 드러났다. 김 씨의 수법은 주로 여성 운전자와 초보 운전자들을 대상으로 갑자기 앞에 끼어들어 급정거를 하거나, 일방통행로에서 역주행하는 차량, 교차로에서 우회전하는 차량, 신호를 위반하고 진행하는 차량을 고의로 들이받는 것이었다. 출발하는 차량에 엉덩이를 들이밀거나, 골목에서 지나가는 차량 바퀴에 발등을 밟혔다고 주장하는 수법도 자주 사용했다. 보험 사기 인지 시스템에서는 보통 보험 사기 점수가 15점을 넘으면 전문 사기꾼으로 분류하는데, 김 씨는 무려 90점이었다. 10점만 더 채우면 100점인데 아쉽겠다. 결국 김 씨는 구속되었고 중형이 선고되었다. 사람이 구속되는 것은 관재수官災數 중에서도 최악의 악운인데, 돌연변이 초인도 이것에 걸리면 피해 갈 수 없다.

김 씨는 보험 사기 인지 시스템으로 적발한 최초의 사기꾼이다. 물론 지금은 이 시스템을 보험 사기 수사에 이용하는 일이 길거리 비둘기처럼 흔하다. 만약 김 씨가 유치원 교사에게 무리한 충고를 하지 않았더라면, 내가 하필 그때 그 화장실에 가지 않았더라면, 서울중앙지검 대표라는 벼락감투에 취해 그 발표회를 열정적으로 듣지 않았더라면 돌연변이 김 씨는 관재수를 경험하지 않았을지도 모른다. 하지만 우연이 몇 가지 겹치면서 돌연변이의 행운도 끝나버렸다. 이때의 경험으로 나는 공신력 있는 기관에서 하는 발표회, 설명회 같은 것은 돈을 내고서라도 가봐야 한다고 생각하게 되었다.

김 씨 사건으로 재미를 본 나는 보험 사기 인지 시스템을 이용해서 몇 건의 수사를 더 진행했다. 전·현직 택시 기사 30여 명이 가담한 보험 사기와 조직폭력배들이 조직 재건을 위해 저지른 보험 사기를 적발했다. 그 시스템은 워낙 강력했기 때문에 수사가 너무 쉬웠다. 마치 티거Tiger 탱크를 몰고 잉카 군대와 싸우는 것 같았다. 그래서 나는 금세 흥미를 잃었다. 대신 김 씨 등이 주로 이용하던 특정 병원들에 관심을 갖기 시작했다. 악의는 없었다. 다만 도대체 얼마나 의술이 뛰어나면 교통사고 중환자들을 이리 빨리 완쾌시키는지 궁금했을 뿐이다. 사람들이 잘 몰랐을 뿐, 그곳에서 현대판 화타와 편작이 조용히 기적을 행하고 있는 것인지도 모른다. 그래서 전치 6개월 진단을 받은 환자들도 그곳에만 가면 불과 하루 만에 부러진 허리가 들러붙고 찢어진 인대가 재생되어 밤마다 포장마차를 전전하며 폭음하다 파출소를 습격할 수 있게 된 것인지도 모른다. 이런 신의들을 만난다면 내 고질병이었던 편두통, 안구건조증, 폐소공포증, 비염, 알러지 3종 세트, 기관지염, 목 디스크, 척추측만, 위하수, 만성위염, 과민성 대장증상 등을 다 고칠 수 있을지도 모른다.

기적의 병원들에는 화타가 근무한다는 점 말고도 몇 가지 공통점이 있다. 병상보다 환자 수가 많고, 그들 대부분은 교통사고 환자이며, 어떤 환자든 동일한 진단과 처방을 받는다는 점이다. 모든 환자는 평등하다고 생각하나 보다. 그리고 보험사에도 일률적으로 동일한 내용의 '세트 청구'를 한다. 이런 병원들은 실제 간호기록지, 투약지, 물리치료기록지 등을 제대로 작성하지 않는다. 이들을 수사하

어쩌면 울버린, 초인적 능력을 지닌 그들

는 방법이 특별히 어려운 것은 아니다. 하지만 엄청난 노력이 들어간다. 병원에서 보험사에 청구한 내역과 실제 치료 내역, 간호기록지, 환자들의 통화 내역 등을 비교 대조하여 그 차이를 수집하는 것이다. 분석자료 중에서도 가장 효과적인 것은 환자들의 휴대전화 통화 내역이다. 이것만 있으면 환자들이 실제 병원에 입원하지 않았다는 것을 손쉽게 입증할 수 있다. 그래서 이 수사 기법에 호되게 당한 기적의 병원들이 요즘에는 환자들의 휴대전화부터 압수한다. 인권 침해다. 인권 개선 권고라도 해야 할 판이다. 아무튼 이 수사는 인형 눈알 붙이기 정도의 단순하고 반복적인 작업이지만 수만 건을 분석해야 하기 때문에 많은 시간과 인력이 필요하다.

수사 방법이 단순하다고 수사 과정이 쉬운 것은 아니다. 모든 수사에는 외압이 들어오기 마련인데, 기적의 병원들 경우에는 그 정도가 심했다. 이런 병원들은 대개 큰돈을 벌기 때문에 여기저기 보험도 들어놓고 비 오는 날을 대비해 우산도 장만해놓는다. 어떤 병원장은 명문 고등학교의 동창회장이었는데, 그 동문들이 총동원되어 수사를 방해했다. 심지어 병원장을 조사할 때 거대 로펌의 대표인 동문이 부장판사 출신 전관 변호사를 대동하여 검사실에 직접 나타나기도 했다. 최고 권력자와 친하다고 신문에도 오르내리던 사람이었다. 그래서인지 조사 과정에서 단순 입회만 한 것이 아니라 병원장에게 불리한 질문은 하지 말라고 윽박지르기도 하고, 그것이 통하지 않자 최고 권력자의 친구라는 것을 다시 한 번 상기시켜주기 위해 굳이 내 앞에서 높은 곳에 전화를 걸기도 했다. 그리하지 않아도 잘 알고 있다고 말하고 싶었다. 나도 눈이 있어서 뉴스를 본다고.

석기시대 군대라고 무시했던 잉카 군대에 전능한 마법사가 숨어 있었던 것이다. 진실을 왜곡하고 순리를 오염시키는 흑마법을 자유자재로 구사하는 마법사들로 인해 나는 세상의 진짜 힘이 무엇이고 어디에서 나오는지 알게 되었다. 편작이나 화타는 아니었지만, 그 사람은 진정한 우리 사회의 강자였다. 결국 그 병원장에 대한 구속영장은 기각되었다. 해당 병원 사기 행각의 10분의 1에도 못 미치는 다른 병원장들이 줄줄이 구속되는 와중에도 그만은 무사했다. 구속 전 피의자심문에서는 나이롱환자가 증인으로 출석해 자신은 병원에서 청구한 내역대로 약을 먹고 치료도 받았다며 허위증언을 했다. 놀랍게도 재판장은 그에게 증인선서도 받지 않았다.

구속영장이 기각된 후 그 증인을 검사실로 불러 법정에서의 증언이 사실인지 물어본 것은 무슨 저의가 있어서가 아니라 순전히 호기심 때문이었다. 6개월 동안 병원의 청구대로 매일 27종의 약을 먹고, 3종의 수액제와 9종의 피하주사를 맞고, 아침저녁으로 물리치료를 1시간씩 받는 것이 가능한지 정말 궁금했다. 6개월간 정맥주사를 맞으면 정맥이 굳어져서 다른 팔이나 손등, 심지어 이마에까지 주사를 놔야 한다. 내가 그랬다. 손등이나 이마에 정맥주사를 맞을 때면 정말 무섭다. 하지만 신기하게도 그 증인의 양팔에는 주삿바늘 자국 하나 없었다. 도대체 어디에다 정맥주사를 맞았느냐고 묻자 엉덩이라고 한다. 엉덩이에 정맥이 있는 돌연변이였던 것이다.

게다가 그 증인은 외판원이었기 때문에 속초, 강릉, 화천 등 전국을 돌아다녔다. 휴대전화 내역에 그 사실이 잘 드러나 있었다. 그래서 어떻게 치료를 받을 수 있었느냐고 묻자, 아침에 치료를 받고 속초에 갔다가 점심때 다시 서울 중구에 있는 병원으로 돌아와 치료를 받고 다시 속초에 갔다가 저녁에 다시 서울 중구로 돌아왔다고 했다. 서울특별시 종로구에 있는 속초횟집이 아니라 한계령 너머 동해가 보이는 그 속초를 말하는 것이냐고 묻자, 단호하게 그렇다고 답했다. 밥도 세끼 모두 병원에 와서 먹었단다. 그러니까 그녀는 빛의 속도로 달린다는 '바솔로뮤 헨리 배리 앨런', 즉 '플래시'였던 것이다. 플래시는 남자인 줄 알았는데….

어마어마한 복용량도 놀라웠다. 진짜 27종의 약을 6개월 동안 먹었느냐고 묻자, 하나도 빼먹지 않고 꼬박꼬박 먹었단다. 그 약들을 그리 장복하면 황달이 오거나 간이 파괴된다는 전문의의 감정서를 보여줘도 막무가내로 자신은 약이 잘 받는다고 했다. 김 씨 말고 '엑스맨'을 또다시 발견한 것이다. 내가 매그니토인가 보다. 주변에 엑스맨이 꼬이는 것을 보니. 엑스맨을 만들어낸 스탠 리Stan Lee에게 전화를 걸고 싶었다. '도와줘요 스탠 리, 돌연변이들로부터 저를 구해주세요.'

외판원 플래시에게 사실대로 이야기해달라고 했다. 법정에서 선서를 하지 않았기 때문에 위증죄로 처벌받지 않는다는 것을 알려주었다. 지금까지 한 말이 사실이라면 학계에 보고하겠다고 했다. 한참을 망설이던 그녀는 검사실로 오기 전 변호사가 자신을 불러 법정에서 진술한 것과 다르게 말하면 위증죄로 구속될 수 있다며 위협했다고 했다. 그래서 거짓말을 했다면서 실은 그 병원에 딱 하루 머물렀다는 것이었다. 증인의 거짓말은 밝혀냈지만 결국 그 병원장은 구속할 수 없었다. 나는 그가 세상의 진정한 강자인 것을 인정해주기로 했다. 서민들은 모르는 그런 세상에 사는 사람이었다.

병원장을 불구속으로 기소한 후 부장이 나를 불렀다. 그러고는 서류봉투 하나를 건네주며 방에 가서 읽어보라고 했다. 두둑한 대봉투를 열어보니 내가 그 병원을 수사하는 동안 자신에게 들어왔던 나에 대한 투서와 음해들이 담겨 있었다. 곤경에 처했을 때 가장 쉽고 효과적인 해결책은 자신을 변호하는 것이 아니라 상대방을 모함하는 것이다. 그리고 모함은 터무니없을수록 효과적이다. 너무나도 단정적으로 써놔서 진짜 이런 음모가 있었던 게 아닐까 싶었다. 그 중 절반만 사실이더라도 내가 이리 쪼들리며 살지는 않을 텐데 하는 마음에 좀 아쉬웠다.

하나하나 읽다 보니 갑자기 코끝이 찡해졌다. 부장이 그동안 이 모든 음해와 모함을 듣고서도 나를 의심하지 않았을 뿐 아니라 혼자서 그 외압들을 다 막아주고 있었던 것이다. 게다가 그들은 자신들이 원하는 만큼 마법이 통하지 않자 부장까지도 음해한 모양이었다. 병원장을 구속해서 부장의 입장을 살려줬어야 하는데, 결국 마법사들을 이길 수는 없었다. 정치와 권력의 힘은 성층권에서 행사되기 때문에 그것이 얼마나 비열하고 무서운지 사람들은 잘 모른다.

병원장을 기소했지만 법원은 재판을 질질 끌었고, 결국 그에게 유죄가 선고되긴 했으나 병원까지 응당한 대가를 치른 것은 아니다. 그 병원은 의료법인 형태로든 바지의사를 내세운 방법이든 지금도 계속 마법을 부리고 있을 것이다.

마법사들에게 호되게 당하기도 했고, 병원 수사가 너무 지루했기 때문에 나는 곧 병원 보험 사기에 흥미를 잃었다. 그래서 다른 보

어쩌면 울버린, 초인적 능력을 지닌 그들

험 사기를 찾아 어슬렁거렸고, 그러다 정비공장 보험 사기 이야기를 듣게 되었다. 정품 부품으로 정비를 하는 것처럼 속여 보험금을 탄다는 이야기였다.

보통 교통사고가 나면 지나가던 택시가 아는 레커차에 연락을 한다. 그럼 도로 위의 하이에나이자 진정한 레이서들인 레커차들이 나선다. 레커차들의 절대 원칙은 선착순이다. 그래서 레커차는 마치 지구라도 구하겠다는 심정으로 광속 질주를 한다. 그 결과 우리나라에서는 구급차보다 레커차가 더 빨리 현장에 도착하는 기적이 발생한다. 레이싱에서 우승한 레커차는 사고 차량을 꼬리에 달고 승자의 여유를 만끽하며 미리 계약된 정비소에 차량을 넘긴다. 정비소는 그 대가로 레커차에 20~25만 원씩 이른바 '통값'을 준다. 그래서 이런 정비업소를 '통공장'이라고 부른다. 사고를 알려준 택시에도 5만 원 정도 거간비를 준다.

통공장은 거의 보험 대상 사고 차량 수리를 전문으로 한다. 그런데 대형 사고 차량처럼 속칭 '물 좋은 차'가 아닌 이상 이미 통값으로 20만 원을 지불했으니 정상적인 공임으로는 수지를 맞출 수 없다. 관광버스가 들어가는 식당이나 상점에서 기사나 가이드에게 준 뒷돈을 벌충하기 위해 손님들에게 바가지를 씌우는 것과 유사한 상황이 벌어지는 것이다. 그래서 통공장은 '가청', '허위 보유자 불명 사고' 등으로 보험금을 타내며 수익을 챙긴다. '가청'은 '가라 청구' 또는 '가짜 청구'라는 의미다. 정품을 사용하는 것처럼 보험회사를 속여 부품비를 받아낸 후 재생품이나 비품으로 수리를 하는 수법이다. 보유자 불명 사고는 '가해자가 밝혀지지 않은 대물 피해 사고'

를 말한다. 차량에 작은 흠집을 내거나 심한 경우 분필로 그린 후 보유자 불명 사고로 허위 신고하고 전체 도장을 하는 수법이다.

수사의 주 타깃은 '가청'이었다. 가청은 중고 부품이나 불량 부품이 들어가기 때문에 큰 사고를 유발할 수 있었다. 그래서 밝혀보기로 했다. 그런데 쉽지 않았다. 금감원에서도 몇 번 가청을 밝히려고 했지만 번번이 실패했다고 한다. 금감원에서는 보험금으로 수리한 차량을 직접 정비공장으로 가지고 가서 해체한 후 보험금 지급 내역서에 기재된 부품과 수리 내역이 사실인지 확인해보았다고 한다. 전문가 15명을 모아 3개월 동안 조사한 결과 약 2000만 원의 보험금 사기를 밝혀냈다. 전문가 1명당 하루에 1만4810원 정도 밝혀낸 것이다. 황소개구리 한 마리 잡자고 온 저수지에 청산가리를 푼 셈이고, 수술 제대로 했는지 확인하기 위해 사람 배를 다시 한번 가른 셈이다. 금감원 직원으로부터 그 이야기를 듣고 너무 어이가 없어서 막 비웃어주었다. 나중에 알고 보니 그 이야기를 해준 사람이 바로 해당 수법을 사용한 당사자여서 서로 좀 서먹해졌다. 아, 참을 수 없는 나의 경박함!

새로운 방법을 찾기로 했다. 나는 워셔액도 겨우 넣는 수준인데, 차량을 분해한다는 것은 말도 안 된다. 게다가 정비업소 급수마다 해체 가능한 부품이 엄격히 정해져 있다. 차량을 직접 검찰청으로 가져와 해체하면 자동차관리법 위반이다. 딱히 방법이 없을 것 같았다. 하지만 나 때문에 사회생활을 못하게 된 우리 부장이 한번 해보라고 채근했고, 나도 '또라이'라는 별명에 걸맞게 행동해야 했기 때문에 방법을 찾아보기로 했다.

어쩌면 울버린, 초인적 능력을 지닌 그들

수사 방법은 대부분 범죄의 구조를 이해하면 저절로 나오기도 한다. 가청 사기의 구조는 다음과 같았다. 통공장에서 차량을 수리하고 보험금을 청구하면, 보험회사에서 통공장에는 공임을, 부품상에는 부품 대금을 지급한다. 즉, 통공장이 부품상으로부터 부품을 배달받아 사용하고, 그 대금은 보험회사가 직접 부품상에게 주는 방식이다. 따라서 부품비를 떼먹으려면 통공장과 부품상의 결탁이 필요하다. 예를 들어 통공장에서 20만 원짜리 등속조인트가 필요하다고 하면 부품상에서는 실제로 해당 부품을 보내는 게 아니라 매출전표만 끊어준다. 그러면 통공장은 중고품이나 재생 등속조인트로 수리를 한 후 부품상으로부터 받은 매출전표를 이용해 보험금을 청구하고, 보험회사는 부품상에 등속조인트 대금 20만 원을 지급한다. 통공장과 부품상은 그 대금을 8 대 2로 나눠 갖는다.

　통공장과 부품상이 부품비를 8 대 2로 나누기 위해서는 가청 내역을 정리해놓을 수밖에 없다. 예를 들어 통공장과 부품상이 매달 부품 대금을 정산하는데, 가청 거래를 한다면 부품비에서 가청 대금을 공제해야 한다. 그러기 위해서는 반드시 가청 내역을 따로 정리해놓아야 하는 것이다. 따라서 가청 내역을 정리한 장부만 압수하면 굳이 차량을 해체할 필요 없이 범행을 밝힐 수 있다.

　참고로, 이런 수사를 할 때 중요한 것은 그 분야에서 쓰는 용어를 익히는 것이다. 그들의 용어를 쓰지 않으면 조사가 진행되지 않는다. 예를 들어 기자들에게 "표제어를 꼭 그렇게 정해야 합니까?"라고 말하면 무시당하지만, "미다시 꼭 그리 뽑을 거요?"라고 말하면 이야기가 통하는 것과 비슷하다. 그래서 나는 정비소에서 사용하는 용어를 공부했다. 에어 컴프레서(공기 압축기)는 '꼼푸', 제너레이터(발전기)는 '다이나모', 전구는 '다마', 대시보드는 '다시방', 후미등은 '데루등', 범퍼 어셈블리는 '밤바 앗세이', 리어 콤비네이션은 '데루 앗세이', 브레이크 디스크는 '드럼', 디퍼렌셜 기어(차량 회전 시 회전차에 따라 동력을 균등하게 공급하는 장치)는 '데후', 리테이너(오일이 새는 것을 막는 고무링)는 '리데나', 로어 암(바퀴를 지지하는 서스펜션 부품)은 '노아다이', 소음기는 '마후라', 엔진 마운트(엔진의 진동을 완충시켜주는 고무)는 '미미', 트랜스미션은 '미숑', 차체는 '바디', 디스트리뷰터(각 기통에 압축된 전기 에너지를 분배하는 부품)는 '비후다', 점화 플러그는 '쁘러그', 디젤 인젝션 펌프(각 실린더에 연료를 고압으로 바꿔서 분사시켜주는 펌프)는 '부란자', 셀프 스타터 모터(시동 모터)는 '세루모다', 쇼크 업소버는 '쇼바', 샤프트(캠축)는 '샤우드', 하체는 '시다바리', 스티어링 기어는 '오무기어', 도어트림(문 안쪽 플라스틱 내장재)은 '우찌바리', 실린더 헤드 커버(실린더의 오일이 캠축에 튀지 않도록 만든 커버)는 '잠바카바', 실린더 헤드는 '헷도', 냉각팬은 '후앙 또는 휀', 스태빌라이저 바(차체의 비틀어짐을 방지하는 토션 바)는 '활대', 펜더(앞바퀴를 덮어주는 철판)는 '후렌다', 디스크 휠은 '호이루' 등등.

통공장 한 곳을 압수수색하면 부품상 네댓 곳이 나오고, 부품상 한 곳을 압수수색하면 통공장 네댓 곳이 나온다. 그래서 부품 사기에 가담한 업체들이 고구마 줄기처럼 줄줄이 엮여 나오게 된다. 수사는 쉬웠다. 뺑소니 운전자 구속영장 효력 문제로 서로 악감정을 가지고 있었던 영장전담판사 때문에 후배들의 이름을 빌려 구속영장을 청구하는 등 우여곡절도 있었지만 결국 수사는 성공했고,

어쩌면 울버린, 초인적 능력을 지닌 그들

가청이 잠시나마 줄어들었다.

　수사가 끝나면 늘 쓸쓸하다. 수사 과정에서 직면해야 하는 인간의 비열함과 추함에 대한 기억 때문이다. 구속된 한 통공장 사장이 했던 말이 기억난다. 기름밥으로 먹고살려다 보니 어쩔 수 없이 가청을 한 것인데 그게 그리 죽일 죄냐고, 결국 부자들인 보험회사를 위해서 하는 청탁수사 아니냐면서 검찰은 왜 늘 있는 사람들 편만 드느냐고 울분을 토했다. 하지만 사실을 말하자면 그는 대부분의 사람들에 비해 부유했다. 바이에른 주의 상징인 파란색과 하얀색이 교차하는 엠블럼을 단 자동차를 두 대씩이나 굴리고 있었고, 나는 꿈도 못 꾸는 고급 아파트에서 살고 있었다.

　반면 그 공장을 이용했던 사람들은 진짜 서민들이었다. 그들의 차량에 들어간 재생 고무 패킹 사이로 브레이크 오일이 샜을 수도 있다. 그래서 고속도로에서 브레이크를 밟았는데 페달이 쑥 들어가기만 하고 제동은 되지 않아 죽음의 질주를 하다 차체가 함석처럼 구겨져 누군가의 아빠와 엄마, 누군가의 남편과 아내가 다시는 가족들에게 돌아가지 못했을 수도 있다. 하지만 그 사장은 그런 것 따위 아무래도 상관없는 모양이었다. 그저 사회적 약자임이 분명한 자신이 구속되는 것이 불합리하고 불공정할 뿐이었다. 자가 치유 능력을 가진 김 씨나 엉덩이에 정맥이 있는 플래시도 돌연변이였지만, 인간이 가져야 하는 최소한의 공감과 책임감을 완전히 벗어버린 그야말로 진정한 돌연변이였다.

욕심이라는
마음속의 장님

　서울 변두리에서 개척교회를 이끌던 목사님은 어느 날 좀 더 큰 교회로 옮겨보기로 마음먹었다. 큰 집에 살거나 큰 차를 탄다고 구원받는 것은 아니라고 불을 뿜는 강연을 했던 목사님이었지만 자신의 예수님은 아무래도 큰 성전에 모셔야 할 것 같았다. 그러나 새 교회라는 것이 불꽃같은 성령이나 자매님들의 쌈짓돈으로 세울 수 있는 것이 아닌지라 목사님은 교회 건물을 싸게 마련할 방편을 찾기 시작했다. 그러다 목사님은 경매라는 것을 알게 되었고, 정신만 똑바로 차려 권리분석만 잘하면 10% 이상 싼값에 건물을 사는 것은 그다지 어렵지 않을 거라는 근거 없는 자신감이 그를 서초동 법원으로 이끌었다. 하지만 세상에 비싸면서 안 좋은 것은 흔하지만 싸면서 좋은 것은 드물다. 어쨌든 목사님은 경매법정이란 곳을 물어물어 찾아가보았다. 하지만 당최 무슨 짓거리들을 하고 있는 것인지 알 수 없었다. 신문기사와 달리 그 바닥은 고스톱 판이 아니었다. 목사님은 그곳이 초짜가 운으로 돈을 따는 경우란 없는, 프로들의 정글이라는 것을 깨닫고 헛헛한 마음으로 법원을 나섰다.

그때 목사님은 바로 집으로 갔어야 했다. 그러나 목사님은 기왕 나선 강남 나들이에 들떴는지 근처에서 국밥이나 한 그릇 먹고 들어가기로 했다. 땅값이 비싸기로 소문난 서초동 법조타운에서 국밥집 찾기는 쉽지 않았고 목사님은 점점 뒷골목으로 흘러들어갔다. 대로변 뒷길에서 목사님은 보름스 의회당의 기왓장처럼 많은 경매 컨설팅 사무실을 발견했다. 서울에 교회만 많은 줄 알았더니 경매 사무실도 이렇게 많을 줄이야. 목사님은 이 많은 사무실들이 성업하는 것을 보니 실제 낙찰을 받는 요령이 있는 모양이라고 생각했다. 그렇지 않다면 이것들이 다 어떻게 운영되고 있겠는가. 하지만 그건 마치 서울 시내 건물마다 커피숍과 치킨집이 있는 걸 보니 일단 차리기만 하면 돈을 벌 수 있는 업종이라고 믿는 것과 같다. 숫자는 때로 별 의미가 없고 오히려 본질을 흐릴 때도 있다. 개체 수로만 따진다면 개미가 지구의 왕이다.

지구의 왕인 개미를 잡아먹는 개미귀신이라는 벌레가 있다. 개미귀신은 모래 속에 굴을 파고 개미가 빠지기를 기다린다. 재수 없는 개미가 함정에 빠지면 개미귀신은 끊임없이 모래를 뿌려 빠져나가지 못하게 한 후 잡아먹는다. 목사님이 들어갔던 사무실은 바로 그런 개미지옥 같은 곳이었다. 사기꾼에게 걸리면 어떤 사람도 벗어나지 못한다. 아무리 힘센 개미라도 개미귀신을 이길 수 없듯이, 사기꾼들에게 걸리면 누구라도 그 마수에서 벗어날 수 없다. 그건 나도 마찬가지다.

사무실에 들어가자 자신을 안 박사라고 소개하는 사람이 목사님을 반긴다. 안 박사는 청산유수로 경매에 대해 설명한다. 유치권이 있는지, 세입자가 있는지, 주변에 도로나 주차장은 있는지, 혐오 시설이 있는지 다 알아봐야 한다고 한참 설명을 하더니, 결국 자신 같은 전문가도 경매로 돈을 버는 것은 쉽지 않다고 결론 내린다. 그냥 경매로 건물을 싸게 구입할 생각은 버리는 것이 좋다는 충고까지 해준다. 목사님은 솔직하게 말해주는 안 박사가 믿을 만한 사람이라고 생각한다. 한참 이야기를 한 후 떠나려는 목사님에게 안 박사는 한 가지 방법이 있지만 그 기회는 쉽게 오지 않는다는 말을 던진다.

목사님은 지하철을 타고 돌아오면서 경매에 대한 기대를 접었다. 그런데 안 박사가 마지막으로 던졌던, '쉽게 오지 않는 기회'라는 말이 내내 머릿속에서 덜컹거렸다. 그리고 일주일쯤 후 안 박사로부터 전화가 걸려왔다. 뜬금없이 전과가 있다거나 혹 재벌 가문인 것은 아니냐고 묻는다. 목사님은 당장 증서라도 떼어줄 수 있다며 전혀 상관없다고 힘주어 말했다. 그리고 나니 뭔가 시험을 통과한 것 같은 기분이 들었다. 고속버스에서 추첨권을 나눠주고 중국산 도금 시계를 팔아치우는 '네다바이꾼'과 같은 수법이다. 시험을 통과했거나 당첨이 되었다고 생각하면 그 기회를 놓치기 싫은 법이다. 그 말을 들은 안 박사는 조심스러운 목소리로 당장 자신을 만나야 한다고 했다.

명동의 다방에서 안 박사를 만났다. 목사님의 기대대로 안 박사는 '쉽게 오지 않는 기회'에 대한 이야기를 꺼냈다.

"목사님, 제가 부동산 경매업자로 보이십니까? 사실 저는 정권의 자금을 현금화하는 일을 하고 있습니다."

목사님은 처음 이 말을 들었을 때만 해도 사기라는 것을 직감했다. 신문에서 자주 봤던 정권의 요직을 사칭한 사기꾼을 직접 보게 될 줄이야. 그러나 안 박사는 목사님의 경계 반응을 예상한 듯 태연히 말을 이어갔다. 사기는 낚시와 비슷하다. 처음에 찌가 떨어질 때는 누구나 경계한다.

"물론 믿기 어려우실 거라고 생각합니다. 지금 당장 자리에서 일어나 나가셔도 됩니다. 대신 목사님은 1000억 원대 빌딩 주인이 될 기회를 놓치시는 겁니다."

어떤 말을 하고 이 자리를 벗어나야 해코지를 당하지 않을까 궁리하던 목사님은 '1000억 원대 빌딩'이라는 말에 호기심을 느꼈다. 미끼에 흥미를 느낀 것이다.

"목사님, 제 이야기를 좀 더 들어본 다음 판단하셔도 늦지 않습니다."

'그래, 말이나 들어보자. 돈은 절대 넘겨주지 않을 건데 무슨 문제가 있겠어.'

목사님은 아마 이렇게 생각했을 것이다.

"아시다시피 전두환 대통령 때부터 통치자금이란 것을 만들었습니다. 각종 대형 국책사업을 넘겨주고 그 대신 리베이트를 받아서 마련했는데 신도시 개발, 국제공항 건설 등으로 리베이트가 상상을 초월하게 늘어났습니다."

목사님은 통치자금이란 것은 알지도 못하고 들어본 적도 없었다. 그러나 누구나 다 알고 있는 일이라는 듯이 말하니 마치 사실인 것처럼 느껴졌다. 안 박사는 말을 이어갔다.

"금융실명제 아시죠? 그게 이거 잡으려고 만든 겁니다. 그러다 보니 수조 원에 이르는 통치자금이 갈 데가 없게 되었지요. 할 수 없이 정권에서는 그 돈을 재벌들에게 빌려줬습니다. 돈을 빌려줄 때 재벌들의 차명건물을 담보로 잡아놓았는데, 서울의 건물 태반이 사실 이런 건물입니다. 재벌들이 돈을 갚지 못하거나 정권이 바뀔 때는 그 건물을 적당한 임자에게 넘기고 현금을 회수합니다. 하지만 이 건물들이 대개 1000억 원대 건물이라 넘기는 것이 쉽지 않습니다. 대기업이나 재벌들에게 넘기는 경우 사회의 이목을 끌기 때문에 정권에서는 되도록 알려지지 않은 사람에게 넘기려고 합니다."

목사님은 그러고 보니 어디선가 그런 이야기를 들어본 것 같다고 생각했다. 정권이 비자금으로 모아둔 구권 화폐를 교환하려고 한다는 이야기는 유명하지 않은가. 옛말에 세 사람만 우겨대면 호랑이도 만들어낸다고 했다. 유언비어는 황당할수록, 근거가 없을수록 더 강력해진다. 목사님이 밑밥에 반응하는 것을 확인한 안 박사는 계속 말을 이어갔다.

"물론 개인에게 넘기는 것이 쉽지는 않습니다. 시쳇말로 재벌 말고 누가 1000억 원대 건물을 살 수 있겠습니까? 그래서 정권에서는 금융기관에 압력을 넣어 대출을 알선하게 합니다. 정권의 오른팔이 금감원장 되는 것 아시죠? 그게 다 이 작업을 위한 겁니다. 그래서 계약금 정도를 낼 수 있는 재력만 확인되면 매입자로 선정하고 건물을 담보로 저리에 건물 대금을 대출받을 수 있도록 주선해주는 겁니다. 대출금은 정권이 가져가고 매입자는 건물을 소유하게 되는 것이죠."

그럴싸했다. 목사님은 진짜 세상을 보는 것 같았다. 뭔가 남들은 모르는 비밀에 접근한 것 같은 우월감마저 느끼게 되었다. 그 착각이 모든 음모론의 씨앗이다. 절대로 돈을 건네주지 않겠다고 결심하던 목사님은 불과 몇 분 만에 최소 100억 원이라는 계약금이 없는 자신을 한탄하게 되었다. 미늘에 걸린 것을 확인한 안 박사는 슬슬 줄을 당기기 시작했다.

"계약금은 대략 100억 원 정도인데 이 돈이 실제 필요한 것은 아닙니다. 정권에서는 그 정도 돈이 있다는 것만 확인하기 때문에 잔고증명서만 준비하면 됩니다."

"잔고증명서는 어떻게 준비합니까?"

목사님은 조급하게 물었다.

"잔고증명서는 명동 사채업자가 만들어줍니다. 통상 찍히는 금액의 4~5% 정도를 이자 명목으로 주면 만들어줍니다. 물론 아무에게나 만들어주지는 않지요. 저희 팀이 해드릴 수 있습니다. 목사님이 4억 원만 투자하시면 저희가 전주에게 전달해서 100억 원의 잔고증명서를 받아오는 겁니다. 그리고 청와대 2인자인 국정원 간부에게 보여주기만 하면 그 후에는 알아서 대출이 일어납니다. 요지인즉 4억 원만 마련하면 1000억 원대 건물을 소유하는 것이지요."

이제 목사님은 단단히 걸렸다. 물고기와 달리 사람들은 바늘에 걸린 것을 모른다. 목사님은 만약 일이 잘못되면 4억 원을 날리는 것이냐고 물어봤다. 안 박사는 단호하게 사업이 잘못되면 4억 원은 돌려준다고 했다. 그것은 나라에서 보장해준다고도 했다. 하지만 보장한다는 말은 대개 그 약속을 지키지 않겠다는 뜻이다. 애초의 의도가 무엇이든 결과는 늘 그렇다.

"대출로 그렇게 큰 건물을 사면 매달 내야 하는 이자가 만만찮을 텐데요?" 목사님은 나름 예상되는 문제점들을 짚어대기 시작했다. 화성에 가면 물은 어떻게 구할 것인지 걱정하는 것과 같다.

"건물에서 나오는 임차료로 이자를 지급하고도 매달 1000만 원 이상이 빠집니다. 최근에 충무로 작업이 끝났는데, 학교 선생이 지금 매달 5000만 원 이상 수익을 올리고 있습니다. 그 선생은 주변에 로또에 당첨되었다고 둘러대고 있지요. 그게 진짜 인생역전 대박이라니까요."

목사님은 아무래도 믿기지 않았다. 그렇게 좋은 것이면 왜 안 박사가 직접 하지 않느냐고 물었다. 그러자 안 박사는 자신들이 차명을 내세워서 그 건물을 인수하다 들키면 쥐도 새도 모르게 제거당한다고 말했다. 어찌나 조심스럽게 이야기하는지 목사님은 순간 주변을 둘러보기도 했다. 안 박사는 대신 이 건이 성사되면 자신들에게 주차장 수익권이나 청소용역을 넘겨줘야 한다고 했다. 그리고 그 사실을 절대로 발설하면 안 된다고 신신당부했다.

목사님은 영화의 한 장면 속에 들어가 있는 것 같았다. 목사님은 마지막으로 이런 특혜를 왜 자신 같은 서민에게 베풀어주느냐고 물었다. 안 박사는 경제민주화 때문이라고 했다. 돈 많은 사람에게 이런 특혜를 주는 것은 부의 집중을 가속화시키기 때문에 다음 정권이 용납하지 않는다는 것이다. 경제민주화가 들으면 참 억장이 무너질 노릇이다. 그렇게 경제민주화를 끔찍이 생각하는 정권이라면 애당초 뇌물로 비자금을 만들었겠는가.

사기꾼들은 통상 그 시점에 자주 언급되는 토픽들을 잘 활용한다. 이세돌과 알파고의 바둑 대결이 화제가 되면 인공지능 프로그램 개발사업 사기가 늘어나게 되는 식이다. 사람들은 접해본 단어에 관심을 가질 뿐 아니라 근거 없는 신뢰를 보내기까지 한다. 아마 그래서 광고를 해대는 건가 보다. 친구가 요즘 어떻게 지내느냐고 물으면 뜬금없이 재벌 차의 리모콘을 '삐빅' 눌러대라고 하는 광고 같은 것 말이다.(현대자동차에서 '요즘 어떻게 지내느냐'는 친구의 말에 그랜저로 대답했다'는 웃기지도 않은 광고를 한 적이 있다.)

사기의 첫 번째 공식은 피해자의 욕심을 자극하는 것이다. 보이스 피싱처럼 불안감으로 이성을 마비시키는 사기를 제외하고, 대부분의 사기는 피해자의 욕심을 이용한다. 사기꾼들의 속임수란 것은 실상 제비가 물어온 박씨에서 고대광실 기와집이 나온다는 것만큼 허무맹랑하다. 맨 정신으로 들으면 누구나 말도 안 되는 사기라는 것을 알 수 있다. 우리가 살아오면서 배운 논리와 이성을 조금만 사용하면 손쉽게 물리칠 수 있다.

우리는 논리적으로 판단하고 이성적으로 행동하기 위해 꽤 오랜 기간 동안 학교에서 교육을 받았다. 흔히 수학, 과학을 배우지 않아도 살아가는 데 아무런 지장이 없다고 말한다. 하지만 보통 사람이 굳이 수학과 과학을 배우는 이유는 이성과 논리에 따라 판단하는 방법을 익히기 위함이다. 물론 대부분 그런 과학적인 사고체계는 졸업장 속에 남겨두고 나온다. 그래서 고등교육 과정을 마쳤음에도 우리는 미신과 우상으로부터 벗어나지 못하고, 스스로 오류와 맹신의 순교자 역할을 마다하지 않는다.

논리와 이성의 천적은 부조리가 아니라 욕심이다. 아쉽게도 우리의 주성분은 욕심, 욕망, 욕정이다. 우리는 '욕심'이라는 거친 바다 위를 구멍 뚫린 '합리'라는 배를 타고 가는 불안한 존재들이다. 마땅히 쉼 없이 구멍을 메우고 차오르는 욕심을 퍼내야 한다. 하지만 우리는 마치 욕심이 존재하지 않는 것처럼 허세를 부린다. 그래서 우리는 욕심으로부터 논리와 이성을 지켜내는 법을 배운 적이 없다. 그 결과 아무리 허술한 속임수라도 피해자의 욕심과 만나면 엄청난 힘을 발휘하게 된다. 지구온난화를 해결해주는 무한동력 에너지 사업도, 200세 인생을 가능케 하는 세포재생 사업도, 바르기만 하면 100달러짜리 지폐로 변모한다는 마법 잉크도 모두 가능해지는 것이다. 개미귀신은 늘 자신의 마음속에 있다. 개미귀신이 개미에게 뿌려대는 모래는 내 마음속의 탐욕이다. 누구도 자신 안의 탐욕을 이길 수는 없다.

이제 교회를 옮길 생각은 우주 저 너머로 사라져버렸고, 목사님의 눈앞에는 1000억 원대 건물의 임대인이라는 환상이 펼쳐지기 시작했다. 욕심은 불가역적이다. 하데스의 문처럼 언제나 열려 있지만 되돌아올 수는 없다.

목사님은 예배 시간 빼고는 늘 안 박사와 붙어 다녔다. 안 박사는 같은 일을 한다는 윤 사장과 명동 전주의 하수인이라는 김 선생을 소개해주었다. 김 선생 뒤에는 김 회장이라는 명동 전주가 있다고 했다. 또한 국정원 간부라는 윤 국장도 잠깐 만났다. 윤 국장은 사실 만날 수 없는 사람이나 목사님이 하도 조바심을 내니 특별히 만나게 해주는 거라고 했다. 안 박사는 일을 그르치지 않으려면 윤 국장에게 잘 보여야 한다고 신신당부했다. 남산 사무실에 있다는 윤 국장을 명동 중국대사관 앞에서 만날 때 목사님은 마치 예수님 목도하듯 덜덜 떨었다.

윤 국장은 도라지 위스키를 팔 것 같은 지하 다방에서 200억 원짜리 용역계약서를 작성해달라고 했다. 그게 뭔지도 모르는 목사님 대신 안 박사가 나서서 처음 조건에 없던 것이라고 항의를 했다. 목사님은 청와대 실세 앞에서 당당히 항의하는 안 박사가 대단하다고 생각했다. 안 박사 팀이 가져가기로 한 용역계약권을 윤 국장이 뺏어가는 것이구나 싶어 목사님은 권력의 힘과 갑의 횡포에 잠시 씁쓸함도 느꼈다. 하지만 이는 판을 흔들어 정상적인 판단을 못하게 하는 '혼수모어混水摸魚' 수법이다.

목사님은 가지고 있던 모든 돈과 교회 건물을 담보로 빌린 빚을 합쳐 4억 원을 마련했다. 약속한 날짜에 안 박사의 사무실에 나가 보니 김 회장, 김 선생, 윤 국장 모두 나와 있었다. 먹잇감이 쓰러지면 들개도, 하이에나도, 독수리도 모두 모이는 법이다. 그날 목사님이 건넨 4억 원을 누가 얼마씩 가져갔는지는 아직도 모른다. 모두가 자신은 그저 우정 출연한 것일 뿐이며 출연료 정도의 소액만 받았다고 변명했다. 안 박사는 구속된 후 '그럼 자기가 3억 원 넘게 먹었다는 것이냐'고 외치면서 나에게 꼭 진실을 밝혀달라고 울분을 토했다.

돈이 넘어가고 나면 입장이 달라진다. 원래 돈은 앉아서 빌려주고 서서 받는다고 하지 않는가. 잔고증명서는 쉽사리 나오지 않았고 안 박사나 김 선생 등을 만나기도 쉽지 않았다. 돈을 받고 나면 이들은 대개 서너 가지 핑계를 댄다. 사채업자가 금액에서 이견을 보인다든가, 잔고증명서를 기관에서 인정하지 않는다든가, 혹은 청와대 내 실세들끼리 암투가 벌어지는 바람에 누군가 중간에서 건물을 채가려고 한다고 말한다. 그밖에도 재벌이 돈을 갚고 그 건물을 돌려받으려 한다는 등 다양한 변명이 동원된다. 점차 시간이 길어지고 목사님은 빚에 시달리기 시작한다.

그래도 목사님은 꿈에서 깨어나지 못했다. 안 박사 일당은 한번 걸린 호구는 쉽사리 놓아주지 않았다. 일이 자꾸 미뤄지자 조바심이 난 목사님은 안 박사의 사무실로 찾아갔다. 안 박사는 국정원 간부가 수고비를 요구한다고 했다. 당연히 그럴 것 같았다. 이런 큰 특혜를 주는데 수고비나 뒷돈을 요구하지 않는다는 것은 말이 안 된다고 생각했다. 그래서 교회 자매님을 통해 급히 마련한 수천만 원이 넘어갔다. 먹잇감의 살을 발라 먹고 나면 뼈까지 사골로 우려내는 것이다.

믿기지 않겠지만 목사님은 7년 동안 안 박사 일당에게 끌려다니면서도 속았다는 것을 알지 못했다. 고소할 생각도 없었다. 하지만 돈을 빌린 신도로부터 고소를 당하자 안 박사 쪽으로 돈이 넘어갔다는 것을 입증하기 위해 어쩔 수 없이 안 박사를 고소했다. 이렇게 고소장이 접수되었으나 역시 혐의 없음 의견으로 송치되었다.

이 일당이 이렇게 오랫동안 사기 행각을 벌일 수 있었던 이유는 조직을 특이하게 구성했기 때문이다. 이들은 사기 조직이라기보다는 일종의 사기꾼 '인력 풀'이었다. 누군가 새로운 사기 수법을 개발하거나 호구를 물어오면 그때부터 조직과 계획을 짜기 시작했다. 피해자를 속이는 주포, 바람잡이, 명동 사채업자, 사채업자 하수인, 국정원 직원 등 다양한 역할을 수행할 조직원을 그때그때 소개받아 영입했다. 그러다 보니 말이 조직이지 서로 일면식도 없었다. 따라서 서로에게 책임을 전가하기 쉬웠다.

수사하는 입장에서는 일면식 없는 사람들이므로 관련성이나 공모 사실을 찾기 어렵다. 모두가 서로에게 속았다고 변명을 하면 뫼비우스의 띠처럼 변명이 제자리로 돌아오는 것이다. 주포는 바람잡이에게, 바람잡이는 사채업자 하수인에게, 하수인은 사채업자에게, 사채업자는 국정원 국장에게 속았다고 했다. 국정원 국장은 주포가 만나자고 하여 나간 것뿐이고 기관원 행세를 한 적이 없다고 했다. 목사님으로부터 돈을 건네받은 김 회장은 명동의 실제 전주인 성 회장에게 돈을 줬는데 그가 잠적해버렸다고 변명했고, 변명이 잘 먹히지 않으면 도주해버렸다. 이렇게 몇 바퀴 돌고 나면 마치 미로에 빠진 것처럼 출구를 찾을 수 없게 된다. 바로 옆에 출구가 보이는데 정작 거기로 갈 방법이 없는 것이다.

이렇게 해서 이들은 50번 가까이 조사를 받았지만 모두 법망을 피해 갔다. 이 수법을 개발한 김 회장은 사기 전력이 75회였는데 그 중 68건이 불기소 처분을 받았다. 이렇게 사건이 꼬이게 된 이유는 상대방이 하는 변명을 쫓아갔기 때문이다. 이렇게 변명이 쏟아지는 사건은 유방이 구렁이를 내려치듯, 알렉산더가 고르디우스의 매듭을 베듯 한 방에 해결해야 한다.

미로를 빠져나가는 가장 좋은 방법은 조감도를 만드는 것이다. 위에서 보면 미로도 별것 아니다. 조감도를 만들기 위해서는 모든 기록들을 다 모아 일람표를 만들어야 한다. 기록에 나오는 등장인물은 빠짐없이 신원을 확인한다. 그 후 전과 조회와 수사경력 조회를 통해 그들의 모든 사건 기록을 모은다. 이렇게 모은 기록에서 등장인물과 사건들을 추출해서 인물 리스트와 타임 테이블을 만든다. 그럼 특정 시기에 특정인이 어떤 역할을 했고 무엇을 했는지 드러난다.

조감도를 완성하니 김 회장이 4억 원을 건네주었다는 성 회장이 사실은 노숙자로서 이미 사망했다는 사실, 김 선생이 다른 사건에서는 국정원 간부로 행세했다는 사실, 사례금이 입금된 계좌의 명의인이 안 박사의 과거 직장 동료라는 사실 등이 밝혀졌다. 피의자들의 변명 모두가 허위라는 것이 밝혀진 것이다.

일당들에 대한 모든 사건을 취합해보니 수법이 거의 비슷했다. 정부 구조조정 물건이라며 3~5억 원으로 1000억 원대 건물을 매입해주겠다거나 잔고증명서를 만들어주겠다고 속여 돈을 가로채는 경우가 대부분이었다. 김포시 아파트 개발 사업에 50억 원을 투자하겠다고 속이기도 하고, 코스닥 상장회사를 인수하게 해주겠다고 등치기도 했다. 당연히 목사님 말고도 다른 피해자들이 있었다. 아들이 사기에 빠진 아버지를 설득하다 오히려 이 일당의 속임수에 넘어가 부자가 같이 10년 가까이 사기꾼들의 뒷바라지를 해준 경우도 있었다.

나는 구속할 피의자들에게는 조사를 마친 후 믹스 커피를 타준다. 그래서 구치소에서는 우리 방에서 커피 마시는 것을 '사약 마셨다'고 표현한다고 한다. 조사가 끝나면 기력이 쇠해져 커피가 당기는데 혼자 먹기 멋쩍어 타주곤 한 것이 의식처럼 굳어져버렸다. 나는 피의자들에게 이 커피를 마시고 돌아가서 피해자들에게 사죄하고 돈을 갚아주라고 간곡히 부탁한다. 10년 넘게 벌인 이 의식 끝에 내가 내린 결론은 믹스 커피로 사람을 개과천선시키지는 못한다는 것이다. 사랑과 두려움 둘 중에 꼭 하나를 고르라면 사랑받는 것보다는 두려운 존재가 되는 것이 낫다고 한 마키아벨리 말이 맞는 것 같다. 차라리 겁을 주었다면 합의를 시도했을지도 모른다. 그래도 커피 한잔은 사람을 구속해야 하는 불편한 내 마음을 달래준다. 안 박사 일당들에게도 모두 커피를 타주었다.

물론 그들은 만만한 상대가 아니었다. 조사가 끝난 후 안 박사 일당은 모두 모여 조사 내용을 복기했다. 그들의 판단은 갈렸다. 몇 명은 전모가 밝혀진 것이라고 결론 내렸으나 나머지는 검사가 실체를 파악한 것은 아니라고 판단했다. 그렇게 판단한 3명은 구속 전 피의자심문에 나왔고 나머지 4명은 나오지 않았다. 나온 사람들은 모두 당일 구속되었고 나오지 않은 사람들도 전원 사전구속영장이 발부되었다. 사전구속영장이 발부될 경우 도주한 피의자를 잡기만 하면 그대로 구속시킬 수 있다. 그러나 유효기간이 6개월이기 때문에 그 후에는 다시 구속영장을 청구해야 한다. 6개월 안에 잡아야 하나 형사부 검사실에는 도주한 피의자들을 추적하는 시스템이나 인원이 없다. 그래서 직접 잡으러 다니지는 않는다.

안 박사 등 도주한 일당도 형사부 검사실에서 자신들을 잡으러 오지 않는다는 것을 잘 알고 있었다. 하지만 검찰청 바로 앞 사무실이라면 예외일 수도 있다. 일주일쯤 후 나는 우리 방 수사관들에게 점심 먹고 들어올 때 안 박사의 경매 사무실을 한번 둘러보라고 했다. 아마 거기 있을 것이라고 했으나 수사관들은 믿지 않았다. 그러나 개미귀신은 멀리 가지 않는다. 설렁탕을 먹고 후식으로 얻은 박하사탕이 채 녹기도 전에 우리 방 수사관들은 안 박사의 사무실에서 그를 체포했다. 그 순간에도 안 박사는 전화로 "사모님, 정부 물건 하나 하시지요"라며 사기를 치고 있었다고 한다.

목사님은 7년 동안 이 사기꾼들에게 끌려다녔다. 재산을 모두 잃었을 뿐 아니라 부인과 헤어질 수밖에 없었고, 그 충격에 뇌졸중으로 쓰러져 현재는 앉지도 걷지도 듣지도 말하지도 못한다. 그러나 목사님의 비극은 이들의 형량에 크게 영향을 미치지 않는다. 기껏해야 징역 1~2년 더 얹히는 정도다. 재판정에 나가보면 피해자의 반신불수보다 피고인의 치질이 더 중병 취급을 받는다. 그것을 지켜보는 피해자들은 심장이 구겨지듯 괴롭다. 그러니 제발 범죄 피해를 당하지 마시라. 피해자도 헌법상 기본권이 보장된 우리나라 국민이지만 실제로는 2등 국민이다.

프로이트는 이렇게 말했다. "오류의 중요한 본질적 요소는 오류의 형식이나 수단이 아니라 그것을 이용하려는 의도, 즉 여러 가지 형태를 통해 그것을 관철하려는 의도이다." 어려운 말인데, 내 수준에서는 사람들이 오류에 빠지는 것은 궁극적으로 원하기 때문이라고 해석된다.

우리는 늘 오류 속에서 살고 있다. 남들이 아니라 바로 나 자신이 그렇다. 하지만 늘 남들만 오류에 빠져 있다고 생각한다. 우리가 오류에 빠지는 이유에 대해, 특이한 증후만으로 경험적인 인과관계가 인정된다고 생각하는 '과잉일반화overgeneralization', 자신이 믿는 것과 일치하는 것들만 선택적으로 바라보는 '선택적 관찰selective observation', 지각이 해석을 거치면서 부정확해지는 '부정확한 관찰inaccurate observation', 성급하게 결론에 도달하거나 타당하지 않은 전제에 근거하여 주장하는 '비논리적 추론illogical reasoning' 등을 꼽고 있다.

그럼 그러한 오작동을 부르는 것은 무엇일까? 최근 뇌과학에 따르면 감정이 이성에 우선하는 것은 불가피한 일이라고 한다. 외부 자극에 대한 감정적 반응은 이성적 반응에 비해 짧은 회로로 진행하기 때문에 이성적 인식이 나오기 전에 이미 감정이 결론을 내리고 인식은 그에 따를 뿐이라고 한다. 우리가 저지르는 오류도 마찬가지다. 감정이 그것을 원하기 때문에 생기는 일이다. 목사님이 허술한 사기에 속은 것은 그것이 사실이기를 바랐기 때문이다. 상대방의 치밀한 수에 속은 것이 아니라 자신의 욕심에 당한 것이다. 인식의 오작동을 낳는 것은 그보다 재빠른 감정, 즉 욕심 때문일지 모른다. 오류에 빠진 사람들이 어떠한 사실과 증거에도 결코 그 오류를 수정하지 않는 강한 변화 저항성을 지니고 있는 것도 그 때문이다.

호메로스는 만약 인간이 자기 운명보다 더 많은 고통을 당했다면 그것은 신들 탓이 아니라 자기 마음속의 장님 때문이라고 했다. 안 박사 일당의 유혹이 사기라는 신호는 밤하늘의 별보다 많았다.

등기부를 떼어보기만 했어도, 잔고증명서의 명의인을 살펴보기만
했어도 사기라는 것을 알 수 있었다. 국정원이 남산에서 내곡동으
로 이전한 것도 20년 전의 일이다. 그러나 그 많은 정보들을, 목사님
은 못 본 것이 아니라 안 본 것이다. 밤하늘에 별이 아무리 많아도
욕심이라는 간섭조명이 생기면 보이지 않는다.

욕심이라는 마음속의 장님

무전유죄,
약자들의 거리

강 씨의 남편은 오랫동안 암 투병 중이었다. 아픈 남편을 대신해 강 씨는 식당 일로 가족을 부양했다. 남편이 건강했을 때 마련해 두었던 집 한 칸이 있었지만 치료비 등을 마련하고 나면 하루 세끼 해결하기도 버거운 형편이었다. 매일 강 씨는 서울 변두리 갈빗집에서 서빙과 설거지를 하고 늦은 밤에 돌아와 병수발과 밀린 집안일을 했다. 그리고 다음 날이면 전날의 피로가 채 가시기도 전인 이른 새벽에 일어나 밥을 해놓고 집을 나섰다. 누구나 삶의 무게는 천근이라고 하지만 강 씨는 매 순간이 지구를 떠메고 있는 듯 고통스러웠고, 그녀의 몸과 마음은 날마다 파김치처럼 쉬어갔다.

무엇보다 강 씨를 괴롭혔던 것은 주정뱅이들의 엉큼한 농지거리나 찬그릇 사이의 똥 기저귀가 아니었다. 강 씨는 악다구니 같은 지금보다 도저히 희망이 보이지 않는 미래가 더 괴로웠다. 강 씨는 이 지옥 같은 날들이 죽을 때까지 끝나지 않으리라는 것을 알고 있었다. 식물처럼 누워 있는 남편은 쉽사리 죽지도 않고 괴물처럼 돈과 희망을 집어삼키고 있었다. 마지막으로 남은 집까지 날려먹고 나서야 죽겠다는 것만 같았다.

하나뿐인 아들도 마찬가지였다. 누워 있는 아버지와 밤늦게 들어오는 어머니 밑에서 자란 아들은 진즉 학교를 때려치웠고, 밤낮으로 아렌 왕국과 아제로스 대륙을 뛰어다니고 있었다. 아버지가 쓰러졌을 때도 울지 않던 아들은 공성전에서 패배한 뒤 대성통곡을 했다. 인터넷 게임 이외에 자신을 위로해주는 것은 아무것도 없다면서, 엄마가 해준 게 뭐가 있느냐고 악을 쓰며 폭력적으로 나오는 아들은 무섭기만 했다.

그때 강 씨에게 나타난 할머니는 조상신이 보내준 귀인과 같았다. 할머니가 식당 문을 열고 들어오면 구름 사이로 햇빛이 쏟아지는 것 같았다. 엄청난 재력가라고 하는 할머니는 늘 수많은 사람들에게 둘러싸여 있었다. 그들은 할머니를 신처럼 받들었다. 할머니는 강남에만 빌딩 세 채가 있고, 중국 기업에 팔기로 한 알짜배기 땅이 수만 평이라고 했다. 재력가답게 씀씀이며 통이 컸다. 식당에서 일하는 아주머니들에게 주는 팁도 5만 원이었다. 회관이라는 이름을 달고 있는, 변두리 낡은 식당에서는 좀체 보기 힘든 팁이었다. 할머니의 일행들은 수억 원을 벌었다느니, 수익률 200%가 넘었다느니 하는 말들을 딴 세상 이야기처럼 하고 있었다. 강 씨는 할머니가 올 때마다 특별히 신경을 써 서빙을 했다. 저 사이에 끼기만 한다면, 할머니의 손길만 닿는다면 자신도 부자가 될 수 있을 것 같았다. 그러

무전유죄, 약자들의 거리

나 자신과는 너무 멀리 있는 사람들이었다.

어느 비 오는 날이었다. 추적추적 내리는 비가 오는 손님도 내쫓는 우울한 밤에 덜컥 할머니 혼자 찾아왔다. 할머니는 황송하게도 강 씨를 찾더니 손님도 없으니 술친구나 되어달라고 했다. 부리나케 소주 한 병을 들고 와 따라주며 살살 비위를 맞추자 할머니는 묻지도 않은 자신의 얘기를 해주었다.

할머니도 젊어서는 어렵게 살았다고 했다. 이것저것 닥치는 대로 밥벌이를 하다가 명동에서 마사지 일을 하게 되었는데 거기에서 우연히 정보기관에 다니는 권력층을 단골손님으로 삼게 되었다고 했다. 그 사람은 차마 밝힐 수 없는 최고위층 인사의 집사로서 사소한 뒤치다꺼리를 하는 게 주된 임무였는데, 실은 최고위층 인사와 내연녀 사이에서 난 혼외 딸을 관리했다고 했다. 그런데 어느날 내연녀가 감당할 수 없는 요구를 하자 최고위층이 들어주지 않았고, 이때 그녀는 숨겨진 딸의 존재를 공개하겠다면서 위협했다고 했다. 당시는 정치적으로 매우 민감한 시기였던지라 최고위층이 무척 곤혹스러워했는데, 집사가 나서서 그 문제를 궁극적으로 해결해주었단다. 그 과정을 지켜본 혼외 딸은 겁을 먹고 미국으로 떠났고, 더 이상 할 일이 없어진 집사는 그간의 공로를 인정받아 비밀을 지키는 조건으로 특혜를 받았는데 바로 백화점 상품권을 싸게 구입할수 있는 것이었다. 그러나 집사가 직접 전면에 나서서 상품권을 되팔 수는 없었기 때문에 중간에서 처분하는 사람들을 두고 있었다. 그 권력층에게 잘 보인 할머니는 그때부터 상품권을 싸게 구입하여 사채업자들에게 되파는 일로 한 달에 수천만 원씩 벌었다는 것이다.

물론 이 사업에도 문제점은 있는데, 매번 상품권을 가져올 수 있는 것이 아니란다. 자신과 같은 사람들 몇 명이 경매를 해서 가장 높은 가격을 제시한 사람에게 낙찰되는 방식이라 입찰금을 떼이기도 한단다. 경매 방식으로 하는 이유는 권력층이 즉시 현금화하기를 원하고, 법적으로 문제되는 것을 피하기 위함이라고 한다. 그러나 경매 참가자들끼리 순번대로 낙찰을 받기로 묵계가 되어 있어 큰 위험이 따르는 것은 아니라고 한다. 그러더니 갑자기 할머니는 강 씨에게 그 투자에 참여할 생각이 있느냐고 물었다.

할머니의 이야기를 들었을 때 강 씨는 믿을 수 없었다. 요즘 같은 세상에 그런 일이 벌어진다는 것이 도무지 믿기지 않았다. 하지만 할머니 주변의 그 많은 사람들이 투자를 해서 돈을 벌었다는 이야기를 자신도 똑똑히 들었다. 또한 재력가 할머니가 쓸데없는 거짓말을 할 리 없다고 생각했다. 물론 할머니가 자신에게 참여를 제안한 것은 믿기 어려웠다. 아무리 배움이 짧아도 이런 고수익 사업에 자신같이 아무런 뒷배도 없는 사람을 끼워줄 리 없다는 것 정도는 알 수 있었다. 넉 달이면 100% 넘는 수익을 올리는데 자신 같은 서민들의 돈이 왜 필요하겠는가.

강 씨의 의심은 옳았다. 누구나 당연히 가질 법한 그 의심은 이성과 합리적인 판단의 작용이다. 그러나 사람들은 의심을 거북해한다. 그래서 회피하는 것으로 거북함을 해소한다. 노련한 할머니는 그런 의심을 품고 있는 강 씨에게 아주 쉽게 회피할 수 있는 묘약을 내밀었다. 자기는 늙어서 더 이상 돈이 필요 없다고 했다. 어렵게 살아서 그 지긋지긋한 가난이 무엇인지 안다고, 강 씨같이 어려운 사람들을 가난에서 벗어나게 해주는 것이 자신의 낙이라고 했다.

강 씨가 생각해봐도 일흔이 넘는 할머니가 물욕을 부리는 것 같지는 않았다. 하지만 내 어머니가 말했듯, 헌 가마니에 더 들어가는 법이다. 늙는다고 욕심이 사라지지는 않는다. 할머니의 말은 감정적이었다. 감정적인 것은 대개 부정확하나 사람들을 꾀는 데는 효과적이다. 고갱은 말했다. "생각은 감각의 노예다." 사람들은 감정이 가자는 대로 가면서도 꼭 합리적이었다고 변명한다.

할머니의 꼬임이 달콤하기도 했지만 그이의 단정적이고 확신에 찬 말도 강 씨를 움직였다. 이제 고생은 끝이라고, 당신 남편 병은 고치지 못하지만 100평 아파트에서 식모 부리며 떵떵거리게 해줄 수는 있다고 큰소리쳤다. 자기 만나서 팔자 고친 사람들을 광화문 앞에서 줄을 세우면 시청까지 이어진다고도 했다. 강 씨는 어두운 가슴에 100촉 백열등이 켜진 것 같았다. 그런 불빛은 하도 오랜만이라 눈을 뜨기도 힘들었거니와 할머니를 만난 후부터는 잠도 잘 왔다. 매일 밤 밍크코트와 다이아반지로 치장한 채 벤츠를 타고 동창회에 나가 친구들에게 생갈비를 사주는 상상을 했다. 자신도 부러움의 대상이 될 수 있다는 행복감에 젖은 강 씨는 매일 밤 봉긋하게 솟은 가슴처럼 부푼 꿈속에서 잠이 들었다.

할머니는 강 씨에게 '투자자 모임' 사람들을 소개해주었다. 할머니와 함께 다니던 사람들 중 일부였다. 모두 자신처럼 어려운 사람들이었다. 사업을 하다 망해 막노동을 하는 아저씨, 공장을 다니다 손목이 잘린 뒤 산재보상금을 몽땅 바다이야기에 날려먹은 아저씨, 자신처럼 식당 일을 하는 아주머니…. 잘 모를 때는 다들 부자인 줄 알았는데 알고 보니 자신과 별반 다르지 않았다. 할머니는 그들에게 여러 개의 계를 조직하게끔 했다. 할머니 말로는 '똥구멍이 찢어지게 가난한' 자신들이 투자금을 마련할 수 있도록 해주기 위함이라고 했다. 할머니는 되도록 큰 금액을 모아 상품권 경매에 들어가야 낙찰 확률이 높아진다고 했다. 이런 방식으로 투자금을 모은 이전 멤버들은 5번 연속 낙찰에 성공하기도 했단다.

낙찰계에서 강 씨는 1번을 뽑았다. 바다이야기 아저씨는 의수를 흔들며 이건 고래가 나오기 전에 자주 보이는 해파리와 같은 좋은 징조라고 했다. 모두 서로를 격려하고 희망을 북돋아주었다. 모두들 대박은 필연이라고 생각했다. 강 씨는 계금 1000만 원을 받아 할머니에게 투자했다. 한 달이 채 지나지 않았는데 강 씨의 손에 수익금 200만 원이 떨어졌다. 공공근로 아저씨는 강 씨에게 그 돈을 다시 투자하라고 권했다. 누구나 단기간에 수익을 키우기 위해 재투자를 한다고 했다. 하긴 깨가 백 번 굴러봐야 호박 한 번 구르는 것만 못하다. 모두들 그렇게 한다는 말에 강 씨는 수익금을 재투자했다. 한 달 후에 다시 수익이 붙었고 역시 재투자했다. 얼마 되지 않아 강 씨는 수천만 원이 넘는 수익을 올렸다.

강 씨는 이제 더 이상 식당 일을 하지 않았다. 고급스럽게 차려입고 투자자들과 함께 몰려다니기 시작했다. 강 씨와 투자자들은 도깨비 기왓장 뒤지듯 여기저기 몰려다니며 투자 전략이라는 것을 만들어냈다. 주변에는 강 씨가 대박 났다는 소문이 돌았다. 소문은 소문을 낳아 강 씨가 선물투자 전문가가 되었다는 말까지 나왔다. 강 씨는 실제로 자신이 전문 투자자가 된 것 같았다. 식당 동료들도, 이웃들도 모두 강 씨를 다른 눈으로 쳐다보기 시작했다. 그에 맞춰 강 씨는 고급 옷과 비싼 장신구들을 사들이기 시작했다. 그것은 확실한 성공의 징표로 보였다. 그러나 그것은 마치 인스타그램이나 페이스북에 올라오는 사진들과 같다. 남에게만 보이는 행복이다.

수천만 원을 벌었다지만 사실 강 씨 수중에는 한 푼도 없었다. 당장의 생활비는 주변에서 빌리거나 할머니와 다른 투자자들로부터 빌렸다. 투자자들은 군소리 없이 강 씨에게 돈을 빌려주었다. 투자자 모임은 마치 전우 같았고 가족 같았다. 강 씨도, 다른 투자자들도 서로를 위해서라면 무엇이든 해줄 수 있을 거라고 생각했다. 희망은 낭비뿐 아니라 관대함도 부른다. 강 씨는 가끔 의심이 들었지만 투자자 모임에 나갈 때마다 그 의심이 주는 불안감에서 벗어날 수 있었기 때문에 더욱 자주 만났다. 하지만 그건 밤눈 어두운 소가 제 워낭 소리 듣고 길 찾는 거나 마찬가지다.

흔히 사람들은 여럿이 모이면 좀 더 나은 판단을 할 거라고 생각한다. 그것이 집단지성이라고 착각한다. 그러나 18급 100명이 머리를 짜낸다고 이창호 국수를 이기는 것은 아니다. 게다가 여럿이 모일수록 그 집단이 빠진 오류에서 벗어나기 어려워진다. 오류에 빠진 사람이 같은 오류에 빠진 사람을 만나면 서로가 서로에게 확신을 주기 때문이다.

투자자들은 강 씨에게 감질나게 수익을 올리기보다 한꺼번에 큰돈을 넣어 한두 달 만에 팔자를 고치라고 했다. 집이라는 확실한 자산을 왜 놀리느냐며 그렇게 큰 자산을 묵히는 것은 바보 같은 짓이라고 했다. 강 씨가 그 말을 듣고 집을 담보로 대출받은 돈을 할머니에게 건네줄 때 모두들 자기 일처럼 기뻐했다. 사실 그때 강 씨는 이리저리 빌린 돈이 너무 많아 어차피 대출을 받아야만 했다. 강 씨는 한두 달은 아니더라도 6개월 정도면 수익을 받을 수 있을 것이라고 믿었다. 그러나 1년이 다 되도록 약속한 수익은 나오지 않았다. 게다가 할머니와의 연락도 점점 어려워졌다. 강 씨는 대출금 이자를 갚기도 힘들어지기 시작했다. 이제는 돈을 빌릴 데도 없었다. 콩팥을 팔아서라도 돈을 빌려주겠다던 투자자들도 고개를 돌리기 시작했다.

투자자들 사이에서는 의심이 확산되기 시작했다. 돈을 벌었다고는 하지만 실제 자신들이 본 것은 아무것도 없었다. 상품권을 사서 사채업자들에게 넘긴다는 사무실도 본 적이 없었다. 투자자들은 할머니에게 차츰 불평을 하기 시작했다. 그러자 할머니는 경매 참가자들 사이에 내분이 있어서 정리하느라 시간이 걸리는 것이라고 했다. 그러더니 아무에게도 알려주지 않은 상품권 사무실을 보여주겠다고 했다. 투자자들은 할머니와 함께 차를 타고 대전까지 내려갔다. 대전 어느 건물 앞에 차를 세우게 한 할머니는 혼자 건물로 들어갔다 한참 후에 나왔다. 그사이 공공근로 아저씨는 가끔 지방에서 걸려오곤 하던 할머니의 전화를 기억해냈고 그게 대전 지역번호였다고 말했다. 상품권 사무실이 맞는다는 것이었다. 그 이야기를 들은 투자자들은 모두 기다렸다는 듯이 안도했다. 모두들 자신은 할머니를 의심한 적이 없다고 앞다퉈 말했는데 마치 한때의 냉담을 반성하는 신앙고백 같았다.

그러나 이는 할머니가 피해자들을 치밀하게 속이기 위해 자신의 근거지 중 하나인 대전에 갈 때마다 공중전화로 전화를 걸었던 것에 불과했다. 서울로 올라오는 길에 할머니는 경매 참가자들이나 권력층이라는 사람을 소개해주지 못하는 자신을 이해해달라고 했다. 예전에 할머니가 친동생처럼 생각하던 사람을 권력층에게 소개해주었는데 자신을 배신하고 직거래를 하려고 한 적이 있다고 했다. 그때 거래처를 잃은 것보다 사람을 잃은 것이 더 가슴 아팠다면서 그 후로는 절대로 직접 경매 참가자나 권력층을 소개해주지 않는다고 했다.

할머니는 휴게소에서 우동을 한 그릇씩 사주면서 지금은 겨울이지만 봄은 반드시 온다고 했다. 원래 해 뜨기 전이 가장 추운 법이라고 했다. 그러나 겨울이 지난다고 반드시 봄이 오는 것은 아니다. 극지방에서라면 겨울이 끝난다고 해서 우리가 생각하는 따뜻한 계절이 오지는 않는다. 게다가 봄을 기다리기엔 피해자들이 너무 가난했다. 투자금 대부분은 빌려서 마련한 것이었고, 이자 독촉은 호랑이처럼 찾아오고 있었다. 얼마 지나지 않아 강 씨와 피해자들은 할머니에게 돈을 달라고 요구했다. 처음에야 점잖은 말이 오갔지만 곧 험악한 소리와 고성이 난무했고, 급기야 콩밥을 먹이겠다는 소리까지 나왔다. 피해자들은 파국을 예상하지 못했지만, 할머니는 충분히 준비한 결과였다. 따라서 눈 하나 깜빡하지 않고 얼마든지 고소해보라며 으름장을 놨다. 피해자들은 그제야 자신들이 바보 같은 짓을 벌인 걸 알게 되었다. 범에게 개를 빌려준 셈이었다.

할머니가 의연할 수 있었던 것은 그만의 필살기가 있었기 때문이다. 덕분에 할머니는 강 씨 일행들 말고 다른 사람들에게도 같은 사기를 쳤으나 손쉽게 법망을 빠져나갔다. 할머니의 필살기는 돌려준 돈을 이중 삼중으로 계산하는 것이다. 예를 들어 11월 1일 강 씨로부터 1000만 원을 투자받으면 한 달 후인 12월 1일 수익금 명목으로 200만 원을 강 씨에게 송금해준다. 그 후 12월 3일에 직접 만나 추가 수익금이라면서 100만 원을 더 준다. 그런데 이날 12월 1일에 송금한 돈을 합한 300만 원짜리 영수증을 받는다. 12월 5일에는 다른 번호계의 계금 1000만 원을 강 씨 계좌로 송금한다. 12월 7일에 강 씨를 만나 이에 대한 영수증을 받는다. 12월 10일에는 바다이야기 아저씨에게 전해달라면서 500만 원을 강 씨 계좌로 송금한다. 며칠 후인 12월 12일 곗날에는 바다이야기 아저씨에게 100만 원을 추가로 주고 그로부터 600만 원짜리 영수증을 받는다.

　강 씨가 할머니를 사기죄로 고소하면 할머니는 강 씨에게 받은 돈보다 더 많은 돈을 돌려주었다고 변명한다. 그리고 그 증거자료로 12월 1일 200만 원 송금증, 12월 3일 300만 원 영수증, 12월 5일 1000만 원 송금증, 12월 7일 1000만 원 영수증, 12월 10일 500만 원 송금증을 제시한다. 즉, 1000만 원을 받았는데 3000만 원을 돌려준 셈이 되는 것이다. 물론 자세히 살펴보면 이중 계산이라는 사실을 알 수 있다. 그러나 할머니는 여러 계에서 수십 명과 수십 개의 계좌로 거래했기 때문에 어지간해서는 그 흐름을 잡기 어려웠다. 이런 수법이 설마 통하겠느냐고 의심하는 사람들도 있을 것이다. 그러나 놀라지 마시라. 할머니는 이 수법으로 거의 모든 민사소송에서 승소했다. 또한 10여 건의 고소 사건 모두 혐의 없음 처분되었다. 그뿐 아니라 오히려 피해자가 허위 고소로 몰려 무고죄 조사를 받기도 했다.

그뿐이 아니었다. 할머니는 피해자가 빚에 시달리다 야반도주를 하면 그것도 이용했다. 야반도주하는 경우 주소지는 그대로 남게 된다. 그럼 피해자를 상대로 대여금반환소송을 한 후 피고의 주소지로 소장을 송달하게 한다. 당연히 피해자의 주소지에는 아무도 살지 않으니 의제자백으로(자백을 한 것과 동일한 것으로 처리한다는 뜻으로 피고가 원고의 청구를 인정한 것으로 보는 것이다) 승소를 하는 것이다. '진화타겁趁火打劫'이라고, 불난 집에 들어가 물건을 훔치는 것이다.

강 씨 일행이 고소한 사건도 경찰에서 무혐의 의견으로 송치되었다. 받은 돈 이상으로 돌려주었으니 사기가 아니란다. 내가 중앙지검에서 부부장으로 근무하던 1년 동안 총 20명에 대해 구속영장을 청구했는데, 그중 딱 2건이 기각되었다. 한 건은 구속영장을 청구한 후 남부지법에서 법정구속이 되는 바람에 기각된 것이니 기각이라고 보기는 어렵다. 그런데 한 건은 범죄 혐의가 입증되지 않았다고 기각되었는데 그게 바로 이 할머니 건이다.

할머니는 구속 전 피의자심문이 벌어진 법정에 나가 '원금 이상을 건네주었는데도 악질들한테 잘못 걸려 청탁수사를 받은 것'이라고 악을 쓰며 한바탕 눈물을 쏟아냈고, 결국 혼신의 눈물 연기가 빛을 발해 구속영장은 기각되었다. 게다가 구속영장이 청구되자 할머니는 피해자들을 이간질하여 서로 배신하게 하는 신묘한 기술도 선보였다. 할머니는 가장 피해가 컸던 공공근로 아저씨에게 전화를 걸어 자신이 구속되면 한 푼도 받지 못할 거라고 위협했다. 자신은 구속된다 하더라도 나이가 많기 때문에 1심에서 집행유예로 나오게 되어 있고, 설사 실형을 선고받더라도 형집행정지로 나올 수 있다고 흔들었다. 지금은 분노가 앞서 자신이 구속되기를 바라겠지만, 만약 그리되면 그 돈은 누가 갚아주겠느냐고 설득했다. 마지막으로 자신이 크게 한 건 한 후 피해금과 이자를 모두 갚아줄 테니 구속되는 것을 막아달라고 제의했다. 결국 공공근로 아저씨는 합의서를 써주었을 뿐 아니라 할머니가 투자금 이상을 돌려주었다는 확인서까지 써주었다. 한때 콩팥을 팔아서라도 도와주겠노라고 굳은 맹세를 했던 그들은 이렇게 말 몇 마디에 영원한 원수가 되었다. 할머니는 공공근로 아저씨의 확인서와 수십 장의 송금증, 차용증, 영수증을 법정에서 날리며 이 모든 것이 청탁수사라고 외쳤다. 우리 방 계장은 벚꽃처럼 흩날리는 차용증을 보면서 구속영장이 기각되리라는 것을 직감했을 뿐만 아니라 내가 정말 청탁수사를 한 것이 아닌가 하는 심각한 의구심에 빠졌다고 한다.

흔히 공격이 최대의 방어책이라는 말을 한다. 이게 바로 그런 경우다. 할머니는 자신의 혐의에 대해 방어를 한 것이 아니라 오히려 수사검사가 청탁수사를 한 것이라고 공격을 한 것이다. 그에 따라 쟁점은 상품권 투자의 진위 여부가 아니라 돈을 돌려주었는지 여부로 흐려진 것이다. 의심은 증거로부터 비롯되는 것이 아니라 '혹시 내가 속고 있는 게 아닐까?' 하는 불안감에서 싹트기 시작한다. 그 불안감이 들면 좀체 이성적인 판단을 할 수 없다. 이아고는 손수건 한 장만으로도 영원한 사랑을 맹세한 오셀로 장군을 의심에 빠지게 했다. 수십 장의 차용증으로 판사 한 명 못 속이겠는가.

할머니를 잡아넣을 방법이 없어 보였다. 공공근로 아저씨에게 녹취 파일이 있다는 정보는 얻었다. 할머니가 피해를 모두 갚아주겠다고 약속한 것을 녹취한 파일이었다. 공공근로 아저씨에게 전화를 해서 녹취 파일을 가져다 달라고 했다. 그러겠노라는 답을 들었지만 그러지 않을 거라는 것은 누구나 알 수 있었다. 정의와 이익 중에서 하나를 선택하라고 하면 정의를 택하는 사람이 많을 수 있겠지만, 정의와 손해보전 중에서 하나를 선택하라고 하면 후자를 택하는 사람이 압도적일 것이다. 그래서 막막한 상황이었다.

길을 모를 때는 그냥 그 자리에서 멈추는 것이 제일 좋은 방법이다. 바람이 불지 않으면 노를 저어야 할 때도 있지만 기다려야 할 때도 있다. 할머니가 설사 다른 사기에 성공해 수중에 돈이 생긴다 하더라도 공공근로 아저씨의 피해액을 돌려주지는 않을 거라고 생각했다. 사람은 어떤 동물보다 적응력이 뛰어난 만큼 마음도 쉽게 변한다. 공돈이라도 일단 자기 수중에 들어오면 자기 자산으로 인식해서 원래 자리로 돌아가는 것을 손실이라고 믿는다. 적어도 행동경제학에서는 그렇게 말하고 있다. 약속이 지켜지지 않는 것을 확인하면 공공근로 아저씨가 나에게 그 파일을 줄 거라고 믿었다.

3개월이 지났고 결국 할머니는 약속을 지키지 않았다. 행동경제학자들이 노벨상을 받는 이유가 있는 것이다. 격분한 피해자는 다시 나에게 전화를 걸었다. 자신이 3개월 동안 전화 한 통도 걸 수 없을 정도로 중병에 걸렸으나 그 병명이 무엇인지는 구체적으로 밝힐 수 없다는 통속적인 변명을 했다. 차라리 드라마에서처럼 기억상실에 걸렸다고 하는 편이 더 자연스러웠을 텐데 말이다. 하지만 그게 또 염치라는 것 아니겠는가.

할머니에 대한 구속영장을 재청구했다. 할머니는 아주 당당하게 다시 구속 전 피의자심문 법정에 출두했다. 사람은 한번 이겨본 상대는 쉽게 생각하곤 한다. 우리나라 사람들이 2002년 이후 한때 이탈리아나 포르투갈 축구팀을 우습게 봤던 것과 유사하다. 그러나 할머니는 자신의 필살기를 모두 공개한 상태였다. 녹취 파일을 기다리는 동안 나는 할머니가 법정에서 던져댔다는 자료들을 정리해서 모두 반박해놓았다. 게다가 이번에는 할머니의 운도 다했는지 영장전담판사가 꼼꼼하고 냉철하기 그지없는 사람이었다.

구속영장은 주로 밤중에 발부 여부가 결정된다. 영장전담판사가 심문을 마치고 사무실로 돌아가 다시 한 번 기록을 검토할 시간이 필요하기 때문이다. 그 시간 동안 대부분의 피의자들은 검찰청 인근 경찰서 유치장에서 대기한다. 구속영장이 발부되면 유치장에서 구치소로 이송되고 기각되면 바로 석방된다. 할머니는 이례적으로 일과시간 중에 구속영장이 발부되었다. 좌고우면할 필요도 없이 사기라는 것이었다.

구속되자 할머니는 피해자들에게 일부 금액을 변제했다. 구속은 수사 방법 가운데 하나일 뿐이지만 우리나라에서는 좀 더 복잡한 의미를 지닌다. 구속이 돼야 정의가 실현된다고 믿는 경우가 많기 때문이다. 그리고 구속이 되면 해당 범죄로 인해 무너진 질서와 균형이 실제로 회복되기도 한다. 피해자들은 마음의 평화를 얻고 법에 신뢰를 가지며, 가해자들은 합의를 시도한다. 물론 구속되기 전에는 외상합의를 하고, 구속된 이후에는 할인합의를 한다. 피해자들은 사정이 너무 어렵기 때문에 일단 일부라도 받고 합의를 해줄 수밖에 없다.

강 씨는 조사를 받으면서, 할머니가 설마 자기처럼 어렵고 힘든 사람을 등칠 줄 몰랐다며 흐느꼈다. 그러나 만만한 데 말뚝 박고, 생가지보다 마른 가지 꺾는 법이다. 어렵고 힘든 사람들이니까 사기 치는 것이다. 1960년부터 탄자니아에서 침팬지를 연구했던 제인 구달Jane Goodall의 연구도 이를 입증한다. 구달에 따르면 침팬지 무리 가 다른 무리를 공격할 때는 영토를 침범당하거나 위협을 당할 때 가 아니라고 한다. 그 무리가 약할 때라는 것이다. 19세기 초 남태평 양에 살고 있던 모리오리족은 해협을 건너 침략해온 뉴질랜드 원주 민들에게 먹을 것을 나눠주며 선의와 평화를 청했다. 하지만 무기를 버린 그들은 결국 살해되고 노예가 되었다. 선의는 자신이 베풀어야 하는 것이지 타인에게 바라는 것이 되어서는 안 된다. 사기도 마찬 가지다. 사기꾼은 없는 사람, 약한 사람, 힘든 사람, 타인의 선의를 근거 없이 믿는 사람들을 노린다. 이것이 사기의 서글픈 두 번째 공 식이다. 그러니 설마 자기같이 어려운 사람을 등쳐먹겠느냐고 안심 하지 마시라.

할머니가 구속되면서 전설도 막을 내렸다. 하지만 강 씨의 집 은 돌아오지 않았다. 그 집을 날려버린 것은 죽어가는 남편이 아니 라 강 씨의 헛된 꿈이었다. 그럼에도 강 씨는 집이 사라진 것보다 매 일 밤 꾸었던 꿈속의 성이 사라진 것을 더 슬퍼했다. 그래도 그녀를 비난할 수는 없다. 그건 그녀가 가졌던 유일한 미래였다. 그러나 그 짧고 강렬했던 행복은 강 씨 아들이 아렌 왕국에 세운 성과 같은 것 이다. 전두엽 속의 신경자극에 불과하다.

프랜차이즈 시장의
폭탄 돌리기

　친구가 회사를 그만두겠다고 했다. 우리 또래 중년남자들이 친구들을 만나면 입에 달고 사는 소리이다. 이놈의 회사에 꽃다운 청춘을 바친 것이 억울하다며, 회사 때려치우고 목 좋은 곳에 커피숍이나 차려 여유롭게 살겠단다. 겉으로 티는 내지 않았지만, 진심으로 가소로웠다. 일단 우리에게 꽃다운 청춘이란 것은 없었다. 꽃다운 청춘이란 드라마 주인공이나 누리는 것이다. 우리는 젊었을 때도 지금처럼 구질구질했고 늘 허덕거렸다. 게다가 목 좋은 곳의 카페와 함께하는 여유로운 노년이란 것은 존재하지 않는다. 그런 건 서울의 건물 같은 것이다. 지천으로 깔렸는데 우리 몫은 없다. 그런 망상에 가까운 희망은 망하는 게 당연한 우리나라 프랜차이즈 업체들이 흥하는 이유이기도 하다. 내 친구 같은 호구들이 끊임없이 쏟아져 나오기 때문이다. 내 오지랖에 그냥 두고 볼 수는 없었다.

옛말에 거지도 묵은 거지보다 햇거지가 어렵다고 하니 그냥 하던 일이나 하라고 했다. 친구는 발끈하며 자기도 그 정도는 안다고 했다. 여기저기 주변에 물어보고 인터넷 검색도 꽤 했다는 것이다. 비록 기술이 없어 프랜차이즈 점포를 하지만 맨땅에 헤딩하는 것은 아니란다. 노력이 가상하여 그럼 어쩔 셈이냐고 묻자, 권리금을 좀 주더라도 이미 성업 중인 점포를 인수하여 위험을 줄이겠다고 한다. 이 정도면 자신이 꽤 많은 정보를 가지고 있다고 착각하고 있는 단계이다. 이 단계에서는 온화하고 친절한 말로는 도저히 그 병세를 고칠 수 없다. 미안하지만 처참하게 바닥부터 그 자신감을 깨줘야 한다.

짐짓 모르는 척하며 성업 중인지 어떻게 알 수 있느냐고 물었다. 친구는 요즘 그런 것을 전문적으로 분석해주고 매출도 보증해주는 중개업체가 있다고 말한다. 흠, 그렇군. 친구는 속칭 '창업 컨설팅'이라는 미끼를 문 것이다. 그럼 매출이 예상치에 미달하면 계약을 해지하고 권리금을 돌려받을 수 있는 거냐고 물었다. 그건 모르겠단다. 그러면 아는 게 없는 것이라고 일단 비수를 던진다. 그건 맨땅은 아니고 잔디밭에 헤딩하는 것이다. 물론 잔디밭에 헤딩해도 머리 깨지는 것은 마찬가지다.

매물로 나온 커피숍이나 프랜차이즈 매장은 대개 '폭탄 돌리기'라고 할 수 있다. 여기에는 창업 브로커들이 개입되어 있다. 브로커들이 1~2년 전에 고수익이 나는 곳이라고 속여 팔아치운 매장들이 다시 매물로 나오는 것이다. 월 5000만 원 이상의 매출이 나온다는 말에 속아 매장을 산 점주는 3개월쯤이면 그 수치가 허위라는 사실을 깨닫는다. 실매출은 정확히 총비용과 일치한다. 즉, 수익이 나지 않는다. 그게 구조적이고 본질적이며 영구적이라는 사실에 절망하고 분노한 점주는 브로커에게 항의를 한다. 그러면 브로커는 점주에게 은밀한 제안을 한다. 다른 호구에게 팔아치우자는 것이다. 이렇게 하여 점포 사기가 시작된다. 대부분이 매출액을 조작하는 수법을 사용하는데 미리 1~2년 전부터 치밀하게 준비한다.

매출 조작 하수는 특정일에 집중하여 매출을 증가시킨다. 예를 들어 하루 매출을 100만 원에서 300만 원 가까이 늘려놓는 것이다. 그러나 이 수법은 너무 티가 나기 때문에 금세 들통이 난다. 이 과감하고 무성의한 수법을 쓰면서 말도 안 되는 변명을 하기도 한다. 현금 매출을 따로 입력시키지 않았다가 한꺼번에 입력한 것이라는 식이다. 물론 현금 매출을 따로 기억해두었다가 굳이 포스에 입력시키는 점주가 없으라는 법은 없다. 하지만 그런 사람을 만날 확률을 믿는다면 로또를 사는 편이 더 나을 것이다. 차라리 지하철이 막혀서 늦었다고 변명하는 것이 양심적인 축에 속한다.

다음으로 사용하는 수법은 끼워 넣기다. 매일 꾸준히 10만 원 정도의 허위 매출을 실매출 사이에 끼워 넣는 것이다. 주로 영업시간 종료 후에 포스를 조작하여 허위 매출을 끼워 넣는다. 이 수법에도 맹점은 있다. 포스의 매출 시각은 조작할 수 있지만 주문번호는 조작할 수 없다. 따라서 매출 끼워 넣기는 주문번호 진행을 잘 살펴보면 쉽게 간파할 수 있다. 즉, 시간대별 주문번호 순서가 '21번, 22번, 23번, 71번, 24번' 하는 식으로 진행된다면 포스 안에 화이트홀이 있든지 아니면 끼워 넣기를 한 것이다. 시간대는 조작할 수 있지만 주문번호 순서는 조작할 수 없기 때문에 중간에 뒤쪽 주문번호가 들어가게 되는 것이다. 그뿐 아니라 폐점 이후 출입통제 기록을 잘 살펴보면 발각할 수 있다. 이 수법은 주로 종업원들이 퇴근한 폐점 시간 이후에 몰래 실행하는 경우가 많다. 따라서 상가 출입통제 기록에 폐점 이후 다시 출입한 흔적이 정기적으로 발견된다면 그건 조작의 흔적이다. 이 끼워 넣기는 매우 빈번하게 사용되었다. 그래서 현재는 포스에서 매출 시각을 조작할 수 없게 개선되었다. 그러나 2013년 이전에는 매출 시각 조작이 가능했으므로 그 이전 매출 자료라면 이 부분을 눈여겨봐야 한다.

끼워 넣기가 불가능해진 이후로는 일과 시간에 틈틈이 허위 매출을 입력시키는 수법이 대세를 이루고 있다. 매일 꾸준히 해야 하기 때문에 성실해야 한다. 공든 탑이 무너지지 않듯이 이 수법은 밝히기 쉽지 않다. 이 수법에 당하지 않으려면 특정 신용카드로 꾸준히 3~5만 원 단위의 결제가 발생하는지 살펴봐야 한다. 대개 서너 개의 신용카드로 매일 찍히는 매출을 조심해야 한다. 아르바이트 점원이 남상미라서 팬들이 매일 출근 도장을 찍는 경우가 아니라면 그 매출은 허위 매출이다. 이 수법은 아르바이트 점원이나 홀 매니저와 공모해야 하기 때문에 그들로부터 사실을 확인할 수 있다. 점주가 직접 운영하지 않고 업체에서 운영을 맡아주는 오토매장의 경우에는 주로 매니저가 공든 탑을 쌓는다. 따라서 전 매니저나 점원들로부터 매출 조작 여부에 대한 정보를 얻는 것이 안전하다.

허위 매출을 만드는 피의자들의 변명은 대개 비슷하다. 매출을 조작해봐야 전체 매출의 10~20%에도 미치지 않는다는 것이다. 실제 고소 사건에서 이 변명이 받아들여져 무혐의 처분이 나오기도 한다. 하지만 이는 현재 우리나라 프랜차이즈 매장의 현실에 대한 무지에서 비롯된 것이다. 프랜차이즈 점포들은 매출에서 임대료, 인건비, 로열티, 비용 등을 제외하면 영업이익이 0인 경우가 대부분이다. 결국 이익을 내려면 인건비를 줄이거나 탈세를 해야 한다는 얘기다. 그런데 만약 하루에 10만 원씩 허위 매출을 만들면 매달 200~300만 원의 허위 수익이 발생하고 그 점포는 손익분기점을 넘어서게 된다. 커피숍을 하려는 사람들은 대박을 노리지 않는다. 그냥 자신의 인건비 정도만 건지려고 한다. 따라서 매달 300만 원 정도의 수익이 발생하는 커피숍은 누구나 운영하고 싶은 매장이다. 그러므로 고작 전체 매출의 10~20%를 조작하는 것으로는 대세에 영향을 줄 수 없다는 변명은 말장난이다.

두 번째 변명은 매출을 조작해도 실제 이익이 없다는 것이다. 매출 증가분만큼 세금과 가맹본부에 내는 로열티가 늘어나 이익이 나지 않는다고 항변한다. 언제 팔릴지도 모르는 점포를 두고 세금과 로열티를 부담하면서까지 1~2년 동안 꾸준히 매출을 조작할 리 없다는 것이다. 얼핏 들으면 그럴싸하나 역시 실상을 알고 보면 말장난이다. 이 말은 '세금을 더 내야 하는데 누가 분식회계를 하겠느냐'는 말과 같다. 이들의 목표는 적자가 나는 점포를 웃돈을 받고 팔아치우는 것이다. 또한 변명과 달리 로열티나 세금 모두 합쳐봐야 얼마 되지 않는다. 예를 들어 매월 1000만 원씩 허위 매출을 올린다고 가정해보자. 실제 납부하는 세금은 매월 33만 원에 불과하다. 권리금으로 받는 수억 원에 비할 바가 아니다. 또한 허위 매출을 위해서 허위 매입세금계산서를 발급받아 해당 매입가액의 10%를 공제받기 때문에 1년 부가가치세 추가분은 400만 원에 불과하다. 세무서에 부가세 신고내역을 확인해보면 매출의 진위를 확인할 수 있다.

가맹본부에 내는 로열티도 매출액의 2~3%에 불과하다. 1000만 원을 조작해도 추가 로열티는 20~30만 원에 그친다. 또한 대부분의 프랜차이즈 매장은 VIP 고객 제도를 가지고 있다. VIP 고객이 매출을 올리는 경우에는 5% 정도를 포인트로 적립해준다. 따라서 VIP 고객의 이름으로 1000만 원의 허위 매출을 올릴 경우 가맹본부에 내는 로열티는 20만 원 정도인 데 비해 가맹본부로부터 환급받는 포인트 금액은 50만 원으로 오히려 30만 원이 이득이다. 따라서 로열티가 두려워 허위 매출 조작을 할 수 없다는 것은 후안무치한 거짓말이다.

마지막 수법은 거래처의 횡령이나 비자금 조성에 공모하여 매출을 늘리는 것이다. 예를 들어 학원이나 행사업체의 관계자와 공모하여 커피를 공급한 것처럼 꾸며 대금을 받은 후 그중 일부를 업체 관계자에게 돌려주는 식이다. 이 수법은 횡령한 금액의 일부를 대가로 받는 동시에 매출을 늘리는 효과도 거둘 수 있다. 사건을 조사하는 입장에서는 세금영수증이 있고 카드 결제 내역도 있기 때문에 허위인지 밝히기 어렵다.

나는 이 수법을 쓴 사건을 조사하게 되었다. 이미 검찰에서 '혐의 없음' 처분되었다가 고소인이 항고를 하여 고등검찰청에서 다시 조사하라는 취지로 재기수사명령이 떨어진 상태였다. 고소인은 자신이 매장을 인수한 후 매출이 눈에 띄게 떨어진 것은 허위 매출 때문이라고 주장했고, 피의자는 매장 관리를 잘못한 고소인 탓이라고 반박했다. 하지만 프랜차이즈 커피숍이 점주에 따라 20% 이상 매출 차이가 난다는 것은 상식적이지 않다. 그런 변명은 도시가스냐, 프로판가스냐에 따라 라면 맛이 달라진다는 주장과 비슷하다.

물론 이 수법을 쓴 경우에는 허위 매출 증거를 잡아내기가 어렵다. 커피를 구매한 고객을 찾아내 실제로 샀느냐고 물어볼 수도 없는 노릇이다. 하지만 야바위꾼이 움켜잡은 컵 속에 구슬이 있는지 확인하기 위해 꼭 그 컵을 열어야 하는 것은 아니다. 다른 컵들을 열어보면 된다. 우선 해당 매장에서 본사에 주문한 원두 양과 종이컵 양을 확인해야 한다. 보통 커피 한 잔을 만들려면 원두 13~15g이 필요하다고 한다. 따라서 본사에서 들여온 원두 양을 나눠보면 몇 잔의 커피가 팔렸는지 알 수 있다. 아웃풋을 잡는 것이 아니라 인풋을 확인하는 방법이다. 그 방법을 동원해보니 매장에 들인 원두 양으로 만들 수 있는 커피의 15배가량을 판매한 것으로 나왔다. 대략 원두 1g으로 아메리카노 1잔을 뽑아낸 셈이었다.

내가 피의자에게 그건 아메리카노가 아니라 커피를 스쳐간 맹물이 아니냐고 묻자 자신은 원두 1g으로 고소하고 진한 커피 한 잔을 뽑아낼 수 있다고 태연히 말했다. 커피숍 주인에게서 오병이어의 기적을 목도하게 될 줄은 몰랐다. 신심이 부족했던 나는 그게 가능한 것이냐고 재차 물었고, 그는 자신이 자체 개발한 특수 기계와 드립 방식을 사용하면 충분히 할 수 있다고 엄숙히 선언했다. 너무 엄숙했기에 더 이상 추궁하지 못하고, 대신 설사 그렇다 하더라도 커피 뽑을 시간이 부족하지 않느냐고 물었다. 그러자 자신은 300잔의 아메리카노를 드립 방식으로 1시간 만에 뽑는다고 했다.

원두 1g으로 진한 커피 한 잔을 뽑고, 1시간에 300잔의 드립 커피를 만들 기술이 있다면 전 세계 커피 시장 정복은 한순간이다. 왜 가만히 커피만 팔고 있었느냐고 물었다. 그러자 자신은 돈 버는 것보다 커피숍을 운영하는 게 좋다고 했다. 그럼 그리 좋은 커피숍을 왜 처분했느냐고 묻자 조사는 안 하고 왜 사생활에 간섭하느냐며 역정을 냈다. 조사라는 게 대부분 개인사를 캐묻는 것인데 좀 억울했다.

두 번째 조사 때는 스스로도 오병이어 드립이 궁색하다고 느꼈는지 원두를 개인적으로 구입해서 사용했다고 말을 바꿨다. 그럼 그렇지. 혹시 내가 예수님을 취조한 것은 아닌지 걱정했다. 본사에서가 아니라 개인적으로 물품을 들여오는 것을 '사입'이라고 한다. 사입한 근거를 가져오라고 했더니 '나까마'로부터 샀기 때문에 자료가 없다고 했다. 대금 입금 내역을 달라고 했더니 늘 현금으로 줬기 때문에 남아 있는 자료가 없다고 했다. 그럼 하다못해 나까마가 커피를 담아온 봉지라도 보여달라고 했다. 그러자 자신이 원두 통을 가져가서 직접 받아왔다고 했다. 어디서 받아왔느냐고, 같이 가보자고 했더니 연락을 하면 포대를 들고 나가 길거리에서 받아온다고 했다. '혹시 탁발하십니까?'라는 말이 목구멍까지 올라왔지만 꾹 참았다. 그럼 나까마 전화번호를 알려달라고 했더니 그쪽에서 공중전화로 연락을 하면 나가서 받아온다고 했다. 커피 사는 게 간첩질도 아니고 무슨 극비 작전까지…. 그런 말을 다 받아 적고 있는 내가 한심했다. 대학까지 나온 놈이 나랏돈 받아가며 이런 귀신 씻나락 까먹는 소리나 받아 적어야 하다니.

세 번째 조사 때는 변명이 또 바뀌었다. 원두 사업 비밀 요원은 자기가 생각해도 어이가 없었나 보다. 이번에는 본사로부터 원두를 무료로 지원받았다고 한다. 본사에 확인해보겠다고 하니 퇴사한 사람이 특별히 자신을 잘 봐줘서 몰래 가져다준 거라고 했다. 그럼 횡령의 공범이냐고 했더니 그 사람이 본사로부터 허락을 받은 것으로 알고 있다고 말을 바꾼다. 그럼 특별히 자신을 잘 봐준 그 사람에게 확인해보자고 했더니 이름도, 연락처도 모른다고 했다.

그 뒤로도 변명이 계속 바뀌었다. 커피 말고 자신이 집에서 만든 머핀이랑 머그컵 등을 팔아서 수천만 원씩 벌었다고 하기도 했다. 집에서 어찌 머그컵을 만들었느냐고, 혹시 집에 가마가 있느냐고 묻자 오븐에서 구웠다고 했다. 중2병도 아니고 너무 막 나갔다. 그래서 피의자랑 나랑 둘이 서로 바라보며 웃었다.

이런 수법에 속지 않으려면 먼저 특정인, 주로 VIP 고객 몇 명이 집중적으로 수백만 원의 매출을 올리는지를 확인해야 한다. 대개 VIP 몇 명의 신용카드로 매출이 집중되면 허위 매출일 가능성이 높다. 또한 점포가 언제 매물로 나왔는지도 확인해봐야 한다. 매달 300~500만 원 수익을 올릴 수 있는 매장이 1년 전부터 매물로 나와 있었다면 90% 이상 허위 매출이다. 또한 만약 점주가 매물 등록 시점을 속인다면 허위 매출이 일어난 매장이라고 봐도 큰 무리는 없다.

세계 커피시장을 정복할 뻔했던 그 남자는 결국 기소되어 처벌

받았다. 하지만 피해자는 권리금을 돌려받지 못했다. 사실 사기꾼 입장에서는 합의를 하는 것보다 그 반의 반값으로 신상 변호사를 선임하는 것이 훨씬 효과적이다. 그러니 법이 돈을 돌려줄 거라고 믿지 말고 일단 속지 않는 것이 최선이다.

나름 자신감에 차 있던 친구의 얼굴은 내 이야기가 끝나자 무척 어두워졌다. 나는 친구에게 그 가당찮은 계획을 접으라고 했다.

"매달 300만 원씩 꾸준히 수익이 나는 가게는 절대 매물로 나오지 않아. 그런 거라면 집에서 놀고 있는 자기 자식들에게 물려주지. 창업 브로커들이 너한테 친절한 이유는 딱 하나야. 네가 호구이기 때문이지. 네가 건네주는 권리금의 일부는 창업 브로커 몫이야. 창업 브로커가 권해주는 점포를 물려받는다면 네가 꽃다운 청춘이라고 주장하는 시간들의 대가로 받은 알량한 명예퇴직금을 전 점주와 창업 브로커 그리고 임대인에게 건네주는 꼴밖에 안 돼."

제대로 충고하려면 애정을 빼고, 주저하지 말고, 심장을 향해 칼을 뺀듯 명확하고 고통스럽게 해야 한다. 듣는 사람의 기분까지 감안해서 애매하게 할 거면 아예 안 하는 것이 낫다.

광고를 보면 프랜차이즈 본사는 늘 가맹점주들과 상생하기 위해 회사를 차렸다고 한다. 그렇게 상생을 생각한다는 제빵 프랜차이즈 업체는 하루가 멀다 하고 간판과 인테리어를 바꾸는 것으로 유명하다. 교육 사업을 하는 것도 아닌데 걸핏하면 교육비를 뜯어간다. 고분고분하지 않으면 계약 해지가 다반사고 보복 출점도 곧잘 한다. 깡패들이나 하는 짓이다. 게다가 돈이 모일 만하면 각종 명목으로 수익을 빨아간다. 담낭에 호스를 꼽힌 채 갇혀 사는 반달곰 신세나 다름이 없다. 한쪽은 '상'하고 한쪽만 '생'한다. 그래서 상생인가 보다.

과거 미국에서도 대형 프랜차이즈를 막아보려고 숱한 노력을 했지만 결국 실패했다. 우리처럼 재벌이 나서서 콩나물도 팔고 비빔밥도 파는 경제 구조라면 더 심할 것이다. 범고래가 크릴새우까지 싹쓸이하는 꼴이다. '문둥이 콧구멍에 박힌 마늘씨도 파먹는' 꼴이 스스로도 민망했는지 뉴욕에 식당 하나 차려놓고 한식의 세계화라고 주장하기도 한다. 그럼 남극과 북극에 식당 하나씩 차려놓으면 세계 정복이겠다. 이렇게 프랜차이즈에서 '갑질'과 불법이 판치는데도 도대체 제대로 단속되었다는 말이 들리지 않는다. 우리나라 중산층 몰락의 주범 가운데 하나인 프랜차이즈 업계를 바로 세우기 위해서는 공정위를 법무성 산하에 두는 미국과 같은 방식을 도입하는 것도 고려해볼 만하다.

어설프게 아는 것은 사기당하는 지름길이다. 사기의 세 번째 공식이다. 나름대로 알아보는 것은 안 하느니만 못하다. 주변의 지인이나 인터넷 검색으로 얻은 정보는 없느니만 못하다. 또한 다른 사람들이 대신해주는 것은 없다. 대신해주겠다는 사람은 대개 브로커다. 뭐든 새로운 일을 하려면 그곳에서 직접 6개월 이상 일해보고 나서 결정해야 한다. 그게 싫다면 차라리 안 하는 것이 낫다. 그냥 돈을 벌게 해주겠다는 말은 모조리 거짓말이다. 좋은 것을 굳이 광고까지 해서 당신에게 알려주는 선의란 없으며, 만약 그런 게 있다 해도 절대 당신의 순번까지 돌아오지는 않는다.

국가대표 영민 씨의
슬픈 웃음

바다가 키운 영민 씨는 지방대학을 나와 영등포에 있는 유통회사에 취직했다. 사무직이라고 하지만 실제로는 수십 개 영업장을 직접 돌아다니며 상품을 옮기는 일이었다. 매일 새벽별을 보며 출퇴근해야 하는 격무였고 월급도 박했다. 그러나 영민 씨는 대한의 강인한 청년이었다. 지방대학에서 학생들을 유치하기 위해 미끼로 보내주는 해외 연수에도 선발될 정도로 성실하고 적극적인 청년이었다. 일본 연수 중에는 새벽마다 고급 주택가를 돌아다니며 버려진 가구나 가전제품을 수집해 팔아 되레 목돈을 마련해올 정도로 억척스러웠다. 영민 씨는 버스비를 아끼기 위해 어지간한 거리는 걸어 다녔고, 점심은 편의점에서 삼각김밥 한두 개와 바나나우유로 때우곤했다. 또래들이 스타벅스에서 수천 원 넘는 커피를 마실 때 영민 씨는 팩우유에 믹스커피를 타서 마셨다.

영민 씨는 취직한 뒤 7년 넘게 사귄 대학 후배와 결혼식을 올렸다. 고향에 있는 노모가 보내준 돈과 그동안 모아둔 돈으로 신혼집 전세보증금을 마련했다. 젊어 혼자가 된 어머니가 먼 남쪽 바다 양식장에서 도리깨 같은 눈보라를 맞아가며 모은 돈이었다. 어미의 심장과 같은 돈이었지만 서울에서 전셋집을 얻기에는 한없이 부끄러운 돈이었다. 넓고 넓은 서울 하늘 아래를 뒤지고 뒤져 전철역이 결혼한 첫사랑보다 멀리 있는 7층짜리 원룸 빌딩에서 반지하방을 얻었다. 정화빌딩이라는 이 건물은 기찻길이 지나가는 언덕배기에 위태로이 서 있었고, 무엇보다 35억 원이 넘는 근저당이 설정되어 있었으며, 영민 씨의 반지하방에서는 쿰쿰한 곰팡이들이 프레스코 벽화처럼 피어나고 있었다. 그래도 영민 씨와 어린 신부에게는 그것이 마지막 옵션이었다.

사실 영민 씨는 전세 계약 전에 부동산 중개소에서 35억 원의 근저당이 설정되어 있다는 이야기를 들었다. 그리고 그것이 자신의 전세권보다 우위에 있다는 것도 귀동냥으로 알고 있었다. 아무리 그에게 허락된 유일한 전셋집이라 하더라도 그 돈을 날릴 수는 없었다. 하지만 부동산 중개소의 여사장은 집주인이 엄청난 부자라고 했다. 집주인이 실제 건축주라면서 건물을 지을 때 근저당을 최대한으로 설정해놓는 것은 관행이라고 했다. 그렇게 해야 나중에 통째로 팔기 쉽기 때문에 누구나 '이빠이' 대출을 받아놓는다고 했다. 건설업계의 기본 상식이라면서 영민 씨가 세상 물정을 모른다고 핀잔을 주었다. 엄 사장이라는 건물주는 정화빌딩 같은 빌딩을 세 채나 가지고 있다고 자랑을 하기도 했다.

국가대표 영민 씨의 슬픈 웃음

그래도 영민 씨는 믿음이 가지 않았다. 그러자 엄 사장이 한두 달 안에 근저당 채무를 10억 원으로 줄여주겠다고 약속했다. 게다가 부동산 중개인은 정화빌딩 원룸 34개 중 전세는 한두 개에 불과하고 나머지는 모두 월세라서 전세보증금도 거의 걸려 있지 않다고 했다. 그래서 영민 씨는 덜컥 전세 계약을 한 뒤 가난하고 착한 모자의 꼬질꼬질한 시간들이 찐득하게 배어 있는 그 돈을 건네주었다. 어쩔 수 없었다. 그곳이 강인하며 신실한 청년이 머물 수 있는 마지막 공간이었기 때문이다.

윤 회장은 '회장'이라고 불렸지만 그가 운영하는 것이라곤 인터넷 불법도박 사이트뿐이었다. 전자상가를 전전하다 인터넷 불법도박이라는 것에 눈을 뜬 윤 회장은 자신의 옥탑방에 서버를 설치하고 도박 사이트를 개설했다. 아르바이트생을 두고 고배당 보장이라는 쪽지를 날리는 것이 영업의 전부였지만 곧 해외에 서버를 설치해야 할 만큼 날로 번창했다. 도박 사이트를 워낙 감쪽같이 차렸기 때문에 경쟁업체의 청탁으로 시작된 두세 번의 수사로도 윤 회장을 잡을 수는 없었다. 매일매일 돈벼락을 맞는 윤 회장에게도 고민은 있었다. 그 많은 돈을 세탁하는 것이 가장 큰 고민이었다. 처음에는 진짜 세탁소를 차려서 돈을 세탁했다. 하지만 세탁소가 수십억 원씩 벌어들인다는 것은 자기가 생각해도 민망했다. 그래서 돈놀이를 했다. 그러다 그는 무모하고 탐욕스러우며 철면피인 엄 사장을 만났다.

엄 사장은 연립주택이나 원룸 같은 임대주택을 건축하는 업자였다. 엄 사장은 윤 회장에게 계약금을 빌려 땅을 샀다. 그리고 그

땅에 임대주택을 지었다. 윤 회장은 자신의 채권을 담보하기 위해 그 땅과 건물의 소유권을 자신의 친척이나 수하 앞으로 이전하게 했다. 정화빌딩의 경우에는 윤 회장의 친척인 이 씨 명의로 했다. 엄 사장은 이 씨 명의로 소유권을 이전한 땅을 담보로 최대한 대출을 받아 땅 매입 잔금을 치렀다. 대출 역시 이 씨 명의로 받았다. 그런 다음 공사업자를 불러 외상 공사를 시킨 후 준공검사가 나오기 전부터 시세보다 낮은 가격으로 전세를 놓았다. 영민 씨 같은 사회 초년생이나 어리숙한 사람들이 그 덫에 걸려들어 전세보증금을 건네주었다. 전세보증금은 윤 회장과 엄 사장이 나눠 가졌다. 결국 공사비나 은행 대출금을 갚을 방법은 없었다. 아니 처음부터 갚을 생각이 없었다. 결국 은행과 공사업자들이 그 건물을 경매 신청하게 되고 세입자들은 한 푼도 받지 못한 채 쫓겨나야 하는 신세가 된다. 그렇게 되더라도 엄 사장과 윤 회장은 아무런 책임도 지지 않는다. 대출로 인해 신용불량자가 되는 것은 이 씨였고, 전세보증금 채무자도 이 씨였다.

엄 사장과 윤 회장은 정화빌딩 이전에 이미 두 채의 빌딩을 이런 식으로 해먹었다. 물론 다른 빌딩의 세입자들은 엄 사장을 사기로 수차례 고소했다. 엄 사장은 전세보증금이란 게 새로운 세입자로부터 받아서 전 세입자에게 주는 법인데, 전세 계약이 이루어지지 않아서 보증금을 돌려주지 못했다고 변명했고, 그 변명은 그대로 받아들여져 모든 고소 사건이 무혐의 처분되었다. 항고도 기각되었고 법원에 신청한 재정신청까지 기각되었다. 물론 배후에 있는 윤 회장은 고소되지도 않았다.

얼마 지나지 않아 영민 씨와 첫 애를 가진 신부는 정화빌딩이 경락된다는 소리를 들었다. 경락대금이 낮으면 보증금도 받지 못한 채 길거리에 나앉아야 한다고 했다. 세입자들은 다들 어쩔 줄 몰라 했다. 부동산 중개인에게 쫓아갔지만 자신은 책임질 수 없다면서 약관이며 판례를 보여주었다. 그래서 영민 씨 등 세입자들은 다른 건물의 전세권자들처럼 엄 사장을 고소했다. 이 고소 사건은 원래 다른 청 관할 사건이었다. 그곳 경찰관은 신혼부부, 장애인, 독거노인 등 정화빌딩 세입자들의 딱한 사정이 안타까워 의욕적으로 수사를 진행했다. 그가 얼마나 열심히 수사했는지는 기록을 보면 알 수 있다. 그는 불타오르고 있었다. 처음부터 고위급으로 출발하는 사람들은 수사권 조정 같은 자신들의 권한 강화에만 신경 쓰겠지만, 그 밑에는 자신의 직분에 충실한 사람들이 더 많다. 그래서 경찰이 유지되는 것이다. 사기꾼들이 그런 열혈 경찰관을 만날 때 사용하는 수법은 두어 가지가 있다. 양아치라면 그를 모함하고, 전문가라면 사건을 이송시켜버린다.

그 사건은 다른 경찰서로 이송되었고, 불이 꺼진 채 별다른 조사 없이 검찰로 송치되었다. 한참 시간이 지난 사건이었지만 우리 방 사건 중에서는 비교적 신건이었고, 다른 사건들에 비해 금액이나 피해자 수도 적은 편이었다. 그래서 나는 영민 씨의 절박한 사정에도 불구하고 그 사건에 신경 쓸 수 없었다. 그런 내가 형사부를 떠나면서 마지막으로 이 사건을 처리해야겠다고 생각한 것은 영민 씨가 보내온 진정서 때문이었다. 진정서들은 대개 비슷하다. 다들 절박하다. 그러나 응급실 의사들이 매일 삶과 죽음을 겪으면서 둔감해지듯 나도 늘 보는 절박함 앞에서 무덤덤해졌다. 그럼에도 마음을 고쳐먹은 것은 진정서 속에 적힌 영민 씨의 한마디 때문이었다. '왜 법은 항상 우리 같은 약한 사람들의 편이 아니냐'는 말이었다.

범죄 피해자가 되는 것은 큰 위기이다. 재산을 비롯한 물리적인 피해를 당할 뿐만 아니라 커다란 정신적 상처를 입는다. 더욱이 사람과 우리 사회에 대한 신뢰도 잃는다. 살면서 누구나 어려움을 겪는다. 흔히 사람들은 위기가 기회라고 설교한다. 정말 그럴까? 주변에서 그런 사례를 직접 본 적이 있는가? 나는 없다. 산은 산이요, 물은 물이듯 위기는 위기다. 그것이 기회라고 말하는 사람은 위기를 겪어보지 않았을 가능성이 더 크다. 위기가 진짜 기회라면 위기를 만들어주는 컨설팅 회사가 있어야 한다. 위기를 극복해서 성공했다는 이야기들을 잘 들어보면 사실 위기가 아니었던 경우가 더 많다. 단순한 순환 과정에서의 일시적인 부침에 불과한 것을 크나큰 위기였던 것처럼 호들갑 떠는 이유는 자신이 뛰어난 능력을 갖고 있다고 포장하고 싶은 욕망 때문이다. 심각한 타격을 주지 않는 것은 위기가 아니다. 위기란 대개 치명적인 상처를 입힌다. 게다가 막 걸음을 떼는 영민 씨 같은 청년들에게 닥치는 위기는 재기 불능의 타격을 주기도 한다. 그래서 위기라고 부르는 것이다. 위기는 이겨내는 것이 아니라 예방하고 피해야 하는 것이다.

영민 씨는 이미 상처받았고 우리 사회에 대한 신뢰를 잃어가고 있었다. 그래서 법은 왜 우리 같은 사람들에게는 무관심하냐고 울부짖게 된 것이다. 솔직하게 말하자면, 나는 그 말이 현실을 반영하지 않는다고 단언할 수 없다. 그리고 이렇게 나빠진 데는 나도 한몫했을 것이다.

지금도 해결하지 못한 문제가 있다. '법은 공정해야 하는가', '공정은 누구에게나 같은 기준을 적용하는 것인가', '태생적으로 자산이 적은 사람에게는 좀 더 관대해야 하는 것인가', '법은 평등과 실질적인 공정을 실현하기 위해 존재하는 것일까' 등등의 문제들이다. 모두 이런 이야기들을 다투듯 떠들어댄다. 하지만 약자의 고통이나 불공정에 대해 진정 공감하는 사람은 그리 많지 않다. 대부분 권력을 쟁취하려는 수단이든지, 대중의 인기를 끌기 위한 선동에 불과하다. 그런 사람들은 결국 권력을 얻더라도 몇 푼 적선하는 것으로 대중을 속인다.

당시 나는 무척 바빴다. 언론에서 연일 대서특필되는 사건을 맡아서 처리하고 있었다. 하지만 영민 씨의 사건은 늘 남겨진 숙제처럼 뒷머리를 무겁게 하고 있었다. 누구나 바라듯 나 역시 영민 씨에게 법이 늘 강자 편인 것은 아니라는 것을 보여주고 싶었다. 그래서 영민 씨가 정말 세상에 대해 실망하지 않았으면 했다. 진 꽃은 다시 필 수 있지만, 꺾인 꽃은 다시 피지 못한다.

엄 사장의 사기를 입증하는 것은 쉽지 않았다. 게다가 엄 사장은 정화빌딩과 법적으로 아무 관련도 없었다. 모든 것은 이 씨 명의로 되어 있었다. 소유권 이전도, 대출도, 전세 계약도 모두 이 씨가 체결한 것이었다. 새로운 전세 계약이 체결되어 전 세입자가 보증금을 받아간 사례도 있었다. 새로운 전세 계약이 이루어지지 않아 보증금을 갚지 못했고 이는 민사상 채무불이행에 불과하다는 변명을 깨는 것이 쉽지 않았다. 하지만 아무리 신출귀몰한 사기라 해도 가장 미련한 진실에는 이길 수 없는 법이다.

앞에서도 말했지만 나의 수사 방법은 극히 단순하다. 피의자들과 기록에 언급되는 모든 사람들에 대한 모든 사건을 긁어모으는 것이다. 마치 사금을 캐는 사람처럼, 수천 페이지의 기록들을 모아서 거르는 일을 반복하며 진실의 무게로 가라앉은 사실들을 찾아내는 것이다. 내가 가진 작은 조각들을 모으고 모아서 전체 퍼즐을 맞추면 거짓을 꿰뚫는 창이 된다. 물론 사소한 부작용도 있다. 내 수사 방법이 다른 방, 다른 청에 있는 사건과 기록들을 모아들이는 것이라서 우리 방 실무관들은 모두 폭주기관차처럼 달려야만 한다. 적으면 서너 건, 많으면 수십 건의 사건을 찾아서 대출 신청을 하고 일일이 복도에 서서 복사를 해야 한다. 그래서 서울중앙지검에서 가장 강인하다고 하는 우리 방 실무관 '나 대장'마저 결국 쓰러져 육아휴직을 내기도 했다. 뭔가 신통한 기술이 있어야 할 텐데 미안할 따름이다. 그래도 단순한 것이 가장 강력하다. 그리고 시간과 체력만 있으면 누구나 할 수 있다.

역시 엄 사장의 사건들을 다 모아보니 그의 수법이 낱낱이 드러났다. 그뿐 아니라 윤 회장이 배후 주범인 사실까지 확인할 수 있었다. 애당초 엄 사장과 윤 회장은 전세보증금을 돌려줄 생각이 없었고, 그 건물이 정상적으로 임대될 거라고 생각하지도 않았다. 공사비와 은행 대출금을 갚을 방법이 없기 때문에 그 건물은 결국 경락되고 어떻게 해도 세입자들은 쫓겨나는 것이었다. 대학생, 사회 초년생, 신혼부부, 독거노인 등 법을 잘 모르고 어리숙한 사람들을 등쳐서 골수를 빼 먹은 것이다.

엄 사장은 생각보다 무서운 사람이었다. 윤 회장을 만나기 전에는 정말 돈 한 푼 없는 상태에서 건물을 지었다. 돈을 빌려 땅을 사고, 땅을 담보로 대출받아 잔금을 치르고, 외상으로 건물을 올리다 보니 공사 진행이 어려웠다. 엄 사장은 더 이상 돈을 융통할 수 없어 공사가 어려워지면 신축 중이던 건물을 채권단에게 넘겼다. 하지만 그것은 무서운 음모였다. 채권단이 돈을 변통해 어찌어찌 건물을 완성하고 나면 그녀는 조직폭력배를 동원해 공사 현장을 점거하고 다시 빼앗았다. 그리고 윤 회장은 그녀에게 돈을 빌려주고 수하들 명의로 소유권을 이전받아 대출받게 하는 등 이 모든 전세 사기의 틀을 잡고 기획한 사람이었다.

그들의 사기는 그렇게 끝이 날 것 같았다. 그런데 한참 조사를 하고 있을 때 돌발변수가 생겼다. 도로 계획이 발표되면서 정화빌딩의 가치가 올라간 것이다. 그래서 경락대금도 올라가 근저당 채무를 변제하고도 세입자들에게 얼마씩 보증금이 돌아갈 수 있게 되었다. 그러자 생각지도 못한 상황이 벌어졌다. 이 씨를 기억하는가? 아마 누군가 하고 앞으로 돌아가 찾아보는 독자도 있을지 모르겠다. 다시 설명하자면 이 씨는 윤 회장의 친척으로 정화빌딩의 명의상 소유자다. 등장인물 중 전혀 존재감을 보이지 못하던 이 씨가 이 사건의 전면으로 나서기 시작한 건 순전히 탐욕 때문이었다.

이 씨의 처제는 부동산 중개와 경매를 한 경험이 있었다. 나름 이 분야의 빠꼼이라고 자신한 처제는 이 씨로부터 이 사건의 전말을 전해 듣고 위험한 도박을 계획했다. 그에 따라 이 씨는 돌연 정화빌딩의 소유권을 주장하기 시작했다. 자신이 대출받아 땅을 샀을 뿐 아니라 건물도 자신이 지었다는 것이다. 그는 엄 사장이 자신의 명의를 도용해 전세 계약을 체결했다고 주장하면서 엄 사장과 윤 회장을 사문서위조 및 위조사문서행사죄로 고소했다. 또한 자신은 영민 씨 등과 전세 계약을 체결한 적이 없으므로 해당 계약들은 모두 무효라고 주장하면서 법원에 세입자들의 배당신청에 대한 이의를 제기했다. 정화빌딩의 소유자는 자신인데, 엄 사장과 윤 회장이 자신의 명의를 도용해서 전세 계약을 체결한 것이므로 전세권자들은 경락대금을 배당받을 수 없다는 것이었다.

그에게는 그렇게 주장할 만한 이유가 있었다. 근저당 채무를 제하고도 30억 원의 경락대금이 남을 것으로 예상되었기 때문이다. 그 돈을 전세권자들에게 주지 않고 자신이 가져갈 수 있다고 생각한 것이다. 그래서 이 씨와 처제는 유명한 변호사를 찾아가 고소장을 작성하고, 전 세입자들을 찾아가 전세 계약을 체결한 것은 엄 사장이라는 내용의 진술을 녹취하고, 전세계약서의 필적이 엄 사장의 것이라는 필적감정서까지 준비했다. 이 씨와 처제는 완벽한 준비를 했다고 생각했다. 그뿐 아니라 자신이 정화빌딩의 실제 소유자라는 자기 최면까지 걸었다. 30억 원이 사람의 영혼과 양심을 마비시켜버린 것이다.

이 씨의 변호사는 하루가 멀다 하고 우리 방에 찾아와 윤 회장과 엄 사장을 사문서위조죄로 기소해달라고 채근했다. 사실 나는 이 씨를 기소할 생각이 없었고 구속수사할 생각은 더더욱 없었다. 그래서 이 씨의 변호인을 수차례 설득했다. 근본이 나쁜 사람은 아닌 것 같은데 순간적인 욕심에 현혹되어 제정신을 잃은 것 같으니 바른 길로 가도록 설득해달라고 했다. 하지만 이 씨의 변호인은 오히려 나에게 검찰권을 정당하게 사용하라고 했다. 그래서 정당하게 사용하기로 했다.

이 씨를 불렀다. 그냥 구속영장을 청구해도 되지만 마지막으로 고약한 이 씨에게 탐욕의 대가를 맛보게 해주고 싶었다. 커피를 한 잔 타서 주면서 세입자들에 대한 배당이의 신청을 취소하고 엄 사장과 윤 회장에 대한 고소도 취소하라고 말했다. 설득할 마음은 없었다. 그렇게 될 거라고 믿지 않았기 때문이다. 그냥 그 뒤에 이어지는 혹독한 질문은 오로지 당신이 초래한 것이라는 점을 알려주려는 것일 뿐이었다.

"정화빌딩이 선생님의 것입니까?"

하늘이 두 쪽 나지 않는 한 그렇다고 했다. 그 땅을 누구에게 구입했는지 물었다. 그 정도는 준비하고 있었다. 그래서 이중계약서는 언제 어디에서 작성했느냐고 물었다. 당황하기 시작했다. 은행에서 대출받을 때 누구와 상담했느냐고 물었다. 대답을 하지 못했다. 설계는 누구에게 맡기고 토목은 누구에게 맡겼느냐고 물었다. 그 후로 이 씨가 전혀 답하지 못하는 질문만 30분 넘게 해댔다. 많은 사람들의 피눈물을 우습게 여기고, 세상 우습게 여기고, 검사를 우습게 여긴 대가가 얼마나 무거운지 알게 해주는 데는 한참 부족한 시간이었지만 너무 심하게 무너지는 것 같아서 더 이상 묻지는 않았다. 마지막으로 한마디는 해주었다.

"하늘이 두 쪽 났네요."

이틀 후 윤 회장도 구속되었고, 정화빌딩의 실소유자라고 부르짖던 이 씨도 무고죄로 구속되었다. 엄 사장은 구속영장이 청구되었으나 그 전날 하필 다른 법원에서 법정구속되는 바람에 구속영장이 기각되었다. 이 씨는 배당이의 신청을 취소하지 않았지만 그가 정화빌딩 주인이라는 주장은 받아들여지지 않았고 영민 씨와 세입자들은 얼마씩이라도 배당을 받았다.

일당들이 구속된 후 나는 서울중앙지검을 떠나기 전에 영민 씨를 불렀다. 그에게 뭔가 멋진 이야기를 해주고 싶었다. 가령 '정의는 지각할 수 있지만 결근하지는 않는다'라든가, '법이 보이지 않는 것은 당신들이 딛고 서 있기 때문이다'라든가 하는 나도 믿지 않는 말을 해주고 싶었는데 그러지 못했다.

바보 같게도 나는 그에게 살다 보니 세상이 다 사기 같다고 말했다. 영민 씨 같은 사람에게 세상은 더욱 그렇다고 했다. 청년에게 희망을 주라는 말도 사기라고 했다. 그런 말을 하는 사람들은 대부분 자기 자식들에게 희망이 아니라 특혜를 준다. 청년에게 위로를 건넨다는 교수나 종교인도 정작 관심은 돈에 있는 것일지 모른다. 정의와 법치주의를 부르짖는 검찰도 대한민국에서 벌어지는 거대한 사기의 주연일지 모른다. 어쩌면 개처럼 일하는 형사부 검사들의 선의와 신실함이 이 사기의 가장 화려한 기술로 악용되었을지 모른다. 그래서 세상은 늘 영민 씨 같은 사람들의 시간과 노력과 기대를 훔쳐 가는지 모른다.

횡설수설을 다 들어주던 영민 씨는 가방에서 팩우유를 꺼내 우리 방에 있던 믹스커피 두 봉을 탔다. 팩우유를 흔들던 영민 씨는 더블 샷이라고 말하며 내게 웃어 보였다. 청년의 웃음이 그리 무거운

　　　　　　　　　국가대표 영민 씨의 슬픈 웃음

것은 처음이었다. 구르고 채여도, 그래도 영민 씨는 대한민국의 국가대표이다. 늘 나와는 어울리지 않는 직업이라고 생각하면서도 검사 생활을 계속하는 것은 가끔 이런 국가대표에게 힘이 되어주고 싶어서이다. 때로 실망을 주기는 하지만, 그래도 우리는 언제까지나 세상의 영민 씨들을 응원할 것이다.

지옥이 된
수민 씨의 꿈

　가장 좋은 먹잇감은 새끼들이다. 아무리 사자라도 새끼라면 들개들의 식사거리가 될 수 있다. 이와 마찬가지로 부모를 떠나 사회에 첫발을 내딛는 청년들도 범죄의 손쉬운 먹잇감이다. 청년들은 발끈하겠지만 야수 같은 사회에서 그들은 물 밖에 나온 물고기와 같다. 물론 야수 같은 사회라고 하여 야수만 있는 것은 아니다. 대부분의 사람들은 남에게 무관심하고 야수보다는 좋은 사람이 훨씬 많다. 야수는 그다지 많지 않다. 그러나 평생 야수 한 마리 안 만나겠는가. 야수 한 마리로도 세상은 충분히 지옥이 될 수 있다.

　청년들이 쉬운 먹잇감인 이유는 자신들이 초보라는 것을 인식하지 못하는 경우가 많기 때문이다. 인터넷에 떠도는 이야기들이나 이러저러한 매체들을 통해 접한 팝콘 같은 상식들이 세상을 꿰뚫어 보는 혜안과 냉철한 이성을 가져다준다고 생각할지 모르지만 그것들은 술자리에서나 통하는 것이다. 현실이라는 실전에서는 빗방울 하나 막아주지 못한다. 소화가 덜 된 이야기들은 세상의 야수들로부터 자신을 지켜주지 못한다. 청년들은 눈에 보이는 것을 쉽게 믿고, 한번 믿은 것은 쉽게 바꾸지 못한다. 세상은 조작되었다고 생각하면서도 정작 자신들에게 쉽게 주입되는 정보들은 의심하지 않는다. 그러다 보니 탐사 보도나 고발 프로그램의 내용을 그대로 믿는 청년들이 장마철 개구리처럼 많다. 그러나 사건들은 시나리오처럼 뚜렷한 모습을 가진 것이 아니다. 선과 악이, 원인과 결과가 그렇게 쉽게 구분될 수 없다. 만약 쉽게 구분된다면 그건 감정 탓이다. 감정이 이끄는 결론과 확신은 편하지만 자신이나 다른 사람에게 치명적인 결과를 가져올 수도 있다.

생존 기술이 부족한 상태에서 야수를 만나면 심각한 문제를 낳는다. 청년들은 문제가 터졌을 때 사태를 더 악화시키는 방향으로 움직이는 경우가 많다. 초동 대응부터 문제다. 일이 터지면 혼자 해결해보려고 한다. 사실을 말하자면 해결하는 것도 아니고 혼자 끙끙대면서 그저 잘 해결될 거라는 막연한 기대를 하는 게 전부일 경우가 많다. 일이 커지면 도움을 구하기도 하지만, 이때 실제 도움이 될 수 있는 가족이나 부모보다는 세상에 대해 자기만큼이나 알지 못하는 친구나 선배들에게 의지한다. 청년들이 하늘같이 생각하는 선배란 겨우 1~2년 더 산 사람들이다. 그런 선배들의 조언을 받는 건 63빌딩에서 뛰어내리면서 우산 대신 파라솔을 드는 것만큼 허망하다. 잘못된 조언과 도움은 치명적인 결과를 낳는다. 옛말에 병은 사람을 죽이지 못하나 약은 사람을 죽인다고 했다.

수민 씨는 지방에서 대학을 다니다 휴학을 하고 아르바이트를 하며 홀어머니를 돕고 있었다. 하지만 늘 마음 한쪽에는 연예계 스타가 되고 싶다는 꿈이 있었다. 그 꿈을 버리지 못하고 있던 수민 씨는 어느 날 인터넷을 하다가 한 블로그에서 눈을 번쩍 뜨이게 하는 광고를 봤다. 모델을 구한다는 내용이었다. 인터뷰를 통과하면 데뷔할 때까지 생활비를 지급한다고 적혀 있었다. 그뿐 아니라 회사에서 성형수술도 해준다고 했다. 말도 안 된다고 생각했지만 그 아래 댓글에는 자신의 꿈을 이루었다는 이야기들이 장마 끝에 벼멸구 달라붙듯 수북이 달려 있었다. 수민 씨는 댓글들을 보자 안심이 되었고, 용기를 내 전화를 걸었다. 김 실장이라는 여자가 전화를 받더니 일단 인터뷰를 진행하자고 했다. 밑져야 본전이라는 생각이 들어 상경했다. 수민 씨는 서울로 가는 버스 안에서 내내 풍선같이 부푼 마음이었다.

모델 에이전시 사무실은 홍대 거리에 있었다. 고급스럽고 세련된 공간이었다. 비싸고 고급스러운 가구들이 들어찬 카페였는데, 모델 에이전시 사무실과 가구 안테나숍이 합쳐진 복합 매장이었다. 바짝 멋을 낸 설 대표라는 젊은 남자가 면접을 봤다. 그는 간단한 인터뷰가 끝나자 강남에 있는 사무실에서 전속계약을 맺으라고 했다. 수민 씨는 생각보다 일이 쉽게 풀려 꿈인지 생시인지 가늠할 수가 없었다.

강남에 있는 사무실은 홍대 사무실과 달리 낡고 좁아 좀 실망했다. 사무실이라기보다는 고시원 같았다. 하지만 전화통화를 했던 김 실장이라는 여자가 준 스크랩 파일을 보니 유명 방송인, 레이싱

지옥이 된 수민 씨의 꿈

모델, 패션모델 등이 모두 이 회사 출신이었다. 김 실장은 설 대표의 인터뷰 기사를 보여주며 방송과 연예계의 숨은 실력자라고 설명했다. 신문기사에는 설 대표의 사진까지 실려 있었는데 대충 모델 에이전시계의 거물이라는 내용이었다. 그렇게 대단한 사람이 자신을 합격시켜주었다니 믿기지 않았다.

김 실장은 자신들과 계약을 하면 성형 비용을 100% 지원해주는데, 다만 도망가는 경우가 있으니 자신들이 지정하는 대부업체에서 대출을 받고 그 대출금을 담보 조로 자신들에게 넘겨줘야 한다고 했다. 생소한 이야기라 수민 씨가 주저하자 김 실장은 어차피 이자는 회사에서 내줄 것이고 그만한 돈은 회사에서 시키는 대로 일만 잘하면 한순간에 벌 수 있다고 했다. 수민 씨는 그래도 대부업체 대출을 받을 수는 없다고 생각해 분명하게 거절했다. 그러자 옆에서 있던 황 전무, 김 이사라는 남자들까지 나서서 아까 보여준 모델들 모두 대출을 받았다고 거들었다. 이 바닥은 원래 그렇다며 그런 기본적인 것도 모르냐고 웃었다.

사람들은 자기가 모르는 생소한 분야에 대해 한두 사람이 단정적으로 말하면 당황하게 된다. 그 반작용으로 아무리 황당한 이야기라도 의심을 거두고 믿게 된다. 하지만 생소한 곳이라고 해도 사람 사는 곳은 다 마찬가지다. 모델계라고 사채업자에게 대출을 받게 하겠는가. 그건 청산가리가 피로회복제라고 말하는 것과 같다. 청산가리가 수민 씨가 살던 곳에서 피로회복제가 아니라면 서울시 서초구에서든 명왕성에서든 마찬가지다.

황 전무와 김 이사는 수민 씨에게 달라붙어 집요하게 설득하기 시작했다. 자기들과 계약한 모델들 모두 한두 달 이내로 대출금 이상을 벌었으며, 어차피 모델들이 잘나가야 회사도 돈을 벌 수 있으니 최대한 밀어주겠다는 말에 수민 씨는 마음이 흔들렸다. 수민 씨는 잠시 고민했다. 홍대에 거대한 매장을 가지고 있을 정도로 재력이 탄탄한 회사이고, 신문에서도 새로운 경영방식을 도입한 모델 에이전시라고 했고, 카탈로그에서 자신이 알 법한 모델과 방송인, 레이싱 모델들을 보았으니 충분히 믿을 수 있다고 생각했다. 설마 자기 같은 햇병아리를 노리고 홍대에 그 비싼 매장을 마련했을 리 없다고 생각했다. 숭어 잡으려고 다금바리를 미끼로 쓰겠는가.

수민 씨는 다음 날 아침 주민등초본·가족관계증명서·졸업증명서 각 2통, 통장, 공인인증서를 들고 갔다. 김 실장은 또 다른 지망생 한 명과 함께 대부업체 두 군데에서 각각 600만 원을 대출받게 했다. 대출받은 돈은 시키는 대로 김 실장 명의의 계좌로 이체시켰다. 김 실장은 이제 집에 가서 기다리라고 했다. 일이 생기면 바로 연락을 준다는 것이었다. 수민 씨가 기본 교육을 받지 않느냐고 묻자 황 전무와 김 이사는 성형수술을 하고 나서 자연스럽게 시작할 거라고 했다. 우선 일자리를 만들어준 다음 교육을 시킨다고 했다.

그러나 한참이 지나도록 아무런 연락이 없었다. 약속했던 대출금 이자와 생활비는 물론이고 성형수술도 시켜주지 않았다. 김 이사는 항의하는 수민 씨에게 성형수술 후 도망가는 연습생이 많아 늦어지고 있다면서 순서를 앞당기고 싶으면 대출을 더 받으라고 했다. 담보가 확실하면 먼저 해줄 수 있다는 것이었다. 이미 대출받은 사채의 이자도 감당할 수 없었던 수민 씨는 마침 그 자리에 있던 제

지옥이 된 수민 씨의 꿈

일기획이라는 사채업자로부터 600만 원을 추가로 대출받았다. 그중 400만 원은 김 실장 계좌로 이체해주고 나머지 200만 원으로 사채 이자를 갚았다.

물론 변화는 없었다. 변한 게 있다면 수민 씨의 사채가 더 늘어 났다는 것뿐이다. 다급해진 수민 씨는 김 이사에게 전화를 걸어 일 감이라도 달라고 했다. 김 이사는 수민 씨가 덫에 걸린 것을 알게 되자 노골적인 제안을 했다. 당장 방송에 나가게 해줄 수 있는데 그 러기 위해서는 방송 관계자와 동침을 해야 한다고 했다. 물론 수민 씨는 거절했다. 그러자 김 이사는 "너 모델 안 하고 싶어? 이 바닥에 서 성공하려면 우리가 시키는 대로 해야 돼. 우리가 왜 사채를 받게 하는지 알아? 너같이 세상 물정 모르는 애들 정신 차리게 하려는 거 야. 이거 안 하면 대출금 네가 다 갚아야 해. 그거 우리 이름으로 받 은 거 아니다. 우리가 생까면 네가 갚아야지 별수 있어? 어차피 지 금 시간 많으니까 돈도 벌고 인맥도 쌓자. 너 처녀냐? 아니잖아. 기 왕 시작한 거 맘 독하게 먹고 1~2년 굴려보자"라고 말했다.

수민 씨는 숨만 쉬고 나면 늘어나는 이자가 너무 무서웠고, 어 차피 연예계에 나서면서 어느 정도 각오한 바가 있었기 때문에 생각 해보겠다고 했다. 실제로 연예계에서 수민 씨가 했던 것과 같은 각 오가 필요한지는 모르겠다. 하지만 어디든 사람 사는 곳이라면 최 소한의 염치와 도덕은 지킬 거라고 생각한다. 만약 그렇지 않다면 인두겁을 쓴 짐승들의 세상인 거다.

다음 날 김 이사가 전화를 걸어와 역삼역 5번 출구에서 기다리 다 방송사 실력자라고 하는 자의 하얀색 승용차에 올라타라고 했다. 방송사 실력자라는 남자는 수민 씨를 역삼동 뒷길에 있는 모텔로 데리고 갔다. 나올 때 남자가 100만 원을 주었다. 사무실에 가서 김 이사에게 80만 원을 건네주었다. 전철을 타고 돌아오며 머리카락 한 오리 떨어지듯 눈물이 흘렀다. 그날 이후 수민 씨가 겪은 일은 너무나 처참했다. 수민 씨는 싱가포르에서 파티매니저로 근무하면 한 달에 6500만 원을 벌 수 있다는 황 전무 말에 속아 그 머나먼 곳에서 란제리쇼와 성매매를 했다. 물론 한 푼도 받지 못했다. 수민 씨는 늘어나는 사채에 더욱 시달렸고 그때마다 김 이사와 황 전무의 요구대로 설 대표와 잠자리를 가졌을 뿐 아니라 김 이사가 만든 성인 방송에서 BJ를 하고, 060 음란전화도 했다. 설 대표는 노이즈 마케팅을 하는 데 필요하다면서 동침하는 장면을 녹화하기도 했다.

수민 씨가 빠진 늪에 대해 설명하자면 설 대표라고 하는 자의 이야기를 해야 한다. 그때로부터 1년 전이었다. 설 씨는 어느 날 성인 콘텐츠를 팔면 큰돈을 벌 수 있겠다는 생각이 들었다. 비록 기술이나 자본은 없어도 사람들을 속이고 등치는 데는 남다른 재주를 가지고 있었던 그는 젊고 형편이 어려운 여성들을 수렁에 빠트려 먹잇감으로 삼기로 했다. 설 씨는 우선 평소 친분이 있던 고급 가구 공장 사장을 찾아가 홍대 목 좋은 곳에 안테나숍을 만들자고 제안했다. 사장은 내키지 않았지만 설 씨는 안테나숍을 최신 유행에 맞게 커피숍으로 꾸미고 그 수익으로 매장을 운영하면 별도의 관리비가 들지 않는다고 꼬였다. 설 씨가 운영도 공짜로 해주겠다고 하자 사장은 약 먹은 개구리 뒤집어지듯 홀딱 넘어가버렸다. 그렇게 하여 설 씨는 홍대에서 '홈○○'이라는 커피숍 겸 가구 전시장을 운영하

지옥이 된 수민 씨의 꿈

게 되었다. 그는 그 커피숍을 모델 에이전시 사무실이라고 소개한 것이다.

설 씨는 유명 모델 에이전시와 흡사한 이름인 '모델○○'이라는 블로그도 만들었다. 그리고 마치 유명 모델들이 소속되어 있는 것처럼 마구잡이로 글을 올렸다. 그다음에는 경기도 일대 유흥업소에 손님들을 소개해주고 구전을 먹는 '삐끼'들과 접촉해 자신의 범죄 계획을 설명했다. 모델을 시켜주겠다고 속여 젊은 여성들을 모집한 후 사채를 얻게 하여 그 돈을 가로채자, 사채 빚에 허덕이게 되면 성매매를 시키고 성인 동영상을 찍어 팔아먹자는 것이었다. 사람이라면 그런 사악한 생각에 경악을 금치 못할 텐데, 분명 외관상 사람인 삐끼들은 어찌된 영문인지 무릎을 치며 그 제안을 반겼다. 설 씨는 삐끼 1에게 김 이사, 삐끼 2에게 황 전무라는 직함을 붙여주었다.

설 씨는 '뷰티○○'이라는, 스스로 신문이라고 주장하는 것과 인터뷰도 했다. 큰 비용도 들지 않았다. 그리하여 2010년 8월 설 씨는 '전문성 갖춘 피팅 모델을 양성하는 화제의 인물'로 기사화되었다. 그 기사를 쓴 자는 설 씨가 '한국의 많은 모델 에이전시와 아카데미 중에서도 눈에 띄는 아카데미'를 설립했다고 적었다. 세운 적도 없는 아카데미가 어떻게 그자의 눈에 띄게 되었는지는 수수께끼다. 인터뷰 기사라는 것에서 설 씨는 '모델이 되기 위해서는 인성도 갖춰야 하니 마인드 교육을 한다'고 지껄였고, 모델료를 제대로 지급하지 않는 업체의 문제점을 지적하면서 모델 에이전시의 올바른 체계가 필요하다고 떠들었다. 히틀러가 인종차별에 반대한다고 선전하는 꼴이다.

설 씨는 가진 거라고는 말 그대로 자기 몸뚱이밖에 없는 사람들에게도 대출을 해주는 악성 사채업자들을 섭외하고, 성형외과를 찾아가 고객을 소개해주는 대신 커미션을 받기로 하는 등 착착 흉계를 진행했다. 젊은 여성들을 설득하는 역할은 자신의 애인인 김 실장, 그리고 황 전무, 김 이사에게 맡겼다. 김 실장, 황 전무, 김 이사는 블로그에 부지런히 거짓 댓글들을 달았다. 수민 씨가 본 벼멸구 같은 댓글들은 다 그자들이 자작한 것들이다.

젊은 여성들이 설 씨 일당이 파놓은 수렁에 빠지자 설 씨는 삐끼들이 가지고 있던 유흥업소 고객 명단을 이용해 단체 문자를 보냈다. 이 문자에서 수민 씨 등은 '싼값에 애프터 가능한 모델들'로 둔갑되어 있었다. 전화를 해오는 고객들에게는 여성을 만나면 방송사 관계자라고 거짓말하라고 일러두기도 했다.

싱가포르 건은 김 이사가 주도했다. 김 이사는 인터넷 사이트의 해외 아르바이트 게시판에 해외 에스코트가 가능한 한국 여자들이 있다는 광고를 올렸다. 싱가포르에서 마커스라는 자가 연락을 해왔다. 마커스에게는 아가씨들을 보내주겠다고 하고 선불금을 받았다. 모델 지망 여성들에게는 파티에서 서 있기만 하면 돈을 벌 수 있는 파티매니저라고 거짓말을 했다. 서 있기만 하고 돈을 버는 것은 없다. 하다못해 풍선인형도 나름 꺾기 춤을 춘다.

수민 씨 말고도 수십 명의 여성들이 설 씨 일당의 마수에 걸려들었다. 이들은 수치심과 공포심 때문에 제대로 신고도 하지 못했다. 무엇보다 부끄러움 때문에 가족이나 주변 사람들에게 도움도 청할 수 없었다. 결국 성형수술 대금을 받지 못한 병원 사무장이 경찰에 신고하면서 이들의 범행이 발각되었다.

설 씨 일당은 구속되었지만 피해자들은 구원받지 못했다. 법정에서는 피해자들이 허황된 꿈에 사로잡힌 철없는 여성들로 매도되었다. 성실하게 일할 생각은 하지 않고 하루아침에 성공을 이루려던 그들의 욕심이 설 씨 일당의 사업을 가능하게 했다는 것이다. 자기 딸들에게도 그렇게 이야기할 수 있는지 궁금했다. 설 씨 일당은 법정에서 반성하는 듯한 모습을 보였다. 특히 김 실장은 재판장 앞에서 눈물을 흘리며 절절한 반성문을 제출했다. 하지만 김 실장은 정작 피해자들에게는 전화를 걸어 검찰에서 피해 진술을 하거나 불리한 증언을 하면 합의를 해주지 않겠다고 위협했다.

판사나 검사들은 자신들 앞에서 흘리는 눈물을 반성으로 받아들이는 경우가 많다. 그러나 시험 성적 좋은 것 외에 그다지 특출할 것 없는 판사나 검사 앞에서 갑자기 개과천선을 한다는 것은 있을 수 없는 일이다. 재판장 앞에서 눈물을 떨어뜨리는 이유는 엄중한 처벌에 대한 두려움 때문일 거다. 만에 하나 후회 같은 걸 한다면 그건 피해자들의 고통에 대한 것이 아니라 자신이 잡힌 상황에 대한 후회일 가능성이 높다. 파렴치범들은 다른 가치관으로 세상을 살아간다. 그들을 개과천선시켰다고 생각하는 것은 백면서생이 꿈꾸는 상황극일 뿐이다.

수민 씨 등 피해자에 대한 지원도 제대로 이루어지지 않았다. 예산도 부족하고 인원도 부족해서 한참을 기다려야 한다고 했다. 죄지은 자들의 갱생과 재활을 위해서는 그렇게 많은 돈을 쓰면서 왜 피해를 입은 사람들에게는 제대로 지원을 하지 않는지 궁금하고 짜증났다. 그녀들은 주변의 도움이 절실했다. 무엇보다 경제적인 도움이 필요했고, 정신과 치료와 법률적 조언이 시급했으며, 따뜻한 위로가 절실했다. 그러나 어디서도 도움을 받을 수 없었다. 정의를 외치는 그 많은 단체와 변호사들 중에서 수민 씨 같은 피해자를 생각하는 사람들은 거의 없다. 그것이 명예나 정치적인 입지를 주는 것이었다면 그렇게 무관심하지는 않았을 것이다. 그래서 나는 그들의 말을 믿지 않는다.

마지막 날, 수민 씨는 나에게 인터넷에 올라가 있는 동영상과 설 씨가 가지고 있는 동영상만 없애주면 설 씨 일당에 대한 처벌은 원치 않는다고 했다. 그러고는 "이것도 금세 잊히고 곧 나아지겠지요?"라고 물었다. 나는 수민 씨에게 그렇지 않을 거라고 말했다. 기대와 달리 쉽게 치유되지 않을 것이다. 낮에도 밤에도 벗어날 수 없는 악몽이 될 것이고, 잊으려고 노력할수록 상처는 더욱 깊어질 것이며, 모든 것이 부질없게 느껴지는 우울증이나 모든 것이 자기 탓인 것 같은 자학을 부를 수도 있다고 말해주었다. 물론 시간이 지나면 잊히는 날이 올 수도 있겠지만, 그 시간은 수민 씨를 파괴하기에 충분한 시간이다. 절대 안일하게 대처하지 말고 기관이나 병원의 도움을 받아야 한다고 말했다. 수민 씨는 하루하루가 지옥 같다고 했다. 지옥에 가보지는 못했지만 수민 씨가 빠진 수렁은 만만치 않아 보였다.

단테의『신곡』에서는 신에게 가는 우주여행이 9개의 지옥에서부터 시작된다. 만약 사람 사는 일이 우주의 원리에 도달하기 위한 여정이라면 수민 씨는 단테와 달리 혼자서 우주여행을 시작한 것이다.

착한 사마리아인의
거짓말

딱 보면 누가 거짓말하는 건지 알 수 있다고 말하는 사람들이 있는데, 나로서는 설마 그럴까 싶다. 물론 내 처는 내가 거짓말할 때 번개보다 빠르게 알아챈다. 신기한 재주다. 그에 비해 나는 상대가 거짓말하는 걸 딱 봐서 알아낸 적이 없다. 추리소설을 읽을 때 30쪽을 넘기기 전에 범인을 대강 찍어 맞추는 것을 보면 바보는 아닌 것 같은데, 누가 거짓말하는지는 도대체 알 수 없다. 양자역학 같다. 남들은 이해한다는데 나는 당최 모르겠다.

그런 까닭에 형사부 검사로서 가장 어려운 사건은 교통사고 사건이었다. 무엇보다 신호위반 교통사고가 가장 어려웠다. 두 차량 운전자 중 한 명은 분명히 신호를 위반했는데, 둘 다 위반하지 않았다고 잡아떼면 대체 누가 거짓말을 하는지 알 수 없었다. 판수에게 무꾸리라도 하고 싶은 심정이었다. 그럼에도 불구하고 조사할 때는 마치 모든 것을 알고 있는 듯한 묘한 표정을 지어야만 한다. 그래 봐야 발연기라 아마 다들 눈치챘을 것이다. 검사가 흔들리고 있다고.

교통사고의 진상을 밝히기 어려운 까닭은 찰나에 벌어지는 일이기 때문이다. 사기, 절도, 횡령 등은 오랜 기간 동안 진행되기 때문에 진상을 추적할 수 있는 흔적들이 남아 있기 마련이다. 그래서 누군가 거짓말을 하더라도 그것을 뒷받침해주는 다른 자료들이 있는지 조사해보면 퍼즐 맞추듯 진위가 자연스럽게 밝혀진다. 하지만 순식간에 벌어졌다가 끝나는 교통사고에서는 그런 흔적이나 자료들을 찾기 어렵다. 깨어진 비산물처럼 진실은 파편이 되어 흩어져버린다. 그래서 누가 거짓말하는지 밝힐 방법이 없다.

양측을 불러 대질조사를 하더라도 문제가 해결되기는커녕 더 복잡해지기 일쑤다. 모두들 세상에 태어나서 단 한 번도 거짓말을 해보지 않은 것처럼 최대한 순수한 눈빛을 지어가며 자신의 억울함을 풀어달라고 호소할 때면 부담감이 납처럼 가슴을 채운다. 가끔은 너무나도 진지하고 신실해 보이는 두 사람 중 한 명은 새빨간 거짓말을 하고 있는 것이라는 게 믿기지 않아 소름이 돋을 때도 있었다. 저들은 어떻게 발연기에서 벗어날 수 있었을까?

교통사고 당사자를 대질조사하다 보면 나는 늘 신들의 저주를 받을 것 같아 두려워진다. 사람들은 너무 쉽게 하느님이나 부처님을 걸고 맹세를 한다. 하지만 십자가에 못 박히사 세상의 죄를 보속하신 예수님도 신호위반은 구원하지 못하셨고, 왕국과 가족까지 버리고 출가하여 보리수 아래에서 깨달음을 얻으신 부처님의 대자대비도 대질조사에서는 무뎌졌다. 그러다 보니 '악마를 믿기 때문에 저리 거짓말을 잘한다'는 밑도 끝도 없는 폭언 끝에 종교전쟁이 터지기도 했다. 물론 같은 종교를 믿는 자매님들끼리도 사정은 마찬가지였다. 그래서 가끔은 성서를 꺼내 들고 서로 휘두르기도 했다. 그러라고 가죽양장본으로 만드나 보다. 아무튼 고작 파란 불을 보고 액셀러레이터를 밟았다는 것을 믿게 하기 위해 느닷없이 끌려 나오신 하느님, 부처님, 예수님께 그건 내 뜻이 아니었음을 알려드리고 싶다. 나는 이 불신지옥에 아무런 책임이 없다.

종교전쟁이 끝나면 다음으로는 가족들이 등장한다. 돌아가신 아버지의 이름을 걸기도 하고, 자기 말이 거짓이면 자신이 자기 아들의 자식이라는 천체물리학을 동원해야 이해될 법한 주장을 들고 나오기도 한다. 어차피 불가능한 것을 왜 맹세의 조건으로 내거는지 의문이다. 때로는 많은 사람을 걸고 맹세해야 이기는 것이라고 생각하는지 동창부터 에어로빅 강사까지 동원해서 맹세를 하기도 하는데, 저럴 바에야 차라리 전화번호부를 낭독하라고 조언하고 싶었지만 나는 대개 조용히 인명록 낭독을 다 들어주곤 했다.

가족과 친구들이 동원되고 나면 이제는 좀 과학적으로 변하기도 한다. 거짓말탐지기를 당장 들고 오라고 호탕하게 요구하기도 하고, 해부학적 방법을 거론하기도 한다. 자기 속을 까뒤집어서 보여주겠다고 으름장을 놓는데, 아마 할복을 하겠다는 뜻인 것 같다. 가이샤쿠かいしゃく라도 해줘야 하나?(가이샤쿠는 할복하는 사람을 즉사시켜 고통을 줄여주기 위해 보호자가 할복자 뒤에서 큰 칼로 목을 치는 행위를 말한다.)

마지막은 대개 비슷하다. 대부분 상대방에게 그렇게 거짓말을 하다간 벼락 맞는다고, 지옥 간다고 애정이 담뿍 담긴 조언을 해주면서 끝난다. 하지만 내가 기억하기에 그 누구도 벼락 맞은 사람은 없었다. 아마 검사실은 신들의 사각지대인가 보다. 나라면 한두 번 내리쳐볼 만도 한데…. 그렇게 한바탕 폭풍우처럼 악담을 퍼부은 후에는 갑자기 '훌륭하신 검사님이 진실을 밝혀주실 것'이라면서 느닷없이 가만히 있는 나에게 모든 짐을 지우기도 한다. 부처님, 예수님도 해결 못한 걸 나보고 어쩌라고….

그렇게 신들의 고행을 지켜보면서 사람들은 무척 동질하다는 것과 이 세상에서 가장 가벼운 것은 깃털이 아니라 맹세라는 '웹툰' 대사 같은 편견도 얻었다. 그리고 그 부작용으로 교통사고 피의자들의 말이, 사람들이 지겨워지기 시작했다. 딱 그때쯤 그 할아버지를 만났다.

30년간 택시를 운전한 모범 운전자였다. 큰 덩치에 빳빳한 모시적삼처럼 괄괄한 성격이 마치 벽창우僻昌牛 같았다. 30년 무사고 운전자였는데, 나이는 어쩔 수 없는지 신호위반 교통사고를 일으켰다. 그것도 횡단보도에서 신호를 위반하고 폭주하다 보행자를 들이받아 전치 8주의 중상을 입힌 사고였다. 할아버지는 계속 신호위반이 아니라 보행자가 무단횡단했다고 피해자에게 책임을 전가했다. 물론 택시공제조합 보상을 제외하고는 어떤 합의도 하지 않았다. 몇 달 동안 경찰 조사가 진행되면서 할아버지가 신호위반한 것으로 판명되었고, 결국 구속되었다. 예전에는 신호위반이나 중앙선 침범 사고로 상대방에게 중상을 입히면 구속되곤 했다. 당시는 간통을 해도 구속되고, 토끼표 본드를 불어도 구속되는, 구속이 우리 아파트가로수마다 붙어 있는 말매미처럼 세상을 진동하던 시절이었다.

구속 사건은 우리 방으로 배당되었는데, 첫 대면부터 할아버지의 검사에 대한 적개심이 대단했다. "기록을 보니 할아버지께서는 신호위반을 부인하셨네요?"라고 묻자 벌컥 화를 내며 부인한 것이 아니라 사실대로 말한 것이라고 했다. 뭘 물어보기만 해도 이게 법이냐고 쩌렁쩌렁 호통을 치는 통에 이야기를 듣기가 어려웠다. 자기는 30년간 교통사고를 낸 적이 없는데 어떻게 사고를 낼 리 있겠느냐고 윽박지르기도 했다. 그것은 확률로 따질 일이 아니라고 말씀드렸지만 오히려 나에게 자신이 신호위반한 것을 입증해보라고 했다.

물론 할아버지의 신호위반을 입증할 만한 증거는 충분했다. 우선 8주 상해를 입고 병원에 누워 있는 피해자가 분명히 파란 불에 길을 건넜다고 시종일관 명확하게 진술하고 있었다. 게다가 목격자도 있었다. 목격자는 병원의 사무장이었는데 독실한 신자라고 했다. 사고 당일 병원에서 노인 환자들을 치료하고 자신이 운전해 요양원으로 데려다주던 중이었다고 했다. 자신이 그 전 사거리에서 좌회전해 사고 현장인 횡단보도로 다가가고 있었는데, 사거리에서 직진을 한 택시가 자신의 차량을 지나쳐 횡단보도를 지나가다 사고를 냈다고 했다. 큰 사고라는 것을 직감하고 신호등을 봤는데 분명히 차량 신호는 빨간 불빛이었다고 했다. 교통사고 조사 분석도 택시의 신호위반이라고 결론을 내리고 있었다.

하지만 그런 자료들을 들이대도 할아버지는 요지부동이었다. 현장에는 검사님이 아니라 자신이 있었는데, 어떻게 검사님이 더 잘 아느냐고 호통을 쳤다. 미처 그 생각은 안 해봤다. 할아버지는 나의 관심사가 사실이 아니라 신뢰에 있다는 것을 이해하지 못했다. 그래서 현장에 내가 아니라 할아버지가 있었기 때문에 내가 아닌 할아버지가 구속된 것이라고 하면서 진짜 억울하다면 화만 내지 말고 차근차근 이야기해보자고 했다.

몇 달 동안 이루어진 경찰 조사는 시종일관 할아버지의 신호 위반 쪽으로 진행되어 빈틈이 없어 보였다. 하지만 누가 거짓말하는 것인지는 알 수 없었다. 피해자와 목격자 두 명의 진술이 할아버지 한 명의 진술보다 우월하다고 볼 수는 없다. 진실은 다수결이 아니다. 할아버지가 거짓말하고 있다는 확실한 증거는 없었다. 그래서 야근을 하다가 우연히 옆방 선배와 컵라면을 먹으면서 이 사건에 대한 이야기를 꺼냈다. 충주지청에서 지청생활을 마치고 올라와 늘 충주사과가 그려진 넥타이를 1년 내내 차고 다녀 충주사과에 대한 나쁜 기억을 심어주기도 했지만, 모든 것이 완벽했기 때문에 늘 어려운 문제를 귀신처럼 해결해주곤 한 선배였다. 선배는 나에게 의심스러우면 현장에 나가보라고 했다. 현장에 가보는 것은 매우 중요하다고 했다.

그래서 선배의 조언대로 퇴근길에 현장에 나가봤다. 횡단보도가 있었다. 일정한 시간마다 보행자 신호가 들어오는 신호등도 있었다. 그러나 어떤 단서도, 섬광처럼 지나가는 깨달음도 없었다. 나는 명탐정 코난이 아니었다. 아무런 소득 없이 돌아왔다. 충주사과를 찾아가 항의했다. 현장은 개뿔! 아무것도 발견하지 못했다고 했다. 당황한 선배는 이리저리 변명을 하더니 몇 시에 가봤느냐고 했다. 23시 30분경이라고 했다. 그러자 살 궁리를 찾았다는 듯 똑같은 상황에서 가보지 않았기 때문일지 모른다고 다급하게 변명을 했다. 그럴싸했다. 그래서 내 퇴근시간인 23시가 아니라 다른 사람들의 퇴근시간인 18시에 맞춰 현장에 가봤다. 실황조사서도 복사해 가서 대조도 해봤다. 역시 아무런 깨달음도 없었다. 게다가 횡단보도를 지나가는 사람이 너무 많아 사고 지점에 오래 머물 수도 없었다.

돌아오는 길은 퇴근시간대에 걸려 엄청 막혔다. 두 번이나 헛걸음을 한 것 같아 충주사과에 대한 적개심마저 생길 지경이었다. 저렇게 사람이 많이 다니는 횡단보도에서 신호를 위반해 진행했다니 참으로 괘씸한 노인네라는 생각도 들었다. 그런데 그 순간 이상한 생각이 들었다.

'저렇게 많은 사람들이 건너가고 있었는데 어떻게 피해자만 들이받혔지?' 목격자의 진술처럼 할아버지가 광란의 질주를 했다면 적어도 대여섯 명이 들이받혀야 했다. 사무실에 돌아와 사고 당일 일기예보 등을 검색해봤다. 혹시 그날 비가 오거나 휴일이라서 보행자가 적었을 수도 있다. 하지만 평일이었고 맑은 날이었으며 순풍산부인과가 방송되기 한참 전이었다. 결국 신호를 위반해서 폭주했다는 택시에 피해자 한 명만 치였다는 것은 믿기 어려웠다. 충주사과가 최고다!

사건 기록을 다시 검토해봤다. 일단 목격자가 나타난 시점이 이상했다. 목격자라고 하는 사무장은 한 달이 훨씬 지나 사고 현장에 걸린 플래카드를 보고 찾아왔다고 했다. 한 달이 지났는데도 목격자는 당시 상황을 정확하게 기억하고 있었다. 사람들의 기억은 부드럽고 잘 구부러지면서도 완강하다. 쉽게 변하고 변한 후에는 고집스럽다는 뜻이다. 내 개똥철학이 아니라 과학적으로 입증된 사실이다.

30년 전 울릭 나이서Ulric Neisser라는 코넬대 교수도 나처럼 기억을 불신했었나 보다. 그는 챌린저호 폭발 사고를 접한 코넬대 학생 100여 명을 대상으로 설문 조사를 했다. 사고 소식을 접한 당시 누구와 어디에 있었는지, 어떤 기분이 들었는지 등을 설문지에 스스로 적게 했다. 그리고 2년 반 후 같은 학생들을 불러 같은 질문을 했다. 그 결과가 놀라운데, 그들 중 대충이라도 비슷하게 기억하는 사람은 10명이 채 되지 않았다. 심지어 25%는 전혀 다른 장소, 시간, 상황을 답했다. 코넬대처럼 지루하고 단조로운 공간에서도 다양한 답이 나왔다는 것이 놀랍다. 게다가 기억의 왜곡이 너무 완고해서 학생들은 하나같이 잘못된 자신의 기억이 사실이라고 우겼다. 심지어 처음 조사하면서 작성했던 서류를 보여주었음에도, 글씨는 자신의 것이 맞지만 그 내용은 사실이 아니라며 완강한 모습을 보였다.

따라서 목격자가 한 달 전의 상황을 그렇게 구체적으로 기억한다는 것은 사실이라기보다 왜곡이나 간섭이 있었다고 보는 것이 더 타당하다. 못 믿겠다면 오늘 가장 먼저 읽은 뉴스가 무엇이었는지 기억해보라. 아니면 가장 최근에 갔던 여행에서 먹었던 식사 메뉴를 순서대로 기억할 수 있는지 실험해보라. 같은 일행들끼리도 서로 다른 답이 나온다. 대개 서로가 옳다고 우기다 싸움이 난다.

처음부터 다시 조사를 하기로 했다. 하지만 쉽지 않았다. 피해자를 조사하려고 했으나 이를 거부했다. 중상을 입어 안정이 필요하다고 했다. 경찰 조사에는 잘 응했는데 할아버지가 구속되자 더이상 조사에 응할 필요가 없어진 것이다. 그게 아니라면 치료받을수록 상태가 나빠지는 것이든지. 목격자라는 독실한 사무장도 출석을 거부했다. 이렇게 자꾸 귀찮게 굴기 때문에 시민들이 목격자로 나서려 하지 않는 거라며 수사기관이 선한 사마리아인을 없애고 있다고 훈계도 했다.

할 수 없이 목격자의 경찰 진술을 검토해보기로 했다. 일단 요양원에 전화를 걸어 노인들이 당일 병원에서 치료를 받았는지 확인했다. 치료를 받은 것은 사실이라고 했다. 병원과 요양원 간의 이동경로를 확인해보았다. 병원에서 요양원을 가려면 그 횡단보도를 지나야 하는 것은 사실이었다. 사무장의 말이 사실인 것 같았다. 그래서 당시 차량에 타고 있었던 요양원 노인들을 상대로 당시 상황을 물어보려고 했다. 그런데 요양원 측과 이야기를 하던 중 이상한 점이 발견되었다. 당일 병원에 다녀온 것은 사실이나 사고를 목격한 노인들은 없었고, 또한 저녁식사 시간이 오후 6시이기 때문에 대부분 그 이전에 돌아온다고 했다. 사고는 오후 6시 30분이 넘어서 발생했다. 그래서 병원에 차량 운행일지를 제출해달라고 했지만 사마리아인은 그런 것은 없다고 화를 냈다.

목격자가 말한 상황이 가능한지 확인해보기로 했다. 경찰로부터 사무장이 출발한 병원에서 사고 현장까지의 모든 신호 체계를 제출받았다. 증언에 따르면 사마리아인은 사고 현장 직전 사거리에서 좌회전을 했고, 횡단보도까지 진행하던 중 그 사거리에서 직진을 한 택시가 사마리아인을 지나쳐 보행자 신호 중인 횡단보도를 지나

처야 했다. 그러나 신호 체계에 따르면 그것은 불가능했다. 우선 목격자가 말한 직전 사거리에서 좌회전을 한 후 횡단보도까지 진행하는 동안 해당 사거리의 직진 신호는 떨어지지 않았다. 택시가 목격자의 봉고차를 따라잡을 수 없는 것이다. 물론 택시가 사거리 신호도 위반했을 수 있다. 하지만 목격자의 진술 자체가 불가능했다. 좌회전한 목격자의 차량이 보행자 신호가 켜질 때 횡단보도에 도달하려면 순식간에 시속 150킬로미터 이상의 속도를 내야 했다. 내가 아는 순정 봉고라면 제로백이 5초대일 리 없다.

사무장에게 그 사실을 확인시켜주었다. 그리고 당일 요양원 환자들의 출입 시간대와 요양일지를 보여주었다. 사고 시간에 사무장의 봉고차는 현장에 있을 수 없다는 것과 사무장의 진술대로 좌회전을 한 후 보행자 신호 상태의 횡단보도까지 갈 수 없다는 것을 알려주었다. 그러자 사무장은 한 치의 망설임도 없이 진술을 바꿨다. 최소한 결단력은 있는 사람이었다. 사실은 자신이 직접 본 것이 아니라고 했다. 누군가 그 사고를 목격했는데 택시가 신호위반한 것이라고 말을 해서 자신이 조금 과장해 진술했다는 것이었다. 그 누군가가 누구인지 알려달라고 하자 자기도 병원에서 지나가는 사람이 하는 말을 들은 것이라 누구인지 모른다고 했다.

결국 착한 사마리아인이라고 주장했던 그는 교통사고 현장 목격자를 찾는다는 플래카드를 보고 사례를 목적으로 허위 진술을 한 것이었다. 그 결과 30년 무사고 운전을 자랑하던 할아버지는 구속되었다. 그래도 사무장은 아무런 처벌을 받지 않는다. 미국이나 다른 나라에서는 수사기관에서 고의로 허위 진술을 하는 경우 사법

방해죄로 처벌받는다. 살림의 여왕이라고 하는 마사 스튜어트Martha Stewart가 실형을 선고받은 것도 주식 내부자 거래 때문이 아니라 수사기관에서 거짓말을 한 사법방해죄 때문이었다. 하지만 우리나라에서는 범죄가 되지 않는다. 우리나라 법원은 '수사기관은 수사를 하여 허위를 가리는 것이 본분이기 때문에 수사기관에서 허위로 진술하는 것이 수사업무의 본연을 해하는 것이 아니라'는 논리를 내세워 사법방해죄 도입을 막고 있다. 그 논리대로라면 법정은 진실을 가리는 곳이기 때문에 거기에서 허위 증언을 하더라도 위증죄로 처벌해서는 안 된다.

피해자를 찾아갔다. 조사가 불가능할 정도로 중상은 아니었다. 우리를 보자 가장 먼저 하는 말이 택시 기사가 합의에 적극적이지 않다는 불평이었다. 길게 설득하는 것은 낭비 같았다. 단도직입적으로 목격자를 조작하는 것은 범죄가 될 수 있다고 말했다. 그러자 이내 사실을 토로했다. 그날 자신은 낮부터 술을 너무 심하게 먹었기 때문에 아무런 기억도 나지 않는다고 했다. 물론 보행자 신호를 보고 길을 건넌 것은 사실이라고 했다. 그런데 중간에 비틀대다 신호가 바뀐 것을 보고 되돌아오려 했다고 말했다. 그럼 차에 들이받힐 때는 차량 진행 신호였던 것이냐고 묻자, 그런 것 같다고 했다. 그럼 왜 허위 진술을 했느냐고 하자, 자신이 거짓말한 것은 없다고 했다. 보행자 신호를 보고 길을 건넌 것은 사실이라고 했다. 때로는 일부의 사실만 이야기하는 것이 거짓말인 경우가 있다.

결국 택시가 신호위반을 했다는 증거를 찾을 수 없었고, 단순한 무단횡단 보행자 사고에 불과했다. 택시공제조합에 가입한 할아버지는 공소권 없음 처분을 받았다. 그리고 그날 늦게 구속이 취소되었다. 할아버지는 신호위반이 아니라는 것을 듣는 순간에도, 풀려나는 순간에도 별다른 표정의 변화를 보이지 않았다. 공치사를 받으려는 것은 아니었지만 나름 열심히 노력했는데 고맙다거나 수고했다는 말도 없었다. 오히려 마지막 순간까지 자신을 구속한 것은 잘못된 것이라고 분노를 토했다. 내가 구속영장을 청구한 것은 아니라고 하자, 어차피 검사가 한 것이 아니냐고 했다. 그때 나는 검사동일체 원칙이 무슨 뜻인지 알게 되었다. 검사 한 명이 잘못하면 모든 검사가 같이 책임을 지는 것이다. 내 책임이 아니라고 한 것은 비겁한 짓이었다.

나중에 할아버지는 형사피의자보상 청구를 했다. 구금된 사람이 불기소 처분을 받은 경우 국가에 그 잘못된 구금에 대한 보상을 청구할 수 있다. 그것을 형사피의자보상이라고 한다. 나도 시험 공부할 때 들어보기만 한 제도이다. 형사피의자보상을 담당하는 법무부 담당자가 전화로 청구를 기각해야 하는 내용으로 답변서를 작성해달라고 했다. 그래서 보상 청구를 인용해야 한다면서 할아버지는 실제로 억울한 구금을 당한 것이라고 말해주었다. 그래서 청구가 바로 인용되었고 할아버지는 형사피의자보상을 받았다. 물론 보상을 받아도 일용직 일당 정도에 불과하다. 머리 깨뜨려놓고 반창고 값 던져주는 것이다.

물론 지금은 교통사고 사건 처리가 예전만큼 어렵지 않다. 그렇다고 거짓말을 척 알아보는 능력이 생긴 것은 아니다. 어느 날부터 교통사고 사건에서 거짓말이 사라졌기 때문이다. 거리마다 붙어

착한 사마리아인의 거짓말

있던 목격자를 찾는다는 플래카드도 대부분 사라졌고, 검사실에 끌려 나와 억지로 보증을 서야 했던 신들도 사라졌다. 그렇다고 사람들이 갑자기 양심적으로 변한 것은 아니다. 인류의 인성이 진화할 것이라는 데이비드 흄의 간절한 예언이 일부라도 실현된 것은 사실 작은 기계 덕분이다. 블랙박스의 발명으로 인해 거짓말이 사라진 것이다. 흔히 과학이나 기계가 인간의 존엄성이나 교양을 높여주는 것은 아니라고 하지만 블랙박스를 보면 그럴 수도 있겠다는 생각이 든다. 적어도 블랙박스는 신들의 위엄을 되살려주었다.

지금은 15년이 훨씬 지난 일이라 그 할아버지의 이름도, 얼굴도 기억나지 않는다. 하지만 그 사무장의 마지막 모습은 기억한다. 거짓말을 실토하고서 아무것도 아니라는 듯 넉살 좋게 웃으며 검사실을 나서던 그 모습은 너무도 생생하다. 그는 짭짤한 부수입을 위해 수사기관과 자신을 속였다. 자신의 거짓말 때문에 한 노인이 누명을 쓰고 구속되었는데도 그는 아무런 양심의 가책을 받지 않았다.

인간의 대뇌피질 중 마지막으로 분화된 신피질이 클수록 속임수를 사용하는 비율이 높아진다고 한다. 리처드 번과 나디아 코프라는 학자들이 연구한 내용이라고 하는데, 그런 것까지 연구하는 것도 놀랍지만, 아무튼 그 뜻은 속임수를 쓰는 것도 진화의 한 과정이라는 것이다. 마키아벨리는 고결한 덕목이 보상을 받는 것은 이상에 불과하며 현실에서는 그렇지 않다고 말했다. 그러니 그 사무장이 협잡꾼의 길을 택한 것은 합리적인 선택이었을지도 모른다. 푼돈이라도 없는 것보다는 나으니… 하지만 최소한 선한 사마리아인이라고 자처하지는 말았어야 했다. 사람들의 이타심과 공감을 욕보인 그자의 모습은 오랫동안 사람에 대한 상처로 남았다. 하지만 블랙박스가 거짓말을 고쳐주었듯, 시간이 지나 그 상처를 치유해준 것도 있었다. 우연히 만난 애덤 스미스의 말이었다. 그가 내게 말했다. 이타심은 건물의 장식품과 같다고, 사회를 아름답게 만들어주기는 하지만 그것이 없다고 해서 사회가 무너지지는 않는다고, 하지만 정의는 건물의 기둥과 같은 거라서 그것이 없어지면 건물이 무너지듯 사회도 무너진다고. 아름다운 결론은 아니지만 블랙박스처럼 유용한 위로였다.

마음대로 짓밟고 아무런 책임도 지지 않는다면 그건 존엄한 것이 아니다. 짓밟힌 것이 오히려 용서를 구하고 화해를 간청해야 한다면 그건 존엄한 것이 아니다. 존엄한 것은 두려운 것이고 원시적인 것이다. 지켜지지 않으면 그에 상응하는 책임을 물어야 한다. 그것이 인간이 존엄하다는 것을 알려주는 것이다.

소년 전담 검사를 하면서 나는 늘 피해자들에게 너는 소중하고 무엇보다 존엄하다고 말해주곤 했다. 그리고 가해자들과 친구가 되려고 노력할 필요 없다고, 화해하거나 용서하려고 노력할 필요도 없다고 했다. 피해를 당한 아이들이 그렇게 행동하는 건 대개 두려움 때문이다. 그 두려움 때문에 자신의 존엄함과 권리를 포기하기도 하는 것이다. 하지만 존엄한 것은 양보할 수도 포기할 수도 없다. 그러니 아이들에게 화해를 강요하지 말라.

2

사람들,
이야기들

검사는 남의 말을 들어주는 직업인데, 또 남의 말을 절대로 안 듣는 직업이기도 하다. 검사라는 직업이 참 맹랑한 게, 어서 말을 하라고 하고서 정작 말을 하면 거짓말한다고 윽박지르곤 한다. 자기가 듣고 싶은 말만 들으려고 하는 것이다. 늘 술래 역할만 하다 보니 생긴 일이다. 나는 수사능력이 떨어지는 대신 남의 말을 잘 듣는 능력을 가졌다. 의심스럽겠지만 '경청하는 법'이라는 주제의 강의도 했다. 사람들은 검사들이 남의 말이라고는 전혀 듣지 않는 완고하고 오만한 놈들이라고 욕을 하지만, 그래도 이런 해괴한 강의까지 만들어 들을 정도로 나름 노력도 한다.

아무튼 내가 이런 강연에 나설 정도로 남의 말을 잘 듣는 것은 사실 천성적으로 귀가 얇기 때문이다. 일단 남의 말은 솔깃하게 듣는다. 특별한 노력을 기울이는 것은 아니고 '팔랑귀'이기 때문이다. 경청이란 배워서 되는 것이 아니고 타고나야 한다. 유전자가 결정하는 것 같다. 귀가 얇은 사람은 대개 돈을 잘 까먹는다는데, 그걸 보더라도 나는 귀가 얇은 게 분명하다. 잘하는 거라곤 거의 없는 와중에 그래도 쓸 만한 재주를 물려받았다고 좋게 생각하고 있다.

물론 후배 검사들에게 '경청하는 법'에 대한 강의를 할 때는 그리 말하지 않았다. '귀가 얇은 것이 비법이라고, 유전자가 결정하는 거라고' 말할 수는 없는 노릇이다. 그리고 유전적 성향이라는 것이 고정적인 게 아니라 환경에 따라 발현되기도 하고 억제되기도 한다고 한다. 동물의 뇌 속에는 일정한 행동을 유발하는 고정행동양식이라는 게 있는데 이것이 늘 정해진 대로 나타나는 것이 아니라 특정 환경이나 자극에 의해서만 발현된다는 것이다. 그래서 강연을 할 때는 유전자 탓으로 돌리기보다는 환경이나 자극에 대한 이야기를 했다. 그 내용이란 게 별것은 아니다. 경청은 무작정 남의 말을 잘 듣는 것이 아니다. 경청은 콘서트홀에서 가수의 노래를 듣는 것과 다르다. 경청은 끊임없이 서로 간의 교감과 이해를 확인하는 과정이다. 그래서 영어로도 'activehearing'이라고 한다. 'active-X' 때문에 달갑잖은 단어겠지만 'active'는 원래 '능동적인, 적극적인'이라는 뜻을 가진 아주 좋은 말이다. 뭐 이런 식?

그런데 재미있는 것은, 경청이 중요하니 어쩌니 해도 현실에서 벌어지는 일은 또 다른 문제라는 것이다. 검사실에서 하는 말들은 대부분 거짓말이기 때문이다. 조사받는 피의자의 말도 거짓말이고, 돈을 바라고 고소한 것은 아니라는 고소인의 말도 거짓말이다. 조사하면 다 밝혀진다고 위협하는 검사의 말도 거짓말이다. 조사해서 다 밝혀질 거라면 굳이 사실을 실토하라고 수고롭게 설득할 리 없다. 그래서 검사 생활을 시작한 무렵 나는 사람 말을 믿지 않게 되었다. 게다가 사람 말을 불신하는 냉소적인 태도는 왠지 멋져 보이기도 했다. 마르크스도 말했잖은가, 모든 것을 의심하라고. 그러니까, 중2병이다.

그러나 얼마 되지 않아 남의 말을 잘 믿고 잘 속는 나로 복귀했다. 잘 믿고 잘 속는 것은 그리 부끄러운 일이 아니었지만, 비웃었던 남의 말이 진실이었다는 게 밝혀지면 많이 부끄러웠다. 그래서 나는 말도 많은 편이지만 어떤 사람의 말도 잘 들어주고 맞장구도 잘 쳐준다. 남들이 정신질환자라고 생각하는 사람들하고도 잘 통하는 편이다. 그래서 많은 정신질환자들을 만날 수 있었다. 조현병 환자들은 물론이고, 다른 사람이 배우자나 부모를 사칭하고 있는 것이라고 인식하는 카크라스 증후군 환자, 종교적 환청·환시를 본다는 측두엽발작 환자 등을 두루두루 경험해보았다.

가끔 어떻게 미친 사람들과 진지한 대화를 그리 오래 할 수 있느냐고 묻는 사람들도 있다. 미친 사람이라고 생각하면 대화를 할 수 없다. 뇌과학자나 생물학자들이 들으면 아직 미신에서 못 벗어났다고 하겠지만, 나는 그런 사람들 중 몇몇은 우리보다 우월한 능력을 가졌다고 생각하는 편이다. 우리는 알지 못하는 우주의 신호를 받아들이는 능력을 가졌는데 다만 그것을 번역하는 능력까지는 얻지 못해 혼란을 겪는 것일지도 모른다. 대략 이런 자세면 누구와도 이야기가 통한다.

검찰이 보지 못한
그의 진심

경청은 그냥 듣는 것이 아니라 말하는 사람에게 적극적으로 반응해야 하는 대화의 일종이다. 그래서 경청은 판소리의 고수와 비슷하다. 추임새를 잘 넣어야 하고 박자도 잘 맞춰야 한다. 그러려면 상대방의 진의와 속마음 그리고 경계심을 모두 잘 파악해야 한다. 그리고 경청은 상대방의 이야기를 모두 수용하고 인정하는 것이 아니다. 회의에서 보스가 이야기할 때 주변의 부하들이 수첩에 적으면서 아무런 이의 제기 없이 받아들이는 것은, 그래서 경청이 아니다. 경청은 상대방과 나의 의사와 진의를 확인하고 오해와 견해차를 줄여 서로 교감하는 것이지만, 결국은 자기의 의사를 관철시키는 기술이라고도 할 수 있다.

물론 현실은 늘 그렇듯 이론과 다르다. 서로 다른 입장의 사람들이 서로 대립되는 이해관계 속에서, 게다가 격분한 상태에서 만난다면 이런 이야기는 전혀 도움이 되지 않는다. 그건 마치 월요일 출근길의 신도림역에서 서두르지 말고 하늘도 보면서 쉬엄쉬엄 걸으라는 말처럼 공허하다. 검사실에서의 대화란 열에 아홉은 어디 한 발 디딜 곳 없는 서릿발 칼날 진 고원 같은 분위기다. 그런 상황에서 경청하라는 것은 태풍 속에서 양산 쓰고 꽃구경하라는 것이나 다름없다. 자기계발서나 힐링 서적에서 나올 법한 그런 자세로 경청에 나서면 엄청난 격분과 적대감을 맞이하게 된다. 층간소음으로 다툴 때, 보복운전 시비가 붙었을 때 우리가 경청을 했던가 생각해보면 알 수 있다. 프로이트가 말하길 말은 감정에 불을 붙이는 도구로서 인류를 서로 융합시킬 수도 있고 이간시킬 수도 있는 대중적인 수단이라고 했다.

경청하는 자세나 겸손한 마음과 같은 힐링 콘서트에서나 나올 법한 것들은 사실 적대감을 줄이는 데는 별 쓸모가 없다. 그것보다는 상대방의 의도를 빨리 알아채는 것이 더 중요하다. 상대방의 진의를 파악해야 나와의 거리감을 알 수 있고 서로 일치하는 지점을 확인해 거기서부터 이야기를 시작할 수 있다. 실제로 사람들은 자신들이 듣고 싶은 말만 듣는다고 한다. 왁자지껄한 선술집같이 바로 앞에 앉아 있는 사람이 하는 말도 잘 들리지 않은 곳에서 신기하게도 좀 떨어진 옆 테이블에서 하는 말이 들리기도 한다. 이때 가장 잘 들리는 말은 자신의 이름이고 그다음은 성적인 대화라고 한다. 그런 말들이 잘 들리는 것은 생존 본능과 종족유지 본능 때문이다. 이를 '칵테일파티 효과'라고 하는데, 칵테일파티처럼 시끄러운 와중에

검찰이 보지 못한 그의 진심

도 자신이 관심을 갖는 말은 들리는 현상을 말한다. 이 말은 사람들 간의 대화에도 적용된다. 자신이 관심 있는 주제여야 대화할 마음이 생기는 것이다. 테일러 스위프트 팬인 딸에게 산울림 이야기를 해봐야 아무 소용없는 것과 같다.

상대에게 내 이야기를 전달하거나 상대의 말을 경청하려면, 상대가 지닌 진짜 의도를 파악해야 한다. 애석하게도 상대의 의도는 대개 예측한 것과 다르고, 그 사람의 표면적인 말과도 다르다. 우리나라 사람들은 늘 자신의 의도나 목적을, 특히 경제적인 동기라면 더욱, 숨긴다. 늘 대의와 도덕부터 내세우기 때문에 실제 의도를 알기 어렵다. 그래서 대화를 시작하는 첫 1분 안에 상대방의 의도를 짐작해야 한다. 그러기 위해서는 촉진을 하듯 이 말 저 말 던져보고 그 반응을 파악해야 한다. 문제는 그게 스무고개가 아니라 세 고개 정도에 불과하다는 점이다. 세 마디 안에 의도를 알아차리지 못하면 상대방은 금세 마음을 닫아버리기도 한다. 사람들은 검사가 자신의 의도를 잘 알고 있을 거라고 오해하고, 또 자신의 사정에 대해 누구보다 잘 알고 있을 거라고 착각한다. 그래서 자신의 의도나 자신에 대한 정보와 동떨어진 이야기를 하면 자기를 무시하거나 무관심한 것이라고 판단해버린다.

다행히도 나에게는 세 고개보다 많은 기회가 주어졌다. 사람들이 나에게 좀 더 관대했던 것은 전병처럼 얇고 구멍이 숭숭 뚫린 잡학이나 군데군데 깨 뿌리듯 던지는 전라도 사투리 때문이 아니었다. 그것은 다름 아니라 검사 같지 않게 생긴 인상 덕이었다. 상대의 의도를 파악하기 위해 '더듬수'를 놓을 때 가장 유용한 것은 첫인상이다. 일단 첫인상이 좋으면 박자가 좀 어긋나도 몇 번은 참아준다. 그런 면에서 사람들은 전혀 공정하지 않다. 호감을 가지면 대개 이해해주고, 적대적으로 보이면 거칠어진다.

아무튼 처음에 내가 검사를 하겠다고 했을 때 나를 아는 모든 사람들이 그렇게 맹탕으로 생긴 얼굴로 어떻게 범죄자들을 대할 거냐며 수심에 잠겼을 정도로, 내 얼굴은 소금 한 말은 넣어야 간간해질 정도로 맹탕으로 생겼다. 좋게 말하면 착하게 생긴 것이고, 정확하게 표현하자면 속아 넘어가기 쉽게 생겼다는 뜻이다. 서점이나 강남역에 갈 때 꼭 한두 명의 '도팔이'들이 꼬이는 것을 보면 사실인 것 같다.

사람 말을 들어주는 것은 그리 쉬운 일이 아니다. 배운다고 되는 것이 아니다. 게다가 검찰청에 들어오는 사람들은 꽃집에 오는 사람들이 아니다. 상처받았기에 공격적이며 분노가 딱딱하게 굳어 있어 당장 마음의 응급실이 필요한 사람들이다. 그 사람들은 대부분 같은 말을 해도 꼭 악다구니를 부린다. 게다가 검사들도 그런 사람들에 대해 좋은 감정을 갖고 있지 않다. 부정적 정보가 압도적으로 많기 때문이다. 그러다 보니 직접 만나보기도 전에 좋지 않은 감정을 가지게 된다. 사람 말을 듣는 데 가장 걸림돌이 되는 것은 선입견이다. 일단 다른 사람에 대해 나쁜 인상을 가지면 어떤 이야기를 듣더라도 곱게 들리지 않는다. 나도 그런 실수를 여러 번 했고 지금도 그다지 나아지지 않는다.

예전에 대검찰청 앞에서 진을 치고 시위를 하는 사람들이 있었다. 아마 지금도 있을 것이다. 대개 자신의 억울한 사정을 호소하는

검찰이 보지 못한 그의 진심

사람들이다. 다른 나라에서라면 의회나 대통령 관저 앞에서 볼 법한 모습인데 우리나라에서는 특이하게 대검찰청 앞에서도 볼 수 있다. 잃어버린 딸을 찾아달라는 것에서부터 김정일을 척살해달라는 것까지 사연도 제각각이고, '내 귀에 도청장치'부터 부당해고자까지 온갖 사람들이 모여 있지만, 분명한 건 모두 한을 품은 사람들이라는 점이다.

그도 그런 사람들 중 하나였다. 과격한 행동을 하거나 앞으로 나서는 편은 아니었지만 신중하고 똑똑했기 때문에 다른 사람들에게 미치는 영향력이 적지 않았다. 말하자면 그는 주변 시위자에게 사명감과 전투력을 불어넣는 존재였다. 실드 버프를 걸어주는 '힐러' 같은 거다. 게다가 개근상을 탈 속셈이었는지 비가 오나 눈이 오나 빠지는 법이 없었다. '부저추신釜底抽薪'이라고, 일단 그 사람부터 해결해야 할 것 같았다.

사람들 말로는 원래 공기청정기 회사에 다니던 그가 해고된 후 회사를 상대로 공갈·협박을 일삼고 있다고 했다. 자기가 만들던 회사 제품을 비방하다 구속까지 되었다는 것이다. 액면 그대로 보면 전형적인 조직 부적응자 같았다. 그 사람이 구속되었을 때 같은 회사 동료들이 나서서 엄벌해달라고 탄원했다고 하니 안 봐도 그의 평소 행실을 짐작할 수 있었다.

방으로 와서 이야기나 해보자고 했다. 예상대로 들어오자마자 오만상을 찌푸리는 것이 삼일 굶겨놓은 시어머니 상이었다. 자기를 왜 부르는 거냐며 화를 냈다. 아니, 자기 이야기 들어달라고 100여 일 동안 시위를 한 사람이 정작 말을 해보라고 하니 화를 내는 것은 무슨 경우냐고 물었다. "설마 비타민 D가 부족해서 거기 서 계신 겁니까?"라고 말하면서 웃자 어이가 없는지 자기도 따라 웃는다. 웃음이 나오면 생각보다 빨리 대화가 열린다.

실제로 나는 잘 웃는다. 높은 검사장들이 엄숙하게 이야기를 하는 와중에도 피식피식 웃곤 해서 혼도 많이 났다. 우리나라 사람들은 웃는 것을 경박하다고 생각한다. 대통령이나 장차관, 국회의원들 중에 농담을 하거나 웃는 사람은 거의 없다. 중대한 국사를 짊어지고 있기 때문에 늘 신중하고 최선을 다하는 모습을 보여야 한다고 생각하나 보다. 국정감사 때도 증인이 웃으면 거의 모든 국회의원들은 발작적으로 화를 낸다. 그렇게 화를 내야 국회의원의 위신도 서고, 기업이나 공공기관에서 증인 채택을 피하기 위해 평소 보험을 들어두기 때문이다. 관공서나 재벌 기업의 행사를 보더라도 가장 높은 사람 하나만 웃고 있고, 그 옆에 도열한 사람들은 단 한 명도 웃지 않는다. 그래서 자주 웃는 것은 출세에 치명적이라는 사실을 깨달았다. 그래도 세상을 사는 데 웃는 것보다 더 좋은 비법은 없더라. 출세보다는 잘 사는 게 더 이득이다.

아무튼 이렇게 해서 그와 이야기할 분위기는 마련되었는데, 마땅히 할 얘깃거리가 없었다. 한이 많은 사람들을 상대할 때 단도직입적으로 본론에 들어가는 것은 위험하다. 그 사람이 무엇을 주장하든 그가 살아온 힘겨웠던 날들과 고통들은 결코 녹록지 않기 때문이다. 일단 에둘러 살아온 이야기, 가족 이야기 등을 하면서 유용한 정보와 공통분모를 최대한 찾아내야 한다.

그러나 그에게는 그럴 수 없었다. 너무 결연한 표정이라 그런

　　　　　　　　　　　　　검찰이 보지 못한 그의 진심

이야기를 꺼낼 수 없었다. 그는 나와 달리 전쟁을 하기 위해서 이 자리에 온 것이었다. 할 말이 없었다. 내 장기라 할 수 있는 너스레나 고향 이야기 같은 것을 꺼낼 수 없었다. 그냥 생각나는 대로 말하기로 했다. 그래서 다짜고짜 '공기청정기를 사야 하는데 어떤 것을 사야 하느냐'고 물었다. 그러자 그가 당황하는 기색을 보였다. 그런 이야기가 나올 것이라고 생각하지 못한 듯했다. 그도 검사가 자기 말을 믿어주지 않을 거라고 예단하고 있었던 것이다. 잠시 머뭇거리더니 이내 내가 질문을 거둘까 봐 조바심을 내며 서둘러 공기청정기에 대해 설명하기 시작했다. 그는 자신이 공기청정기 전문가라는 사실을 알리고 싶어 했다. 그래야 자신의 행동을 이해시킬 수 있었기 때문이다. 20분 넘게 공기청정기에 대해 설명해주는데 대략 공기청정기에는 필터식, 집진식, 음이온식, 복합식, 워터필터 방식 등이 있다는 것 정도만 알아들었다.

나는 원래 매뉴얼이나 약관같이 복잡하면서도 상상력이 불필요한 문구들을 뱀처럼 두려워한다. 아무튼 그때 공기청정기가 꽤 복잡한 기계이고 그것들 중 하나를 선택하는 건 슈퍼모델 우승자를 결정하는 일만큼이나 어려운 문제라는 것을 처음 알았다. 그리고 그 사람이 조직 부적응자라기보다는 엔지니어라는 사실도 알았다. 그는 한참 동안 장단점을 열거하더니 결국 초보자가 쓸 만한 제품을 딱 집어 골라주었다. 그때 그 사람이 추천해준 공기청정기가 아직도 잘 작동되는 것을 보니 그를 전문가로 봐도 무방할 것 같다.

어느 정도 준비운동이 끝났기에 본격적인 질문을 했다. 왜 자신이 다녔던 회사와 싸우느냐고 물었다. '다른 사람들이 보기에는 해고된 것에 대해 앙심을 품은 것으로 비쳐질 수도 있다는 것을 아느냐'고 물었다. '앙심을 품은 것 아니냐'고 물어보면 상당한 반감을 불러일으킬 수 있지만, 남들이 그렇게 볼 수도 있다는 식으로 에둘러 표현하면 묻고 싶은 말도 할 수 있고 서로 감정도 상하지 않는다.

그는 자신이 공익을 위해 그러는 것일 뿐이라고 했다. 그게 무슨 말이냐고 묻자, 자기가 다녔던 회사의 공기청정기는 폐질환을 유발할 수 있다고 했다. 그 사실이 입증되었느냐고 묻자, 그 문제를 제기하면서 바로 해고되었기 때문에 입증에는 실패했지만 역학조사를 하면 분명히 밝혀질 것이라고 했다. 그럼 아직 사실로 밝혀진 것이 아니기 때문에 불리한 상황인데 너무 단정적으로 말하면 법적인 책임을 지게 될 수도 있다고 했다.

실제로 그는 그 공기청정기가 폐질환을 유발한다는 내용으로 피케팅을 하다 몇 차례 벌금형을 선고받았다. 그럼에도 멈추지 않고 계속 피케팅을 하다 결국 업무방해죄로 구속되었다. 자신은 사람들을 구하기 위해 직장까지 잃어가면서 문제 제기를 했는데 그것도 몰라주고 자신을 구속한 검찰의 처사가 너무 야속해 그때부터 회사보다 검찰이 더 미워졌다고 했다. 충분히 그럴 만했다.

한참 이야기를 듣고 보니 그 사람이 억지를 부리거나 거짓말을 하는 것 같지는 않았다. 그래서 당신이 만약 검사라면 어떻게 처리했을 것 같으냐고 물었다. 그러자 자기라도 사실이 밝혀지지 않았는데 반복해서 그렇게 행동하면 구속했을 것 같다고 했다. 그럼 검사의 입장을 이해하면서도 왜 시위를 계속하느냐고 물었다. 그러자 그 공기청정기를 막을 방법은 이것뿐이라고 생각해서 시위를 하는 것이라고 했다. 사실을, 입증 자료를, 역학조사 결과를 들고 왔어야 하는데, 그럴 시간도 돈도 여건도 안 되었다고 했다.

그가 그 많은 시간 동안 피케팅을 할 때 누구도 그의 말을 들어주지 않았다. 심지어 검찰에서는 구속까지 했다. 검찰은 그 사람의 진심을 보지 못했다. 변명하자면 그건 검사실에서 이타적인 사람들을 만나는 것이 한여름에 눈을 보는 것보다 어렵기 때문이다. 그래서 다른 사람의 행동 원인을 찾을 때 공익이나 이타적인 목적 따위는 고려해본 적이 없다. 그 사람이 길 위에서 보낸 그 많은 시간을 해석하면서 나도 그렇고 다른 검사들도 그렇고 결코 이타심이라는 가설을 세워본 적이 없다. 서민 아파트 아이들이 등교하다 지나가는 것을 막기 위해 자신들의 아파트에 울타리를 치는 사람들, 장애인 학교를 막기 위해 삭발하는 사람들, 신공항을 유치하기 위해 삭발하는 사람들 속에서 살아가다 보니 어쩔 수 없이 그렇게 어두워졌다.

사람이 이타적인 본능을 가지고 있는가에 대해서는 여전히 논쟁 중이라고 한다. 영국의 생리학자 존 스콧 홀데인John Scott Haldane은 자연적인 이타적 행동은 유전적으로 밀접한 관계에 있는 친족에게서만 나온다는 '친족 선택kin selection' 이론을 발표한 바 있다. 결국 생판 남에게는 이타적인 시혜를 베풀지 않는다는 것이다. 하지만 프란스 드 발Frans de Waal은 침팬지와 같은 영장류이면서도 관용과 이타심, 자제력을 발휘하는 보노보를 예로 들면서 영장류도 감정이입 능력을 가지고 있다고 주장한다. 동물 중에는 이타적인 행동을 하는 것들이 있다. 군집 생활을 하는 어떤 두더지쥐는 무리가 사는 굴에 뱀이 침입하면 몇몇이 나서서 스스로 잡아먹혀 무리를 유지시킨다고 한다. 또 중남미에 서식하는 흡혈박쥐는 이틀 정도 먹이를 먹지 못하면 목숨을 잃을 수 있는데, 부상 등 피치 못할 이유로 먹이를 구하지 못하는 동료가 생기면 다른 박쥐가 자신이 먹은 피를 토해서 나눠준다고 한다. 동물들의 이타적인 행동은 진사회동물이나 친족사회에만 국한된 것이 아니다. 때로는 종을 넘어 도움을 주기도 한다. 혹등고래가 잔인한 범고래 떼로부터 귀신고래나 물범 등을 지켜주는 모습은 흔히 목격된다. 동물들도 이타적인데 왜 나는 그런 것을 까마득하게 잊고 있었을까?

그에게 구속까지 해서 미안하다고 했다. 하지만 입증되지 않은 위험성 때문에 많은 사람들의 직장을 잃게 할 수 없었을 것이라고 말했다. 그러자 자기도 그동안 할 만큼 노력했으니 이제 그만둘까 생각 중이었다고 했다. 자기에게 공기청정기를 추천해달라고 했을 때 어느 정도 마음이 풀렸다고 했다. 그가 검사실을 떠나고 나서도 한참이나 부끄러운 마음이 가시지 않았다. 나는 경박하게도 그를 조직 부적응자나 블랙 컨슈머 정도로 생각했었다.

그는 더 이상 시위에 나오지 않았다. 그리고 얼마 지나지 않아 그 공기청정기가 과다하게 오존을 발생시켜 호흡기질환을 유발한다는 내용의 기사가 대대적으로 나오기 시작했다. 그리고 그 공기청정기를 막기 위해 구속당하는 것까지 불사했던 그의 바람대로 해당 공기청정기는 더 이상 판매되지 않았다. 검사들의 판단이 틀렸던 것이다.

검찰이 보지 못한 그의 진심

공기청정기 아저씨의 소중한 가르침에도 불구하고 여전히 선입견 없이 사람들의 이야기를 경청하는 것은 쉽지 않다. 공기청정기 아저씨는 극히 예외적인 경우다. 검찰청에 와서 난동을 부리는 사람들은 정상이 아닌 경우가 많다. 아니 대부분이 그렇다. 어떤 사람은 우리 방에 와서 자신의 귀에 캔디가 아니라 일루미나티의 무선조종 칩이 있다고 악을 쓰기도 한다. 귀신을 보는 사람도 나타나고 가족들이 모두 외계인에게 침탈당했다고 하는 사람도 있다.

이렇게 전두엽 기능에 심각한 장애가 있는 사람들은 그래도 추하지는 않다. 검찰청에 쳐들어와 패악을 부리는 사람들 중에 정말 추악한 이들은 따로 있다. 초임지에서 근무할 때 자신이 고발한 사건을 제대로 처리하지 않는다고 검사장실까지 쫓아간 사람도 본 적이 있다. 국회의원을 동원해 국정감사에서 문제 삼겠다고 위협하기도 했다. 그 사람은 술에 취해 아무런 이유 없이 길 가던 여대생을 폭행했다. 성폭행을 시도한 것일지도 모른다. 아무튼 그 사실이 자신의 시의원 출마에 지장을 줄 것이라고 생각되자 수사를 한 경찰관과 피해자를 고발했다. 경찰관과 여대생이 수상한 관계로 보이니 수사를 하라는 것이었다. 그뿐 아니다. 극악한 패륜 범죄를 저지르고도 야심가인 변호사와 탐욕스러운 프로듀서를 만나 마치 무고한 죄를 뒤집어쓴 것처럼 세상을 호도하는 사람도 봤다. 티켓 다방에서 가출 여고생들을 고용하여 처벌받게 되자 그 아이들이 선불금 사기를 친 것이라며 구속수사해달라고 악을 쓰고, 부모들에게는 탄원서를 써주지 않으면 아이들의 학교에 그 사실을 알리겠다고 위협하는 사람도 만났다.

그래서 경청하는 것은 어쩌면 엄청난 시간과 노력을 낭비하는 일이 될지도 모른다. 그러나 단 한 명이라도 공기청정기 아저씨 같은 사람이 있을 수 있다. 아무리 세상이 엉망진창이라 하더라도 한 사람이 억울한 일을 당하는 걸 정당화할 수는 없다. 그가 검찰을 용서했는지 모르겠다. 나쁜 기억은 사라지지 않는다. 과학자들이 말하길, 망각은 잊는 것이 아니고 다만 새로운 기억으로 덮이는 것이라고 했다. 그의 검찰에 대한 나쁜 기억이 덮여졌는지 아직도 모르겠다.

이야기의 뒷면,
진짜 사연을 이해한다는 것

남의 말을 함부로 무시하지 말아야 한다는 것을 처음 깨달은 것은 어느 여름날이었다. 대부분의 일들은 휴가철에 벌어지고 그 일 역시 그러했다.

형사부 검사는 검사실별로 다 같이 휴가를 간다. 검사, 계장, 실무관이 세트로 휴가를 가기 때문에 그 방은 일주일가량 닫힌다. 그 방의 급한 사건들은 옆방 검사들이 대신 처리한다. 대개 7월 말부터 8월 초 사이에 집중적으로 휴가를 가는데, 그럴 때는 남아 있는 사람들도 애써 한가롭기 위해 노력한다. 다들 나오지 않는 에어컨을 붙잡고 최대한 느릿느릿 움직인다. 그런 아침이었다. 갑자기 아침 일찍부터 경찰관 두 명이 지명수배자 한 명을 데리고 방을 찾아왔다. 그날 새벽부터 강릉에서 부지런히 왔다는 경찰관들은 아침인데도 물에 젖은 솜처럼 지쳐 있었다. 그들은 맥콜 한 캔씩 들이켜고 다시 강릉으로 떠났고, 30대 초반의 수배자만 남았다.

이빨을 드러내고 누군가를 위협하는 호랑이가 새겨진 화려한 나염 민소매 티셔츠에 국방색 반바지, 그리고 '쪼리'라고 불리는 슬리퍼 차림이었다. 굳이 호랑이를 데리고 다닐 필요도 없이 충분히 위협적인 얼굴에 짧은 깍두기 머리를 하고 있었다. 무슨 일이냐고 묻자 그 남자는 오히려 자신이 왜 여기로 잡혀온 것이냐고 되물었다. 혹시 고소당하거나 사고 친 사실이 없느냐고 했더니, 한 건 있지만 다 해결된 것으로 알고 있다고 했다.

그날 새벽, 가족들과 같이 휴가를 떠난 경포대 해수욕장에서 우연히 파출소에 들렀는데 갑자기 자신에게 수갑을 채우더니 인천까지 끌고 왔다고 했다. 죄도 없는데 수배가 될 리 있느냐고 핀잔을 줬더니 진짜 억울하다고 했다. 자신도 무슨 일인지 모른다고 발뺌하는 것이 한두 번 해본 솜씨가 아니었다. 수배자 중에서 억울하지 않다고 하는 사람은 없었기에 한 귀로 흘려들었다.

확인해보니 휴가 떠난 옆방 검사실의 사건이었다. 배고프다 하여 도시락처럼 생겼다는 걸 강조하는 컵라면을 하나 주고, 실무관에게 기록을 찾아오라고 했다. 우선 인적사항이며 주소 따위를 물으며 조사를 하려고 하자, 내게 무슨 사건으로 조사하는 거냐고 묻는다. 그래서 전산상에 나와 있는 죄명은 상해라고 말해주니 자기가 모르는 상해 사건도 있느냐고 딱 잡아떼는 것이 여간 얄미운 것이 아니었다.

한참이 지나도 기록을 찾으러 간 실무관은 돌아오지 않았다.

이야기의 뒷면, 진짜 사연을 이해한다는 것

그때 갑자기 남자의 아내, 보라돌이 일당이 그려진 원피스를 입은 다섯 살 정도의 딸아이, 남자의 어머니로 보이는 초로의 아주머니가 들이닥쳤다. 한눈에도 남자를 쫓아 이곳까지 서둘러 왔다는 것을 알 수 있을 정도로 허술한 차림들이었다. 여자는 들어오자마자 정확히 호랑이 두 눈 부분을 두들기며 남편을 잡기 시작한다. 그러자 무거운 기세에 눌려 있던 아이도 마음 놓고 시원한 장대비처럼 울기 시작한다. 초로의 아주머니도 바닥에 털썩 주저앉는다.

남자의 아내는 호랑이를 때리면서 곱게 자란 자신이 남자를 잘못 만나 이런 못 볼 꼴을 본다고 악다구니를 부리기 시작한다. 며느리가 도발을 하니 시어머니도 가만히 있을 리 없다. 남자의 어머니는 집안에 사람이 잘못 들어온 탓이라며 남편 복 없는 년이 며느리 복 있겠냐는 통속적이면서도 강력한 반격을 날린다. 이에 며느리도 지지 않고 남편이 교도소 들어가 있을 때 혼자 아이를 낳은 자신이 친정에 찾아가 분유 값 받아온 설움을 3인칭 전지자적 시점으로 속사포처럼 쏟아낸다.

나는 고도를 기다리는 심정으로 도대체 돌아오지 않는 실무관을 원망하고 있었다. 분명 드라마에서 자주 나오던 장면이었는데 직접 보니 여간 곤혹스러운 것이 아니었다. 우열을 가리기 어려운 고부간의 박복함 자랑 랩 배틀을 언제까지 들어야 하나 고민되기 시작했다. 호랑이 티셔츠 남자는 급기야 엄마와 처의 화려한 랩 배틀에 맞춰 깍두기 머리를 책상에 쿵쿵 부딪치기 시작했다. 나는 그렇게 머리를 부딪치면 책상이 상할 수도 있으니 조심히 받으라고 정중히 부탁한 뒤, 외갓집 덕에 분유라도 먹었다는 아이에게는 달팽이가 기어가는 깜찍이소다를 건네주었다. 아이는 서로 자신이 죽일 연놈이라고 강력히 주장하는 부모와 할머니를 배경으로 더러는 울면서 파란 깜찍이소다를 마시고 있었다.

나는 10여 분간의 랩 배틀을 통해 두 여인의 연대기를 얼추 파악했기 때문에 어서 빨리 남자의 기록이 도착해서 이 상황을 벗어나게 되기를 간절히 바라고 있었다. 그래도 실무관은 오지 않았다. 어느새 아이의 엄마는 남편에 대한 폭행을 멈추고 호랑이를 때려잡던 두 손을 맞잡은 채 아버지를 찾기 시작했다. 그 칼을 쳐서 보습을 만들고 그 창을 쳐서 낫을 만드는 격이다. 아버지만 찾으면 좋으련만 느닷없이 요단강도 나오고 요나 이야기까지 나오는 것이 마치 내가 지옥의 수문장이라도 되는 것 같았다. 아이의 엄마가 폭력을 멈추자 남자의 엄마도 인재 영입 실패라는 설득력 없는 이야기를 멈추고 며느리를 따라 아버지를 외치기 시작했다. 고부가 같은 아버지를 둘 순 없을 텐데 신기했다.

한참 후에 실무관이 돌아왔지만 기록은 오지 않았다. 실무관 말로는 기록보관실에 이 남자에 대한 기록은 없다고 했다. 아마 휴가 떠난 옆 검사실에 있는 것 같다고 했다. 혹시나 하고 옆 검사실 문을 열고 들어갔다. 휴가 간 그 방 계장에게 연락해 프린터 용지보관함 속에 있는 열쇠를 찾아 캐비닛을 열었다. 그리고 그렇게 애타게 찾던 호랑이 티셔츠 남자의 상해 사건을 만날 수 있었다.

그 남자는 약 70시간 전, 그러니까 동해안으로 떠나기 전, 자신이 수배된 것을 알고서 합의서와 함께 제 발로 걸어 들어와 옆 검사실에서 조사를 받은 후 풀려났다. 그렇게 지명수배된 피의자가 잡혀

이야기의 뒷면, 진짜 사연을 이해한다는 것

오거나 자진 출석을 하면 조사한 후 구속을 하든지 석방을 해야 한다. 어느 경우든 그 사람에 대한 지명수배는 해제해야 한다. 그런데 옆방 검사는 나 같은 신입이었고 계장이나 실무관 모두 신참들이었기 때문에 그 누구도 지명수배를 해제하지 않았다. 그래서 이 남자는 조사를 마친 뒤 낡았지만 그래도 중형차 대접을 받던 콩코드에 새로 산 텐트를 싣고 가족과 함께 강릉 경포대까지 놀러갔다가, 호랑이가 어흥 하고 있는 티셔츠를 입고 옆 텐트의 싸움을 말린 죄로 파출소에 가 목격자 진술을 하다가, 해제되지 않은 지명수배를 확인한 경찰관에게 체포되어 4시간 거리의 인천까지 끌려와 비루먹게 생긴 검사가 주는 팔도 도시락을 먹으며 엄마와 처의 연대기를 듣게 된 것이다. 그러니까 법률적으로 불법체포된 것이다.

갑자기 머릿속 좌반구와 우반구 사이를 얼음으로 만든 새가 겁나게 빠른 속도로 지나가다 등줄기로 빠져나가는 것 같은 느낌이 들었다. 그것도 한두 마리가 아니라 무수한 떼로 오가는 것 같았다. 이 일을 어찌한단 말인가! 나는 기도하는 두 자매님들과 컵라면 국물을 마저 들이켜고 있는 남자를 남겨두고 부장실로 갔다.

부장은 자초지종을 듣더니 점차 얼굴이 굳어진다. 로댕의 작품 같다. 그러더니 검찰사건사무규칙 등 규정들을 이리저리 한참 뒤져보기 시작한다. 더 굳어진다. 아까는 대리석 동상 같았는데 이제는 화강암 동상 같다. 부장도 별수 없다는 것을 확인한 나는 다시 방으로 돌아와 불법체포된 남자의 동정을 살핀다. 이제 두 여자는 화해를 한 것 같다. 서로 두 손을 꼭 붙잡고 방언도 섞어가며 기도를 하고 있다. 국물까지 다 마신 남편은 둘의 화해가 반갑잖은지 나지

막이 그만 좀 하라고 중얼거린다. 쪼리 위로 보이는 종아리가 가느다랗게 떨리고 있다. 나도 떨린다.

다시 부장실로 가보니 수석검사까지 불러 둘이서 뭔가 소곤거리고 있다. '저 둘은 나보다 검사 생활을 10년 넘게 더 했으니 뭔가 방법을 찾아주리라.' 조금은 안도가 된다. 잠시 후 방법을 찾았는지 부장이 나를 부른다. 자기가 10만 원을 내고 수석검사가 5만 원을 낼 테니 나도 5만 원을 내라고 한다. 그렇게 만든 20만 원을 봉투에 담는다. 그러더니 부장이 내 손을 꼭 붙잡으면서 간곡하게 말한다. 이 돈을 주고 택시 태워 잘 보내보라고. 어색하게 웃고 있는 두 사람을 한심하게 쏘아본 뒤 부장실을 나온 나는 봉투를 들고 남자 앞에 섰다.

"선생님, 세상에 살다가 실수로 남에게 억울한 일을 겪게 해본 적 있으시죠?"

그런 적 없단다. 젠장, 그런 답을 원한 것이 아니었는데. 어쩔 수 없이 사실대로 말했다. 최대한 법률적 용어를 많이 사용했다. 간략히 말하자면 착오로 잘못 잡혀 왔으니 그만 돌아가도 되고 이 잘못에 대해서는 형사보상청구를 할 수 있다는 내용이었다. 그리고 우리가 제공하는 택시를 타고 경포대로 돌아가 새로 샀다는 텐트와 함께 보라돌이와 호랑이가 뛰어노는 즐거운 여름휴가를 보내라고 권했다.

내 말이 끝나자 남자는 나를 한참 보더니 "그럼 가도 됩니까?"라고 물었다. 그렇다고 하자 갑자기 내 손을 덥석 잡고는 말했다. "감사합니다. 검사님, 이 은혜는 절대 잊지 않겠습니다." '사람 미안

이야기의 뒷면, 진짜 사연을 이해한다는 것

하게. 차라리 욕을 하지.' 하지만 나도 입으로는 "감사합니다"를 되풀이하고 있었고, 두 고부는 드디어 응답을 하신 거라며 목 메이게 아버지를 불러대고 있었다.

그 가족은 한사코 거절하던 봉투를 건네받아 실무관이 불러온 택시를 타고 서둘러 검찰청을 떠났다. 깜찍이소다를 다 마신 아이에게는 설탕 맛을 솜사탕 맛이라고 속이고 있는 헬로펜돌이까지 덤으로 쥐어주었다. 나는 택시가 청사를 빠져나갈 때까지 계속 고개 숙여 인사를 했다. 방으로 돌아와 수석검사에게 부장과 무슨 상의를 했느냐고 묻자, 상의는 아니고 부장이 인천에서 경포대까지 택시비가 얼마나 나올 것 같으냐고 물어봐서 자신도 타보지 않아 잘 모르지만 15만 원 정도 나오지 않겠느냐는 답을 한 것이라고 했다.

그로부터 몇 달이 지났다. 어느 날 점심을 먹으러 나가는데 별관 앞, 나무인 것처럼 꾸몄지만 너무 조악해 누구도 나무라고 생각하지 않는 콘크리트 벤치에 어떤 여자가 널브러져 곡을 하고 있었다. 당시는 내가 생각지도 못하게 조사부로 가게 된 후라 좀 기고만장해 있던 때였고, 외부 자극에 태연한 듯한 선배들의 무게감을 한창 부러워하던 때였다. 그래서 그리 곡을 하는 여자를 보고 무심한 척 "아이고 죽네, 죽어"라고 가벼운 말을 던졌다.

점심을 먹고 들어오니 곡을 하던 여자가 우리 방에서 날 기다리고 있었다. 아까 한 말 때문에 쳐들어온 것인가 하여 살짝 긴장했지만 알고 보니 그녀는 몇 달 전 내가 조사한 사람이었다. 당시 그녀는 다섯 살짜리 의붓아들을 때려 죽였다는 혐의로 구속되었다. 그 사건이 우리 방으로 배당된 것은 내가 그 아이의 시신을 검시했기 때문이다. 고속도로 변에 자리 잡은 장례식장에서 그 아이를 처음 봤다. 표정은 잠자는 것처럼 평온했지만 둔부와 허벅지에 시커먼 좌상이 넓게 퍼져 있었다. 장례식장은 아이의 친부 혼자 지키고 있었다. 유족과 이야기를 하고 싶었지만 친부는 자꾸 나를 피했고 눈도 제대로 맞추지 못했다. 검시를 하고 나서 수사경찰관과 이야기를 나누었다. 아무래도 이상한 느낌이라고 하자 경찰관도 뭔가 꺼림칙하다고 했다. 좀 더 수사를 해보자고 했다.

그날 밤, 텔레비전에서는 아이를 죽인 잔악한 계모에 대한 뉴스가 대대적으로 보도되었다. 이웃이 나와 평소에도 계모가 아이를 때리는 소리가 자주 들렸고 밥도 먹이지 않아 자신이 대신 끼니를 챙겨주기도 했다며 인터뷰하고 있었다. 그리고 아이의 아버지 인터뷰도 이어졌다. 처가 아들을 자주 때리는 것은 알고 있었지만 훈계 차원이라고 생각했는데 이렇게 심하게 때리는 줄은 몰랐다며 처를 원망하고 있었다.

며칠 후 계모가 구속 송치되었다. 계모는 순순히 범행을 자백했다. 무엇으로 때렸느냐고 하자 손바닥으로 때렸다고 했다. 어디를 때렸느냐고 하자 얼굴과 몸통을 때렸다고 했다. 거짓말이었다. 아이의 상처는 넓고 긴 막대기로 엉덩이와 허벅지를 집중적으로 때려서 생긴 것이었다. 나는 그녀에게 왜 거짓말을 하느냐고 물었다. 거짓말은 익숙하지 않은 여자였다. 사실은 남편이 때린 것 아니냐고 묻자 그녀는 말을 못하고 울기만 했다. 다음 날 조사를 하면서 그녀에게 남편의 인터뷰가 나오는 텔레비전 뉴스를 보여주었다. 동요하는 모습이 역력했다. 그래도 끝내 남편 짓이라고는 하지 않았다.

수사를 했던 경찰관에게 부탁하여 동네 사람들을 탐문해보게 끔 했다. 예상대로 그녀가 아이를 학대했다는 이야기는 들어본 적이 없다고 했다. 더구나 그 방송에 나온 이웃이라는 사람은 본 적도 없다고 했다. 자기 동네에 그런 사람은 살지 않는다고 했다. 계모가 아이의 마음을 열어보려고 무던히도 애썼다고 했다. 하지만 그녀 때문에 친모를 잃었다고 생각한 아이가 쉽게 정을 붙일 리 없었다. 아이는 자신에게 씻을 수 없는 고통을 준 계모에게 복수하기 위해 온갖 미운 짓을 골라서 했다. 밥상을 엎고, 아빠가 보지 않을 때는 계모를 밀치기도 하고, 옷에 똥을 싸기도 했다. 아빠는 어린 나이에 자식 딸린 자신에게 인생을 맡긴 그녀에게 미안했기 때문에 아이의 그런 행동을 막아보려고 했다. 아이에게 변화한 상황에 대해 사과하며 수긍이 갈 만한 노력을 많이 했다. 하지만 사람은 지친다. 어느 날 그는 아이에게 사과를 하는 것 대신 화를 냈다.

사람은 일정한 양의 피를 잃으면 쇼크사할 수 있다. 아이라면 생각보다 적은 출혈로도 쇼크를 일으킨다. 허벅지와 둔부의 피하출혈만으로도 충분히 치명적이다. 그날 아빠는 '네가 죽든 내가 죽든 오늘 반드시 버릇을 고치겠다'며 소리를 질렀다. 말리는 아내를 내쫓은 다음 방문을 잠그고 아이가 잘못했다고 빌 때까지 때렸다. 그러나 아이는 잘못했다고 말하지 않았고, 그 매를 다 맞다가 갑자기 쓰러져 그 길로 영원히 떠났다.

장례식장에서 만난 경찰이 우리 방으로 찾아왔다. 남편이 진범인 것 같다면서 구속영장을 신청하겠다고 했다. 아내도 남편의 인터뷰를 몇 번이나 돌려 보여주자 결국 사실을 털어놓았다. 당시 자신은 문 밖에 있었고, 남편을 말려보기 위해 시댁에 전화를 걸었으며, 밖으로 나가 알 만한 사람에게 남편을 말려달라고 부탁하려고도 했단다. 하지만 남편은 아내에게 자신은 폐소공포증이 있어서 교도소에 가면 죽을지도 모른다며 두려움을 호소했고, 이 모든 것이 자신 탓이라고 여긴 그녀는 남편을 위해 죄를 뒤집어쓰기로 했다.

남편은 구속 송치되었으나 계속 범행을 부인했다. 통화내역을 확인해보니 그의 말은 거짓이었다. 비록 거짓말을 하고 있긴 했지만 차마 고개를 들지는 못했다. 근본적으로 나쁜 사람이 아니었다. 그저 두려웠을 것이다. 너무 멀리 가버려 어떻게 해야 할지 몰랐을 것이다.

대부분의 의문점이 해결되었지만, 방송에서 계모가 평소에 아이를 때렸다고 한 이웃 주민의 인터뷰가 마음에 걸렸다. 공판에서 변호사가 그 인터뷰를 제시할 것 같았다. 인터뷰의 진위를 확인해야만 했다. 기사를 낸 기자에게 연락했다. 인터뷰한 사람의 연락처를 알 수 있느냐고 물었다. 기자는 왜 그러느냐고 되물었다. 동네 사람들을 대부분 조사했지만 계모가 아이를 때리거나 굶긴다는 얘기를 들은 적이 없다고 하고, 주변에서 아이 끼니를 챙겨주는 이웃을 본 적도 없다고 하는데 도대체 그 이웃은 어디에서 나온 것이냐고 물었다. 그러나 취재원이라 밝힐 수 없다고 했다.

주민들도 본 적이 없다는 사람을 어떻게 찾았는지 궁금했다. 기자에게 진범은 따로 있는 것 같다고 말해주었다. 사실이 밝혀지면 정정 보도를 할 수 있느냐고 물었다. 그러자 기자는 나에게 그게 사실인지 어떻게 아느냐며 직접 봤냐고 조롱하듯 물었다. 그럼 기자

　　　　　이야기의 뒷면, 진짜 사연을 이해한다는 것

님은 계모가 때리는 것을 직접 봤느냐고 물었다. 결국 그 기자는 정정 보도를 하지 않았다. 아이에게 끼니를 챙겨주었다는 옆집 아주머니도 찾을 수 없었다. 사실이 밝혀졌음에도 기사 한 줄 나오지 않았다. 악독한 계모 이야기가 아니라면 누구도 흥미를 느끼지 않기 때문이다. 사람들은 늘 진실을 원한다고 말하지만 사실은 분노할 대상이 필요한 것뿐이다. 그래서 언론은 공정한 수사와 재판보다는 대부분 흥밋거리에 집착한다. 위기관리 전문가 에릭 데젠홀Eric Dezenhall은 이렇게 말했다. "뉴스 매체는 결코 타락할 수 없는 공명정대한 존재가 아니라 진실과 아무 상관없이 누군가에게 상처 입히려는 강한 욕구를 가진 영리 기업일 뿐이다."

나는 구속기간을 연장하면서 꼬박 20일 동안 부부를 수사했다. 마지막 날 새벽, 서류를 다 작성하고 나니 남편이 어떤 식으로 거짓말을 해도 혐의를 입증할 수 있다는 확신이 들었다. 달방으로 얻어놓은 여관에서 잠시 눈을 붙이고 출근했다. 아내는 석방하고 남편은 상해치사로 구속기소했다. 사무실에 돌아와 보니 여러 통의 부재중 전화가 와 있었다. 아마 그날이 우리 딸이 태어난 날이었던 것 같다.

남편은 마지막 조사에서 쏟아지는 증거에 자백했으나, 공판 과정에서 다시 말을 바꿔 자신은 범인이 아니라고 변명했다. 그가 왜 그런 선택을 했는지는 모른다. 하지만 법원에서는 금고(징역과 비슷하나 노동은 하지 않는 형벌) 5년이 선고되었다. 내가 벤치에 쓰러져 곡을 하던 그녀를 본 것은 바로 그 선고 기일이었다. 그녀는 남편이 5년 형을 선고받자 그 충격에 우리 방을 찾아오다 벤치에 쓰러져 울고 있었던 것이었다. 그저 아는 검사가 나뿐이었기 때문에 찾아온 것이리라. 도대체 내가 무슨 도움이 될 거라고 생각했는지 모르겠다. 나는 그녀의 어리석음에 왈칵 짜증이 났지만 그 모든 것을 압도하는 그녀의 진심에 그만 부끄러워졌다. 자신에게 죄를 덮어씌운 사람임에도, 그녀는 여전히 남편을 사랑하고 있었던 것이다.

나는 지금도 그때를 생각하면 그녀에게 "아이고 죽네, 죽어"라고 말했던 경박함이 부끄러워진다. 어릴 때 동네 아이들로부터 따돌림 당한 기억 때문인지, 주변 사람들의 행동거지를 무작정 흉내내보려 하다 보니 점점 경박해졌다. 사실 나는 다른 사람들이 혹시 이해하기 어려운 행동이나 반응을 보이더라도 내 얕은 수준에서 쉽게 판단하기보다 좀 더 기다려보고 존중하는, 성숙하고 배려심 있는 사람이 되고 싶었다. 그런데 남의 말을 잘 믿어주는 것과 달리 그 꿈은 결국 이루지 못했다.

이야기의 뒷면, 진짜 사연을 이해한다는 것

그들이
고소 왕이 된 까닭

　검사의 황금시대는 지청 생활이다. 검찰청에는 가장 큰 종갓집에 해당하는 대검찰청이 있고 그 밑에 검사장들이 직접 지휘하는 지검이 있다. 지청은 지검 밑에 있는 작은 검찰청인데 일종의 분점 정도로 생각하면 된다. 물론 지청 중에는 성남지청, 순천지청처럼 차장검사까지 있는 무늬만 지청인 곳도 있지만 내가 말하는 황금시대의 청은 대개 지청장과 검사 2~3명으로 구성된 곳을 말한다. 지검에서 근무하다 지청으로 가면 가슴이 뻥 뚫리는 것 같다. 지하철 7호선 청담역을 지난 후 갑자기 확 트인 한강을 만나는 것 같다. 나는 지청장과 부장 1명이 있는 어중간한 크기의 지청으로 갔다.

　초임 청에서는 당청꼴찌라는 낙인에다 몇 건의 사고로 인해 내 신세가 토방에 사는 생쥐 꼴이었다. 게다가 사무실도 어찌나 열악한지 이상의 『날개』를 연상케 했다. 햇볕이라곤 해 질 녘 30분 정도에나 볼 수 있었는데, 그 크기가 얼마나 작던지 첫 미팅에서 만난 이대생이 꺼내주던 손수건만 했다. 게다가 건물이 너무 좁고 낡아서 가건물을 덧대고 컨테이너를 이어 대다 보니 음산한 미노타우로스의 미로 같았다. 실제로 2001년 어느 여름날 '뽕쟁이'가 조사를 받다가 감시가 소홀한 틈을 타 튀었는데, 출입구를 찾지 못해 탈출에 실패하기도 했다. 그런 환경에서 살다 지청에 가보니 별천지 같았다. 창문 가득 남강이 힘차게 꿈틀대고 있었다.

지청은 대개 처음 검사가 되고 2년쯤 지난 후에 간다. 당청꼴찌 초임으로서 온갖 핍박과 천대를 이겨낸 데다 창문 가득 남강이 반겨줘서 그런지 봄날 고로쇠나무 물오르듯 자신감도 오르고, 수사에 대한 의지는 라면 냄비를 얹어도 될 만큼 활활 타오르고 있었다. 지역의 고질적인 비리를 발본색원하여 거악을 척결하고 정의를 바로 세울 수 있을 것만 같았다.

그러나 나의 기대와 달리 그곳에는 사건이 없었다. 조용한 교육도시였고, 공장이라곤 전자동화되어 우리 청보다 깨끗한 제지공장뿐이었다. 나름 항구도 있는 데다 크고 작은 섬도 많아 밀수선이라도 있나 기웃거려봤지만, 한려해상 맑은 바다에는 뿌연 흙탕물을 뭉게뭉게 피우는 머구리배만 애벌레처럼 꾸물거리고 있었다. 하다 못해 조직폭력배라도 잡아보려고 했지만 애석하게도 동네 '오야지'마저 극도로 예의가 바르고 성실한 사람이었다. 차를 타고 가다가도 동네 어른을 만나면 내려서 깍듯이 인사를 하고 가는 통에 적어도 나처럼 예의와 담쌓은 자가 건드려서는 안 될 것 같았다. 그러다

　　　　　　　　　　　　　그들이 고소 왕이 된 까닭

보니 조바심이 났다. 에어조던 샀는데 장마 시작된 격이었다. 아무래도 혈기는 라면 끓이는 데나 사용해야 할 것 같았다.

그래도 어찌어찌해서 첩보 하나를 얻었다. 토지재개발 조합장이 건설회사로부터 뇌물을 받았다는 것이었다. 금액은 컸지만 내용이 너무 부실했다. 그래도 실망하지 않았다. 모자란 정보는 야근과 끈질긴 추적으로 메울 수 있을 거라고 생각했다. 며칠 밤을 새워가며 장부를 분석하고 관련자들을 소환하여 신경전을 벌이다 보면 그깟 혐의 못 밝히겠냐 싶었다. 그래서 단단히 각오를 세웠다.

게다가 초임 청에서 한 장짜리 첩보만으로 시작한 기획수사팀에 여러 번 참가했기 때문에 겁은 안 났다. 도축장에서 죽은 소를 밀도축한다는 첩보만으로 수사를 시작한 적도 있었다. 구체적인 내용은 없었지만 근거는 확실했다. 도축장에 들어가는 소가 1만 두인데 나오는 가죽은 1만1000장이었다. 죽은 소가 새끼를 낳지 않는 한 불가능한 일이었다. 우리 부가 전부 달라붙어 한 달여 수사한 결과 상습적으로 죽은 소를 밀도축하여 시중에 유통한다는 사실을 밝혀냈다. 유통된 고기들 중 일부가 고아원으로 들어간 사실이 확인되어 수사팀 모두가 격분했으나, 알고 보니 밀도축 소인 줄 몰랐고 그저 터무니없이 부족한 급식 예산 때문에 값싼 고기를 산 것이어서 조사를 마친 뒤 보육원장과 영양사에게 사과하기도 했다.

밀도축 첩보는 폐수처리업체 첩보에 비하면 양반이었다. 폐수처리업체들이 폐수를 제대로 처리하지 않고 인천 앞바다에 무단 방류한다는 첩보 단 한 줄이 전부였다. 바넛 뉴먼Barnett Newman의 그림처럼 간결했다. 폐수 무단 방류 사건에서 스모킹 건은 비밀 배수관이다. 대기환경보전법에서 말하는 '가지 배출관'(오염 물질을 몰래 배출하기 위한 불법 배관)이다. 이것들만 찾으면 환경사범 수사는 사실상 끝이다. 하지만 이 업체들은 폐수를 버리는 데 연륜과 전문성을 갖춘 곳이라 아무리 해도 비밀 배수관을 찾을 수 없었다. 천의무봉의 솜씨였다. 그래서 폐수 처리에 필요한 기름, 전기량을 계산하여 무단 방류한 폐수의 양을 역산하는 방식으로 혐의를 밝혀냈다. 아무튼 바다로 난 배수관을 역추적하다 사람이 쓰러지기도 하는 등 우여곡절 끝에 전모를 밝힐 수 있었다.

재개발 조합장 사건도 그 정도 각오면 혐의를 입증할 수 있을 것 같았다. 드디어 나의 의지와 끈기를 과시할 때가 온 것이다. 그런데 별 생각 없이 나간 압수수색에서 덜컥 비밀장부를 발견해버렸다. 조합장에게 건넨 1억 권짜리 수표 2장의 사본이 곱게 꽂혀 있었고, 수표를 준 날짜와 장소까지 적혀 있었다. 그래서 3일 만에 수사가 끝나버렸다.

사실 나는 압수수색에 대한 아픈 기억이 있다. 초임 청에서 대규모 쇼핑몰 분양 사기 사건을 담당했을 때 일이다. 재배당을 반복하다 어찌어찌 내 손에까지 굴러온 사건인데, 피해 금액이 수백억 원에 이르고 피해자들도 1000여 명에 달했다. 두 달 넘게 수사를 해서 사기 분양이라는 사실을 밝혀내고 나아가 자금 대부분이 빼돌려진 사실까지 발견했다. 그때까지는 좋았다. 피해자들의 눈물 어린 감사와 찬사도 받았다. 몇 년 동안 아무도 처리하지 못한 사건을 밝혀주었다고 떡도 가져다주었다. 혐의를 입증하기에 충분하다고 생각하고 수사 막바지에 이르러 압수수색을 나갔다. 사실 압수수색은 핑계였고 직접 나가 직원들이 모두 있는 자리에서 분양 사기꾼을 긴급체포할 생각이었다. 그렇게 해야 부하들을 공황상태에 빠트릴 수 있고, 순순히 사실을 털어놓을 것이라고 생각했다. 그런데, 그땐 몰랐다, 그런 사기 분양 업체는 장부상의 사무실과 실제 사무실이 다르다는 사실을. 언제 내가 분양을 받아봤어야 말이지. 나는 대표적인 마이너스의 손이다. 그래서 분양이니 재테크니 금융상품이니 하는 것에는 아예 눈길도 주지 않는다. 아무튼 자신만만하게 분양사 대표를 잡으러 갔으나 장부상의 사무실은 테이크아웃 커피점을 하기에도 비좁은 구멍가게였고, 검찰이 압수수색 나왔다는 말을 들은 사기꾼은 그대로 잠적해버렸다.

몇 달이 흐른 뒤 피해자들이 검찰청에 쫓아와 '분양 사기꾼을 빼돌린 김웅 검사를 찢어 죽이자'는 현수막을 내걸고 시위를 했다고 한다. 좀 억울했다. 그래, 백번 양보해서 내가 빼돌렸다고 치자. 그래도 사기 친 놈이 나쁘지, 내가 더 나쁘겠는가. 사기꾼은 내버려두고 왜 날 찢어 죽이자는 건지 도대체 납득이 되지 않았다. 그 뒤로는 북어처럼 갈가리 찢기지 않기 위해 압수수색을 나갈 때 충분히 사전 조사를 하기로 했다. 그리고 누가 떡이니 음료수를 가져다줘도 안 받기로 했다. 아무튼 그 쓰라린 경험 덕분에 재개발 조합장 사건 경우에는 비밀사무실을 포착할 수 있었고 생각지도 못한 비밀장부가 뚝 떨어지게 된 것이다.

그렇게 쉽게 사건을 해결하고 거열형도 피하게 된 나는 남아도는 시간에 하릴없이 그 지역 출신인 부장을 따라 동네 개울가에서 투망질이나 했다. 그러다 동네 주민들의 신고로 하마터면 내수면보호법 위반으로 입건될 뻔했다. 투망질도 못하게 된 우리는 카페에서 월드컵 축구나 보며 시간을 축냈다. 나는 지청에서 만난 부장을 잘 따랐다. 그렇게 된 계기는 어느 날 평소처럼 대들고 있던 나에게 부장이 대뜸 목검을 꺼내 들고 자신이 검도 유단자라고 협박했기 때문이다. 얼굴 한쪽에 깊은 칼자국을 가지고 있어 나는 부장을 '스카페이스'라고 불렀다. 생긴 것도 무섭고 말보다 목검부터 꺼내 드는 스타일이었지만 부장은 보기와 달리 무척 스마트하고 날카로운 머리를 가지고 있었다. 물론 그 뛰어난 머리는 거의 사용하지 않았고 대개 협박과 목검으로 문제를 해결했다. 남자는 좀 투박해야 멋지다. 그래서 나는 와일드한 부장과, 깡촌 출신이면서도 도자기처럼 하얗고 통통한 피부를 지녀 '물만두'라고 불렸던 수석검사와 늘 어울려 다녔다.

단순하고 폭력적인 스카페이스, 깐죽대면서도 업무에서는 완벽한 물만두와 어울려 노는 데도 한계가 있었고, 나는 지역 특산물이라도 수사해야겠다고 생각했다. 그 지역의 특산물은 전국구 고소 왕들이었다. 사실 나는 고소 제도를 달갑잖게 생각한다. 검사회의에서 고소인을 과보호하는 제도에 반대하다 쫓겨나기도 했으니 좋지 않은 감정을 가지는 것은 당연하다. 그런데 그 지역 고소 왕들은 어찌나 고소와 항고를 많이 하는지 당시 부산고검장으로부터 핀잔을 들을 정도였다. 당시에는 몰랐지만 17년 넘게 검사 생활을 해보니 그 고소 왕들은 전국 각지 검찰청의 내로라하는 어떤 무고꾼들보다 양과 질에서 압도적으로 우월했다. 일단 하루에 한 건 이상씩 고소를 했고, 고소의 대상과 내용도 다양했다. 고소 왕들과 스치기만 해도 상대방은 고소당했고 대개 치명상을 입었다. 그야말로 '이렇게 만난 것도 인연인데 고소나 받으시죠'라고나 할까. 죄명이나 고소 대상자 모두 어디 한군데 치우침이 없는 것이 마치 이제는 고인이 된 장효조 선수의 부챗살 타법을 보는 것 같았다. 고소가 각하되면 항고와 재항고를 하는 것은 기본 사양이고 헌법소원도 곧잘 했다. 검사실로 전화를 걸어와 할아버지 담뱃대에서 나오는 진한 타르 같은 욕설도 심심찮게 퍼부었고 여차하면 검찰청에 직접 원정을 나오기도 했다. 무고 서열 전국 1, 2, 3위가 한곳에 모여 있었던 것이다.

서열 3위는 맨체스터 유나이티드 축구선수 마루앙 펠라이니처럼 생겼다. 머리 스타일이랑 외모뿐만 아니라 온몸으로 거칠게 반칙을 하는 스타일까지 펠라이니 판박이였다. 의외로 펠라이니 아주머니는 피아노를 배우기 위해 일본까지 갔다 온 유학파였다. 원래는 성격도 사근사근하고 주변 평판도 좋았다고 한다. 그런데 교통사고 사건으로 처벌을 받은 후 도저히 승복할 수 없어서 항의를 하기 시작했고, 불행한 가정사가 맞물리면서 1년에 500여 건의 고소장을 날리는 절대 고수가 되었다.

펠라이니 아주머니의 장기는 잦은 검찰청 어택이었다. 고소하고 항고하기만 하면 좋으련만 가끔 검찰청에 쫓아와서 난동을 부렸는데, 그녀가 다녀간 후에는 훈족 아틸라에게 털린 로마처럼 검찰청 전체가 황량해졌다. 펠라이니 아주머니의 실전 공격력은 엄청난 공포의 대상이었고, 얼마나 지독했던지 한 선배 여검사는 그녀가 출동할 때마다 청사를 빠져나가 피하곤 했다. 그 선배도 성격이나 강단에서 누구에게 뒤지는 편은 아니었다. 실례로 스카페이스 부장이

'재고 바람'이라는 메모와 함께 기록을 반려하자 '재고할 것 없음'이라는 답과 함께 다시 결재를 올려 기개를 과시하기도 했다. 당시 스카페이스 부장이 얼마나 당황했던지 나에게 어떻게 해야 하느냐고 상담을 할 정도였다. 나는 목검을 써보시라고 권해드렸다.

아무튼 펠라이니를 구속시킨 날은 참 화창했다. 싸구려 중국산 자개명판이 깨지고, 화분이 날아다니고, 실무관은 악을 쓰다 도망가고, 창문 너머 남강은 반짝반짝 빛나고 있었다. 나는 제정신에서는 이런 공격력이 나올 수 없다는 판단 아래 법원에 청구하여 펠라이니를 국립공주병원에 감정유치 보냈다.(감정유치는 피의자의 정신과 육체를 감정하기 위해 병원 등에 강제로 유치하는 처분을 말한다.)

의학의 힘은 참으로 신비하다. 한 달 보름 후 돌아온 펠라이니 아주머니는 완전히 달라져 있었다. 본래의 고운 얼굴도 살아났고, 들어오자마자 지난번에 명판으로 내 머리를 강타한 것에 대해서도 정중히 사과를 했다. 그래서 펠라이니와 나는 그동안의 구원舊怨을 잊고 극적으로 화해했다. 지난 세월을 약 삼아 앞으로 잘 살아보자며 새끼손가락 걸고 맹세도 했다. 아주머니는 계속 약을 먹지 않으면 다시 구속시켜버리겠다는 재판장의 턱도 없는 신신당부 끝에 집행유예로 풀려났다. 그 후 아주머니는 고소를 끊고 일상으로 돌아갔다. 나중에 전해 듣기로는 예전에 하던 피아노 교습도 다시 시작했다고 한다.

서열 2위는 어찌 지독했던지 그가 구속되었다고 하자 무려 KBS에서 취재를 나오기도 했다. 그것도 전국 방송으로! 그는 펜이 부러질 정도로 강하게 힘을 주고 글을 썼다. 또박또박 써 내려가면

그들이 고소 왕이 된 까닭

서도 분노가 재촉해서 그런지 글자와 문단 간격이 좁았다. 그의 고소장을 보면 소슬한 기운이 느껴졌다. 살기와 원한이 똘똘 뭉쳐져 있었다. 그는 어려서부터 집안의 모든 기대를 받을 정도로 명민했다고 한다. 입신양명을 다짐하고 고향을 나섰으나 결국 몸뚱이 하나만으로 돌아오게 되었고, 그 후 갑자기 주변 사람들을 괴롭히기 시작했다고 한다. 자기 닭이 죽은 것도 이웃 탓을 했고, 옆집 시누대에도 시비를 걸었다. 그는 주로 연고가 없는 노인들을 괴롭혔는데, 그 패악이 이루 말할 수 없을 정도였다. 그가 주변 사람들을 괴롭히는 수단은 대부분이 고소였다. 한번 그에게 꽂히면 1년 넘게 경찰서와 검찰청을 드나들어야 했다. 얼마나 심했던지 그가 고소를 하기 시작하자 그 두려움에 스스로 목숨을 끊은 노인도 있었다. 장애가 있는 어떤 할아버지는 땡볕 아래 그의 집 마당에 솟은 시누대 뿌리를 정리해주다 뇌일혈로 쓰러져 죽기도 했다.

대망의 서열 1위는, 아! 그 위용과 악동 기질을 반의반도 표현 못하는 내 필력이 안타까울 따름이다. 저스틴 비버, 로이 킨, 린지 로한을 섞어놓았다고나 할까. 아무튼 성가시고 짜증나면서도 무시할 수 없는 복잡한 악동이었다. 일단 해박한 법률지식을 가졌다. 아니 해박한 정도가 아니다. 검찰청법이나 경찰관 직무집행규칙 등을 좔좔 외웠다. 조사를 받을 때 규정에 어긋나면 고시 출신이 맞느냐며 비아냥거리기 일쑤였다. 한번 약점을 잡으면 도대체 멈추는 법이 없이 괴롭혔다. 무시하고 관심 끄려 해도 그게 쉽지 않았다. 시도 때도 없이 깐죽대며 도발을 했다. 새벽 4시의 모기떼 같았다. 짖는 개는 물지 않지만 우는 모기는 문다. 가끔 편지로도 도발을 했는데, 첫

문장이 "새파란 검사 김웅은 보아라"로 시작했다. 내가 스머프로 보였나 보다. 경찰서의 만년 수사계장에게는 "열두 살 아래인 과장에게 지휘를 받는 촌놈 계장은 보거라"처럼 가장 아픈 데를 긁어대는 글로 시작했다.

머리도 좋고 기억력도 비상해 7년 전의 쌀 수매가나 프라피룬인가 뭔가 하는 태풍이 불었을 때 몇 명이 죽었는지도 기억하고 있었다. 처음에 "프라피룬이 뭐요?"라고 물어봤다가 엄청 욕먹었다. 공무원으로서의 자세가 부족하다고 엄히 훈계를 하는 바람에 사과하기도 했다. 그는 그런 해박한 지식과 비상한 기억력을 이용해 주변 공무원들을 괴롭혔다. 주로 사소한 규정 위반을 잘 잡아내서 인근 파출소장, 면사무소 직원, 우체국장 등이 쩔쩔매곤 했다. 가장 불쌍한 것은 집배원이었다. 집배원은 우편물뿐만 아니라 쌀과 부식에서부터 수박이나 호떡에 이르기까지 각종 생활용품을 배달해야 하는 셔틀 신세였다. 그 공격에서 벗어나기 위해 파출소장부터 대부분의 공무원들은 천년 묵은 이무기에게 제물 바치듯 용돈을 상납하곤 했다. 믿기지 않겠지만 사실이다.

그가 이렇게 된 데는 사연이 있었다. 유명 대학을 다니던 동생이 시위를 하다 불법체포를 당하자 이를 바로잡기 위해 법적 다툼을 시작했던 게 시발점이었다. 결국 승소하여 경찰의 불법구금 관행에 경종을 울리기도 했는데, 그 정도에서 그쳤으면 민주투사로 이름을 남겼을 것을 그놈의 악동 기질이 문제였다. 기나긴 소송 과정에서 악전고투하며 익힌 법 공부가 그의 '임독이맥任督二脈'을 뚫어줬고, 그 후 전투력이 급상승하기 시작한 것이다. 그 대각성을 좋게 사용했으면 좋으련만 시골의 경찰과 우체부, 면사무소 공무원들을 괴롭히는 데 사용하면서 이무기가 되어버렸다.

법을 나보다 더 많이 아는 전국 1위를 잡는 것은 쉽지 않았다. 허위 고소를 하면서도 빠져나갈 길은 꼭 만들어두었다. 그래도 워낙 고소를 많이 하고 또 자신의 능력을 과신하다 보니 허점이 한두 개는 있을 것이라고 생각했다. 원래 물질하는 사람이 물에 빠져 죽고, 산 잘 타는 사람이 산에서 죽는 법이다. 두어 달 주말마다 출근해 전국 1위가 남긴 수백 건의 고소장을 모두 뒤져 무고 사건을 몇 개 찾아냈다. 워낙 악명이 높았던지라 법원에서도 별 무리 없이 체포영장을 발부해주었다.

체포영장을 받아냈는데 문제가 생겼다. 그 누구도 체포영장을 집행하러 가지 않겠다는 것이었다. 차라리 아프리카꿀벌을 건드리지 대각성한 이무기를 건드릴 수는 없다는 것이었다. 아프리카꿀벌은 5km를 쫓아가지만 이무기는 지옥까지 쫓아올 것이라고 했다. 그래서 나는 관할 경찰서로 갓 전입해와 물정 모르는 경찰관 두 명을 스카우트했다. 아주 간단한 일이며, 경찰을 괴롭히는 악의 무리를 직접 처단하는 보람찬 과업을 특별히 부여하는 것이라고, 나도 속을 만큼 실감나게 구라를 쳤다. 그 말에 속은 신참 두 명은 체포영장이 든 노란 대봉투와 검사의 죄책감이 더해져 좀 두둑한 점심 값을 들고 북망산천으로 떠났다. 그러다 보니 나도 걱정이 이만저만이 아니었다. 잘못 건드리면 갓 태어난 우리 딸의 환갑잔치에 난입하고도 남을 위인이었다. 60년 전에 네 애비가 날 구속시켰다고 소리치며 갈비탕이며 김밥 그릇을 집어 던질 수도 있을 텐데….

태풍 전야의 고요함이었다. 적어도 펠라이니 정도의 난동은 예상했다. 옆방 직원들은 〈쿵푸팬더〉에 나오는 '타이렁의 탈옥'처럼 전대미문의 활극을 볼 수 있겠다는 기대에 가득 찬 눈빛이었다. 생각같아서는 이무기를 그 방으로 보내주고 싶었지만 나쁜 마음을 먹지 않고 경건하게 기다리기로 했다. 두어 시간쯤 지나자 드디어 차가 멈추는 소리가 들렸다. 이제 시작이다. 나는 심호흡을 했다. 잠시 후 전국 1위가 조용히 문을 열고 들어왔다. 그런데, 들어오더니 배시시 웃으며 스머프에게 꾸벅 인사도 해준다.

한 시간 전, 경찰관들이 이무기 소굴을 찾아갔다. 이무기는 현관문 앞에 앉아 대수롭잖게 "김웅이가 보냈어? 체포영장 가져왔어?"라고 하더란다. 그래서 체포영장을 보여주니 한참을 찬찬히 읽어보더란다. 그러더니 나지막이 "걸렸구먼, 걸렸어" 하고는 하늘을 우러러보며 크게 한탄을 하더란다. 몇 군데 전화를 건 후 순순히 따라왔다고 했다.

전국 1위는 물을 달라고 한 후 나에게 구속영장을 청구하지 않으면 안 되겠느냐고 물었다. 어렵다고 했더니, 다른 것보다 자기가 거두어 먹이고 있는 고아 두 명이 눈에 밟힌다고 했다. 여기저기 돌아다니며 뜯어온 상납금으로 노모와 고아들을 먹여 살리고 있었던 것이었다. 앞으로 쓸데없는 고소는 하지 말라고 말할까 했는데 부처님한테 설법하는 것 같아 그만두었다. 그래도 내 마음을 알았는지 그 뒤로 고소는 더 이상 하지 않았다고 한다. 큰 강에 풀어놓았다면 용이 되었을 사람이었다. 여러모로 기억에 남는다.

그렇게 한바탕 여행 같았던 지청 생활도 끝나고 나는 뜻하지 않게 서울중앙지검으로 발령이 났다. 내 평생 중앙지검이라는 데를 가볼 수나 있을까 싶었는데 막상 발령을 받으니 좀 허망한 마음이 들었다. 괜히 헛헛한 미련이 생겨 떠나기 전날 밤 남해 바닷가의 다랭이마을을 찾아갔다. 거기에 가면 나태한 나를 격려하는 목소리가 들렸다. 달빛에 하얀 파도가 은가루처럼 날리고 있었다. 고향을 떠나는 것처럼 서글펐다.

아이에게 화해를
강요하지 말라

　나는 대부분 형사부에서 근무했다. 다른 분야에서도 일해보긴 했지만 형사부가 가장 잘 맞는 신발처럼 편하다. 고깃집에도 전문이 있듯이 검사들에게도 전문 분야가 있다. 대부분의 검사들이 선망하는 전문 분야로는 특수, 공안, 강력, 금융조세, 기획, 외사 등이 있다. 그것들을 제외한 '기타' 분야를 그냥 형사부 검사라고 한다. 고기로 따지면 갈비, 등심, 토시살, 제비추리 등의 이름을 갖지 못한 '그냥 고기' 같은 것이다.

　'기타'이다 보니 형사부 검사는 실적을 올리거나 두각을 드러내기 어렵다. 집안일로 치면 청소나 설거지 같은 것이어서 잘해야 본전이고 좀체 잘했다는 이야기를 듣기 어렵다. 매일 아침 깨끗하게 치워진 거리를 보며 청소부들의 부산한 새벽을 떠올리는 사람은 없다. 게임으로 비유하면 끝판왕은 만날 일 없이 마을 주변의 독개구리나 좀비 따위를 잡는 노가다다. 좀비 따위 백 마리 잡아봐야 중간 보스 한 마리 잡는 것만 못하다. 그래서 형사부 검사는 좀체 레벨업을 하기 어렵고 사실상 끝판왕을 만날 기회도 없다. 안 좋은 점은 게임과 달리 현실에서는 끝판왕이나 동네 좀비나 난이도에서 별 차이가 없다는 것이다. 좀비에게 물려도 죽는 것은 마찬가지인 데다 끝판왕 잡는 것만큼 어렵다.

어느 조직이든 전선에서 떨어질수록, 총구에서 멀어질수록 승진과 보직의 기회가 많다. 물론 매번 인사 때마다 일선에서 열심히 일하는 형사부 검사들을 배려했다고 발표한다. 그러나 그것을 믿는 형사부 검사들은 없다. 검사의 꽃이라고 하는 검사장에 형사통을 배치했다는 뉴스도 본 적이 없다. 그러다 보니 형사부 검사들은 사기도 낮고 고민도 깊다. 남들이 선망하는 검사가 됐으면 충분하지 무슨 배부른 소리냐고 할 수도 있다. 맞는 말이지만, 말 타면 종 부리고 싶은 법이다. 물론 검찰에서는 이런 점을 잘 알고 있다. 그래서 형사부 검사를 위한 개선책이 자주 나온다. 그러나 이런 처방들은 대개 형사부 생활을 거의 해보지 않은 기획검사(인사, 행정, 행사 등의 업무를 주로 담당하는 검사)들이 마련하는 것이라 현실을 제대로 반영하기 어렵다. 처방이란 게 전문화 아니면 포상책 등인데, 내 경험에 비춰보면 그런 것은 안 만드는 것이 형사부 검사들을 돕는 거다. 그런 개선책이 나오면 형사부 검사들은 안 그래도 바쁜 와중에 각종 행사와 세미나에 동원되어야 한다. 형사부로서는 전문 지식을 익히는 것처럼 행동하고 덕분에 큰 보람을 갖게 된 것처럼 표정 짓는 새로운 업무까지 생기는 것이다. 깔딱 고개 올라가며 꽃구경하는 여유까지 연출해야 한다.

검찰에서 비리나 추문이 터지면 대개 비교적 억울한 형사부 검사에게 불똥이 떨어진다. 개선책이란 게 대부분 형사부 검사들을 독려하는 것이다. 고소인에게 불기소 처분을 하는 이유를 직접 설명하라고 하기도 하고, 더 친절하게 행동하라고 하기도 한다. 분야별로 전문가가 되기 위해 부단히 노력하라고 주문하기도 하고, 더러는 검사로서 자긍심과 꿈을 가지라고도 한다. 참 좋은 말이다. 하지만 형사부 검사들에게 필요한 것은 꿈이 아니라 잠이다. 잠을 자야 꿈이든 뭐든 꾸지 않겠는가. 그리고 자긍심이나 명예 같은 것은 호랑이가 담배 피우고 곰이 막걸리 거르던 때 이야기다. 검사의 연관 검색어가 '떡검', '검새'인 판국에 무슨 자긍심인가. 문제는 예전부터 있었던 것인데 늘 새로운 개선책만 나온다. 하지만 옛말에 새 도랑 낼 생각 말고 옛 도랑 메우지 말라고 했다.

나는 검사가 된 것만으로도 충분히 감지덕지하고 있어 그다지 큰 꿈이 없었다. 그래서 선망받는 분야의 검사가 되려는 의지는 아예 없었다. 다만, 검사 초기에 부장의 꼬임에 빠져 조세 전문 검사가 돼보려고 마음먹은 적은 있다. 당시 부장은 나에게 전문성을 가지고 평생 조세 전담 검사가 돼보라고 했다. 그 말을 철석같이 믿었던 나는 조세 사범 수사 매뉴얼도 만들고 전문가 세미나도 조직하는 등 평생 형사부 검사로 일할 준비를 나름 열심히 했다. 그러나 막상 인사가 발표되고 보니 갑자기 다른 부로 발령이 나 있었다. 평생은 고사하고 6개월 만에 전담 분야가 바뀌게 되었다. 당황한 나와 달

아이에게 화해를 강요하지 말라

리 원하는 대로 인사를 받아 싱글벙글한 부장은 그 사실도 알지 못하였고, '형사부 검사는 다양한 전담을 다 경험해봐야 한다'는 전혀 새로운 말을 했다. 그때 형사부 검사에 대한 약속은 6개월짜리라는 것을 알게 되었고 꼭 인지부서로 가야겠다고 결심했다. 그래서 잠시 선망하는 인지부서에서 근무하기도 했다.(인지부서는 경찰을 지휘하는 형사부와 달리 직접 수사를 하기도 하는 강력부, 공안부, 특수부 등을 말한다.)

그러나 곧 적성에도 안 맞고 조직에도 별 도움이 되지 않는다는 것을 깨달았다. 그래서 푼더분한 옷을 벗고 다시 형사부로 돌아왔다. 그래도 처음에는 별로 정이 들지 않았다. 다시 2류가 된 것만 같았다. 그러다 형사부 검사로서 보람을 느끼기 시작한 것은 소년 사건을 담당하면서부터였다. 소년 검사 업무는 좋은 일인 것 같았다. 형사부 검사는 다른 인생의 찢어진 틈을 들여다보고 그것을 꿰매는 직분이다. 어떤 사람에게는 찢어진 구두를 꿰매주기도 하고, 어떤 사람에게는 찢어진 가슴을 꿰매주기도 한다. 더러는 서툰 솜씨로 찢어진 상처를 더 헤집기도 한다. 그래서 쉽지 않은 일이다. 손과 얼굴에 피 칠갑을 뒤집어쓰기도 한다. 소년 사건은 그 찢어진 상처도 크고 후유증도 깊어 검사의 관심과 성의가 더욱 필요했다.

소년 검사를 할 때는 안타까움과 아쉬움, 보람이 시시각각 교차했다. 그중에서 나는 특히 학교폭력에 관심을 가졌다. 그 무렵 검찰은 학교폭력 문제에 아주 적극적이었다. 물론 검찰은 20년 전부터 학교폭력과 소년 사건에 지대한 관심을 가지고 있었다. 그러나 검찰이 학교나 소년들에게 개입하는 것은 지나치다는 인식이 사회 전반에 폭넓게 퍼져 있었다. 이러한 인식은 꼭 비극적인 사건이 터져야 깨지게 된다.

2011년 12월, 대구에서 두 명의 친구들에게 지속적인 폭력을 당하던 중학생이 스스로 목숨을 버린 사건이 발생했다. 그 아이는 온갖 폭력과 괴롭힘을 견디다 못해 아파트 옥상에서 뛰어내렸다. 그아이의 마지막 시간은 CCTV에 남았다. 세상 끝으로 가는 승강기 안에서 섧게 눈물을 훔치던 모습은 국민들에게 엄청난 충격을 주었고, 나뿐 아니라 많은 검사들에게 깊은 죄책감을 느끼게 했다. 좀처럼 머릿속에서 지워지지 않는 고통이었다.

이 일을 계기로 학교폭력에 시달리던 아이들의 자살 소식이 연일 언론에 터져 나왔다. 국민들은 갑자기 쏟아지는 학생들의 자살 소식에 경악했다. 갑자기 학교폭력 문제가 터져 나오는 것 같았다. 그러나 2012년에 학교폭력이 늘어난 것은 아니었다. 그 전까지는 기사화되지 않았고 학교에서도 적극적으로 은폐하여 밝혀지지 않았을 뿐 사실 학교폭력 문제는 우리가 모르는 사이에 최악의 상황으로 치닫고 있었다. 그 소름 끼치도록 슬픈 영상으로 인해 우리 사회는 그동안 의식적으로 혹은 무의식적으로 외면했던 학교폭력 문제를 더 이상 모른 체할 수 없게 된 것뿐이다. 어린 학생들이 죽고 나서야 비로소 우리 사회가 아이들의 고통과 처참한 현실에 눈뜨게 된 것이 너무나 한스럽다. 그 후 경찰이 담당하는 학교폭력 신고전화가 설치되었고 학교보안관 배치, 학교폭력 전수조사 등이 이루어졌으며 검찰의 엄정 대응이 시작되었다. 당시 수사기관이 개입한다고 비판도 많았지만 결국 가시적이고 직접적인 학교폭력은 많이 줄었다.

물론 그 전에도 많은 사람들이 학교폭력을 없애기 위해 노력했다. 학교폭력 피해를 견디다 못한 부모들이 시민단체를 만들어 활동하기도 했다. 그러나 어떤 언론에서도 관심을 기울이지 않았다. 학교폭력이 이토록 처참하게 악화된 데는 여러 가지 이유가 있을 것이다. 우리나라에서는 적지 않은 사람들이 경쟁 위주의 교육을 학교폭력의 원인으로 지목한다. 또 대부분의 학교에서는 조심스럽지만 일관되게 피해자의 유별난 성격도 한몫을 했다고 항변한다. 그러나 학교폭력의 원인을 일방적으로 사회에 돌리고, 피해자의 탓으로 모는 것은 비과학적인 무지의 소산이다.

사회과학자들은 이미 이 부분에 대해서 수많은 연구를 해왔다. 연구 결과 청소년 폭력의 원인에 대해서 크게 두 가지 대표적인 학설이 정립되어 있다. 로버트 애그뉴Robert Agnew가 주장한 '일반긴장이론General Strain Theory', 고트프레드슨과 허쉬Gottfredson and Hirschi가 주장한 '범죄의 일반이론General Theory of Crime'이 그것이다.

'일반긴장이론'은 기대와 열망 간의 괴리와 같은 긴장상태가 사회적 계층이나 빈부격차와는 무관하게 부정적 감정(분노, 걱정, 불만 등)을 증가시키고 이것이 반사회적·폭력적 행위를 증가시킨다고 설명하고 있다. 이에 반해 '범죄의 일반이론'은 범죄나 그와 유사한 일탈행위가 모두 자아통제를 못하기 때문에 발생하는 것이라고 설명한다. '자아통제 부족'을 모든 범죄의 '일반적인 원인'으로 꼽기 때문에 일반이론이라고 불린다. 자아통제가 낮은 원인에 대한 설명이 재미있는데, 흔히 말하는 사회적인 원인이나 제도 때문이 아니라 어린 시절 부모나 보호자가 자녀의 행위를 주의 깊게 감독하지 않고, 그

행위에 대해 처벌하지 않기 때문이라고 한다. 자아통제에 대한 사회적인 영향은 매우 미미하다는 것이다. 결국 청소년 폭력의 원인은 사회가 아니라 부모가 아이를 잘못 양육한 탓이라는 뜻이다.

흔히 범죄나 청소년 범죄를 사회 탓으로 돌린다. 경쟁 위주의 입시 등으로 원인을 돌리는 것은 여러모로 편리하고 저항도 덜 받는다. 모두에게 책임을 돌리게 되면 아무도 책임을 지지 않아도 되기 때문이다. 구조적인 문제라는 피상적인 말잔치로 포장되는 것이다. 하지만 일반이론은 이를 정면으로 반박하고 있다. 그 때문에 처음 발표된 1990년대부터 지속적으로 비난을 받아왔다. 하지만 1993년 그래스믹Grasmick의 연구에서부터 2005년 맥도날드McDonald의 연구에 이르기까지, 이를 반박하기 위해 실시된 여러 조사들에서 오히려 일반이론이 옳다는 것이 입증되고 있다. 따라서 학교폭력의 원인을 경쟁이나 사회 탓으로만 돌리는 것은 비과학적이라고 말할 수 있다.

실제 우리 주변을 둘러보더라도 입시경쟁이 주된 원인이라고 단언하기 어렵다. 학교폭력은 고등학교보다 중학교에서 더 심하고, 중학교에서도 3학년이 아닌 2학년 때 극성을 부린다는 사실은 그 주장의 신뢰성을 무너뜨린다. 사실 입시 부담이 없는 실업계 학교에서도 학교폭력은 상존한다. 따라서 경쟁과 입시만이 학교폭력의 원인이라고 주장하는 것은 무책임하고 당파적이다.

학교폭력의 원인에 대해서는 의견이 분분하나, 그 정도가 심해진 원인은 단순하고 명확하다. 바로 학교폭력이 발생했을 때 어른들이 보인 행태 때문이다. 피해자를 보호하지 않고 오히려 가해자

아이에게 화해를 강요하지 말라

편을 들어 조용히 끝내기를 강요하는 모습을 보면서 어린 학생들은 어느 편에 서야 하는지를 본능적으로 알게 되었다. 대부분의 학교폭력 문제는 강요된 피해자의 용서나 전학으로 해결되었다. 피해자만 사라지면 모든 문제가 가장 간단히 해결되기 때문이다. 그렇게 피해자들은 사라졌고, 가해자들은 승리했으며, 학교폭력은 더욱 악랄해지고 한층 은밀해졌다. 아이들은 이제 남을 괴롭히지 않으면 언제 그 먹이사슬의 바닥으로 떨어질지 모른다는 두려움에 휩싸여 가장 약하고 낮은 학생들을 경쟁적으로 괴롭히기 시작했다. 피해를 입으면 입을 다무는 것이 더 큰 피해를 막는 유일한 방법이었고, 폭력을 피하는 유일한 방법은 그 학교를 떠나는 것이었다. 학교도 사회도 인권전문가들도 모두 그것을 원했다.

피해자가 떠나면 학교는 평온을 찾았다고 믿지만, 그것은 피해자가 평생에 걸쳐 지고 가야 하는 정신적 외상의 대가일 뿐이다. 학교폭력으로 인한 피해는 상상을 초월할 정도이다. KBS의 인기 프로그램 중 개인적인 고민을 방청객들에게 털어놓는 프로그램이 있다. 그중 인상 깊었던 장면이 떠오른다. 한 엄마가 수년간 자신과 말도 하지 않고 얼굴도 마주치지 않으려고 하는 아들의 사연을 털어놓았다. 모두들 그 이유를 궁금해했다. 정신적인 문제가 있는 것 아닌가 싶던 차에 그 아들이 꺼낸 말은 참으로 충격적이었다. 아들이 수년간 엄마와 말을 하지 않은 이유는 학교폭력 때문이었다. 지속적으로 학교폭력을 당하던 아들은 고통을 혼자 삭이고 있었는데 어느 날 엄마를 보는 순간 갑자기 가해자의 모습이 떠올라 그 후 엄마와 말을 할 수 없었다는 것이다. 그 아이는 그런 고통을 겪으면서도 학교폭력에 대해 말할 수 없었던 것이다.

　도대체 왜 아이들은 학교폭력에 대해 말하지 못하는 것일까? 자살을 결심할 정도로 절실한 마음이라면 그 사실을 부모나 교사에게 털어놓을 수 있는 것 아닌가? 하지만 아이들은 죽기 전에 이미 여러 차례 신호를 보내며 그 사실을 드러냈을 것이다. 그러나 달라지기는커녕 상황이 더 악화되었을 것이다. 수없이 신호를 보내고 아우성을 쳐도 무신경한 절벽 앞에서 아이들은 절망했을 것이다. 그래서 아이들은 죽음만이 유일한 해결책이라고 생각하게 된 것이다. 아이들은 학교와 우리 사회에서 한 가지 진실을 깨달은 것이다. 피해를 입었다고 말하는 것은 더 큰 피해를 불러온다는 점이다. 아무도 피해자의 편에 서지 않는다. 가해자는 처벌받지 않고 아무런 불이익도 받지 않지만, 피해자는 더 큰 보복과 따돌림을 당한다. 가해자들을 지원하는 사람들과 보호하는 절차는 겹겹이 쌓여 있지만, 피해자를 위한 관심과 보호의 손길은 턱없이 부족하다. 아이들은 더 심한 보복에 시달리게 되고 점차 고립된다. 우주에서 나 혼자뿐인 존재가 되는 것이다. 그러다 보면 결국 스스로 목숨을 버리는 것만이 학교폭력을 벗어날 유일한 길이 된다. 너무 심한 말이라고 생각할 수도 있다. 그러나 우리의 아이들에게 물어보라, 이 말이 사실인지 아닌지.

　많은 학교폭력 피해자들과 그 가족들을 더욱 분노케 하는 것은 학교와 가해자 부모들의 대수롭지 않다는 반응이다. 학교폭력이란 어려서 누구나 한 번씩 겪는 일이고, 유난 떨지 않는다면 그냥 학창 시절의 추억으로 남는다는 것이다. 일방적으로 폭력을 가했다기보다는 쌍방 과실인 것이고, 피해자의 유별난 기행에도 책임이 있다는 것이다. 이런 말이 나오면 일부 교사들은 반색을 하고 기뻐한다. 자신들의 책임에서 벗어날 수 있고 또 문제를 조용히 해결할 수 있기 때문이다. 그래서 가해자에게 책임을 묻기보다 오히려 피해자에게 화해와 용서를 강요한다. 사회가 한통속이 되어 자아통제를 파괴하고 있는 것이다. 그 결과 가해자는 아무런 처벌도 받지 않고 피해자는 전학을 가게 된다. 우리 아이들은 그 과정을 모두 본다. 그리고 폭력과 잘못에 침묵하는 생존법을 배우게 된다. 일부 언론에서 말하는 화해와 용서의 실상은 이런 것이다. 여전히 윽박지르는 가해자에게 피해자가 무릎 꿇으며 용서하겠다고 말하는 것이다.

예전에 학교폭력 관련 회의에서 겪었던 일이다. 소년 사건을 전담하고 있다는 판사가 갑자기 '이 아이들을 한 번이라도 안아준 적이 있느냐'는 말로 연설을 시작했다. 자신은 재판을 하고 나서 소년범들을 꼭 안아준다고 했다. 그러면 아이들이 진심으로 반성하면서 눈물을 흘린다고 했다. 꽤나 감동적인 연설이었고 모두들 박수를 치면서 아이들에게 좀 더 정성과 사랑을 기울이자는 아름다운 결론을 내리며 자연스럽게 회의는 끝났다. 추악했고 황량했다.

설마 그 아이들을 안아주는 사람이 한 명도 없었을까? 혹 누군가 안아주었다면 그렇게 잔혹한 가해가 없었을까? 불행인지 모르나 내가 만난 학교폭력 가해자들 중에 프리 허그로 교화될 수 있는 아이들은 없었다. 검찰청이나 법원까지 오는 길은 우연히 잘못 들르게 되는 길이 아니다. 특히 소년 법원까지 가는 아이들에게는 대개 많은 기회와 관심이 부여된다. 저 멀리 높은 법대 위에서 내려다보는 판사도 느꼈던 측은지심을 바로 옆에서 직접 수사했던 경찰관들은 느끼지 않았을까? 인간적인 면모는 판사나 검사보다 경찰들이 더 깊다. 자신도 했던 그런 포옹과 위로를, 어떤 경찰관도 해주지 않았을 것이라고 단정하는 것은 경험의 깊이 차이에서 기인한다.

그런 단순한 연민은 자신의 선량함을 자랑하기에는 더할 나위 없이 좋은 장식품이 될지 모르나 사회 전체로 보면 오히려 악이자 위험요소가 될 수 있다. 버나드 맨더빌Bernard Mandeville은 "연민은 공공 이익이나 우리 이성에는 아랑곳하지 않는 자연스러운 충동이기 때문에 거기에서는 선뿐 아니라 악도 나올 수 있다"라고 말한 바 있다. 또한 그는 연민 때문에 처녀의 명예가 무너지고 재판관의 신실함이 더럽혀진다고 덧붙였다.

나는 수사기관이나 재판정에서 눈물을 흘리거나 부모님께 효도하겠다는 반성문을 쓰고서도 자기들끼리는 신고한 아이를 어떻게 괴롭힐까 공모하는 모습도 적잖게 봤다. 게다가 어찌나 영악한지 모든 것은 사회의 책임이고 자신들은 경쟁과 성적을 강요하는 사회의 희생자이며 또 다른 학교폭력의 피해자였다는 변명도 빼먹지 않았다.

흔히 처벌이 능사는 아니라고 한다. 이는 처벌만 하면 안 된다는 말이지 처벌하지 말라는 뜻은 아니다. 학교폭력 사건에서 그렇게 이야기는 하는 것은 마치 굶어 죽어가는 아프리카 난민들에게 고기는 성인병을 유발할 우려가 있으니 되도록 삼가라고 말하는 것과 같다. 이런 무책임한 말을 하는 이유는 대부분 자신의 감정에만 충실하고 싶기 때문이다. 모든 것을 감동적으로 행복하게 해결했다고

아이에게 화해를 강요하지 말라

믿고 싶고, 보기 싫은 진실이나 현실은 부정하고 싶은 것이다. 그 판사의 포옹이 만약 가해자들에게 감동을 주었다면 그건 아마 무섭고 힘든 수감 생활이 끝날 수 있다는 기대 때문일 것이다. 그것을 포옹이라는 작은 호의로 갱생시켰다고 착각하는 것은 부처님을 모신 수레를 끄는 당나귀와 같은 생각이다. 사람들이 자기에게 절을 한다고 생각하는 것이다.

애덤 스미스는 이렇게 말했다. "정의를 강제적으로 지키기 위해서 자연은 인간의 뇌 속에 정의를 침범했을 때 동반되는 처벌에 상당하는 의식, 상응하는 처벌에 대한 공포를 인류 결합의 위대한 보증으로서 심어둔 것이며, 이것이 약자를 보호하고 폭력을 누르고 죄를 응징하게 하는 것이다." 애덤 스미스라면 포옹 이야기에 박수 따위는 치지 않았을 것이라는 뜻이다.

우리 사회는 여전히 피해자에게 이중의 상처를 준다. 피해를 입은 사람에게 일말의 책임을 지우면서 자신의 도덕적인 가책에서 벗어나려는 것인지도 모른다. 더욱 심각한 것은 끔찍한 학교폭력이 반복되고 있음에도 불구하고 여전히 가해자를 처벌하는 건 비교육적인 처사라는 주장들이 적지 않다는 데 있다. 그들은 진심으로 가해자들에게 관심과 애정을 기울이지 않았기 때문에 학교폭력이 발생하는 것이고, 처벌이 아니라 관용과 이해를 베푸는 것이 더 중요하다고 주장한다. 그런 주장은 개펄에 사과나무를 심어놓고 사랑과 정성을 기울이면 사과가 열릴 거라고 말하는 것과 비슷하다. 아이들에게 물어보라. 학교폭력을 직접 경험하는 우리 아이들은 어른들이 던지는 고상한 말들이 얼마나 허황된 것인지 잘 알고 있다. 그런 말은 벤츠와 와인에 물릴 대로 물려 훌쩍 떠나는 라다크 여행과 같은 것이다. 경박할 뿐 아니라 심지어 반사회적이기까지 하다. 그들은 아이들의 세상을 텔레토비 동산이라고 착각하나 실상은 『파리대왕』의 섬에 가깝다.

가해자를 감싸고도는 이야기들 중에는 학교폭력을 저지른 학생에 대한 징계 내용을 생활기록부에 남기는 것은 인권 침해라는 주장도 있다. 자라나는 아이들의 장래에 오점을 남기는 현대판 주홍글씨라는 것이다. 그러나 그들은 학교폭력을 벗어나지 못해 차가운 아파트 옥상까지 몰리게 된 아이들의 심정을 알지 못한다. 그들은 피해자들의 가슴에 남은 화인을 결코 보지 못하는 감각장애자이자 피해자들의 아픔을 전혀 느낄 수 없는 공감장애자이다. 이렇게 가해자를 두둔하는 분위기 속에서 어린 시절의 잘못에 대한 응당한 처벌을 받지 않기 때문에 '자아통제 부족'이 생겨나는 것이다.

범죄의 일반이론에 따르면 이러한 주장을 하는 사람들이야말로 범죄를 배양하고 있는 것이다. 상식적으로 생각해보건대, 학교에서 자신보다 약한 아이를 괴롭히는 90점 학생과 친구들과 원만한 생활을 한 80점 학생 중 누가 원하는 상급학교에 진학해야 하는 걸까? 학교생활기록부에 학교폭력 전력을 남겨 아이들의 대학 진학에 불이익을 주는 것이 인권 침해라는 주장은 공부와 경쟁에서는 승리만이 중요하다는 인식을 낳는다. 이들은 '징계를 받은 학생의 대학 진학률이 징계를 받지 않은 학생의 대학 진학률의 절반에 지나지 않는다'는 것을 근거로 들면서 징계가 교육적으로 부적절하다고 주장하기도 한다. 그건 마치 당뇨병 환자에게 인슐린을 투여하는 것을

아이에게 화해를 강요하지 말라

보고, 인슐린을 투약한 사람이 당뇨병에 걸릴 확률이 높다고 말하는 것과 같다. 원인과 현상을 구분할 능력이 없는 거다.

인권 의식은 자신이 귀중하다는 인식이 아니다. 자기가 소중하다는 것은 굳이 안 가르쳐도 된다. 태어나면서부터 우리는 본능적으로, 그리고 목숨처럼 자신을 아끼고 사랑한다. 거의 모든 사람들은 주관적인 자기 환상을 가지고 있다. 자신에 대한 인지편향과 우월환상을 통해 자신은 옳고 소중하다고 확신한다. 그러니 자기에 대한 사랑이니 힐링이니 하는 것은 적당히 해도 된다. 지나치면 '나는 오늘 수고한 나에게 선물을 했다'는 식의 밑도 끝도 없는 허세가 되어 버린다.

인권 의식은 자신이 아니라 타인이 소중하다는 것을 깨닫고, 주변의 모든 것에 대해 공감하는 능력을 키우는 것이다. 아이들의 인권이란 어떤 행동을 하더라도 자신의 장래에 불이익이 되는 처분을 받아서는 안 된다는 것이 아니다. 아이들이 정말 알아야 하는 것은 폭력을 쓰면 친구와 자신에게 씻을 수 없는 상처를 남긴다는 사실이다. 왜 피해를 입은 아이들은 평생 그 고통을 안고 살아야 하고, 가해를 한 아이들은 아무런 불이익 없이 살아도 되는가.

미국의 회복적 사법 이론을 들어 가해자를 처벌하는 건 잘못된 것이라고 주장하는 사람들도 있다. 그러나 내가 아는, 그리고 미국 법서에 나오는 회복적 사법 이론은 그런 게 아니다. 회복적 사법 이론은 기존의 형사법제와 달리 가해자를 용서해주는 것으로 모든 문제를 해결하라는 주장이 아니다. 이 이론의 핵심은 피해자의 '피해 회복'과 가해자의 '속죄'다. 결코 가해자를 무조건 용서해주는 것이 아니다. 오히려 가해자에게는 기존의 형사 사법보다 더 큰 책임과 보상을 요구한다.

우리나라 헌법의 핵심 가치는 자유와 평등이다. 인간은 왜 자유로워야 하고, 왜 평등해야 하는가? 세상에는 모자란 사람도 있고, 못된 사람도 있는데 왜 모두에게 자유를 줘야 하고 모두를 동등하게 대해야 할까? 그건 우리 헌법의 출발점이 '인간의 존엄성'에 있기 때문이다. 모든 인간은 존엄하기 때문에 모두가 자유로운 존재이고, 모두가 평등하며, 인간다운 삶이 보장되어야 한다. 모든 인간은 존엄하다는 것을 이해하지 못하면 우리 헌법은 수많은 글자들의 나열에 불과하다.

그런데 여기에서 인간의 존엄성이란 눈물 흘리기 좋은 감성적인 소재가 아니다. 반드시 수행해야 하는 냉철하고 엄중한 과제이자 요구이다. 존엄한 것은 함부로 대할 수 없고, 훼손될 경우 반드시 응분의 대가가 따라야 한다. 마음대로 짓밟고 아무런 책임도 지지 않는다면 그건 존엄한 것이 아니다. 짓밟힌 것이 오히려 용서를 구하고 화해를 간청해야 한다면 그건 존엄한 것이 아니다. 존엄한 것은 두려운 것이고 원시적인 것이다. 지켜지지 않으면 그에 상응하는 책임을 물어야 한다. 그것이 인간이 존엄하다는 것을 알려주는 것이다.

소년 전담 검사를 하면서 나는 늘 피해자들에게 너는 소중하고 무엇보다 존엄하다고 말해주곤 했다. 그리고 가해자들과 친구가 되려고 노력할 필요 없다고, 화해하거나 용서하려고 노력할 필요도 없다고 했다. 피해를 당한 아이들이 그렇게 행동하는 건 대개 두려움 때문이다. 그 두려움 때문에 자신의 존엄함과 권리를 포기하기도

아이에게 화해를 강요하지 말라

하는 것이다. 하지만 존엄한 것은 양보할 수도 포기할 수도 없다. 그러니 아이들에게 화해를 강요하지 말라.

슬라보예 지젝Slavoj Žižek은 말했다. "진정 용서하고 망각하는 유일한 방법은 응징 혹은 정당한 징벌을 가하는 것이다. 죄인이 적절하게 징벌되고 나서야 나는 앞으로 움직일 수 있고, 그 모든 일과 작별할 수 있다."

산도박장 박 여사의
삼등열차

순천시 조례동 한 아파트의 노인회장인 우리 아버지는 전과 없이 살아온 사람이다. 김 회장이 평생을 바른 시민으로 살아온 것은 모태신앙 격인 유교의 영향도 있었지만 무엇보다 소심하고 남을 어려워하는 기질도 한몫했다. 물론 30여 년 전쯤 순천과 구례를 잇는 '쏘련재'에서(순천에서 구례로 넘어가는 17번 국도의 길목인 송치재를 예전 마을 사람들이 쏘련재라 불렀다) '로얄싸롱'을 운전하다 중앙선을 침범하여 미쓰비시 중공업의 기술 제휴로 만들었다는 각 그랜저를 정면으로 들이받은 사고를 낸 적은 있으나, 상호 원만하게 합의하였기 때문에 교통사고처리특례법위반 전과로 남지는 않았다. 김 회장의 인생에서 가장 큰 위기는 그보다 20년을 더 거슬러 올라가야 한다.

김 회장, 그러니까 당시 나주군청에서 공무원을 하고 있어 '김

주사'로 불렸던 아버지는 밤마다 삼봉 노름에 빠져 있었다. 매일 밤 저녁상을 물리고 나면 삼베바지에 방구 새듯 사라져 탱자나무집에서 열리는 노름판에 출근부를 찍곤 했다. 내가 태어나기도 전의 일이지만, 그 사실을 생생하게 알게 된 것은 어려서부터 비범했던 큰형의 총명함을 널리 알리고 싶었던 어머니 덕분이다. 젊은 아버지의 밤 외출을 수상히 여기던 어머니는 그 행적을 추적하기 위해 어린 아들을 딸려 보냈고, 며칠 후 인간 내비게이션인 아들을 앞세운 어머니는 나주시의 백 굽이도 넘는 골목길을 한 치의 어긋남 없이 찾아가 노름판을 일망타진할 수 있었다고 한다. 그 큰아들이 이제는 환갑을 바라보고 있건만 어머니는 아직도 그 비범함을 널리 알려야 한다고 생각하는 까닭에 그 일화를 장충동 족발집 가마솥처럼 골백번 넘게 우려내고 있다. 덕분에 나는 마치 그 탱자나무 가시 사이를 헤치고 들어가 노름꾼들을 향해 지옥의 불길과 같은 사자후를 토해내던 어머니를 직접 목격한 것 같은 기억마저 갖게 되었다. 셋째로 태어나 이름조차 외상 술값 대신 받아야 했던 나로서는 그 미미한 존재감을 벗어나기 위해 비슷한 일화라도 남기고 싶었지만 아쉽게도 김 회장은 그 이후로 삼봉을 끊었다.

물론 김 회장에게 과도한 비난을 할 것은 아니다. 오래된 일이라 공소시효도 지났고, 더욱이 당시는 노름하는 사내가 별스러운 것도 아니던 시절이다. 우리 아버지를 변호하기 위해 억지를 부리는 것이 아니다. 노름이 얼마나 성행했던지 우리가 쓰는 말 중 적지 않은 것들이 노름판에서 나왔다. '말짱 황이다', '대박', '삼팔따라지', '땡 잡았다', '바가지 썼다', '꼽사리', '뺑땅' 등등은 모두 노름에서 나온 말이다. '노름'이란 말도 '놀다'의 명사형인 '놀음'에서 나왔다고 하니 말 그대로 일상적인 놀이였던 셈이다. 그러니까, 고요한 아침의 나라였다는 이곳이 실은 노름의 나라였던 것이다.

우리나라를 노름의 나라로 만드는 데 지대한 공을 세운 것은 뭐니 뭐니 해도 일본이다. 일본에서 두꺼운 종이로 만들어진 하나후다花札, 즉 화투는 우리나라에 들어와 섬나라와는 비교가 안 되는 선풍적인 인기를 끌었다. 얼마나 인기였던지 재질도 종이에서 얇고 단단한 플라스틱으로 바뀌었다. 그래서 착착 소리를 내며 패를 돌릴 수도 있고, 짝 소리 내가며 바닥의 패를 휘둘러 팰 수도 있다. 일종의 양질전화이다. 창조적인 우리 민족은 왜물인 화투를 이용하여 민화투, 고스톱, 월남뽕, 도리짓고땡, 나이롱뽕, 가보잡기 등 많은 도박들을 발명해냈다. 전라도 지방에서는 우리 집 김 회장이 나주 일대를 주름잡았다고 주장하는 삼봉 혹은 육백이 성행했다. 바닥에 8장을 깔고 8장씩 나눠 가진 후 민화투처럼 맞는 패를 쳐서 따먹는 방식이다.

지역별로 성행하던 노름들은 사투리 사라지듯 지금은 고스톱에 밀려 다 사라졌다. 그래서 우리는 흔히 고스톱을 노름의 대장주라고 생각한다. 그러나 실상 노름의 최고봉은 '섯다'라고 할 수 있다. 대개 1분 안에 판이 끝나고 노름 액수를 자유롭게 올릴 수 있을 뿐 아니라 뒤집기의 짜릿함과 쪼는 맛에 있어 가히 견줄 것이 없는 노름의 제왕이라고 할 수 있다. 섯다가 F1 경주라면 고스톱은 물 풍선 던지는 카트라이더 게임에 불과하다. 섯다는 11월과 12월을 제외한 20장의 화투 패를 가지고 2장씩 나눠 가진 후 족보가 높은 사람이

산도박장 박 여사의 삼등열차

승리하는 도박이다. 두 패의 달 수를 합쳐 단 단위가 높으면 이기는데, 이를 '끗'이라고 부른다. 예를 들어 3월 사쿠라 패와 10월 단풍 패를 잡으면 3끗이다. 두 패의 합인 13의 단 단위가 3이기 때문이다. 단 단위가 0인 것이 가장 낮은 끗으로 '망통'이라 부른다. 가장 높은 9끗은 '갑오'라고 한다. 끗수만으로 승부를 가리는 것은 심심하기 때문에 당연히 그보다 높은 족보도 있다. 족보로는 같은 달의 패 2개를 같이 잡는 것을 뜻하는 '땡'과 '알리(1월과 2월)', '독사(1월과 4월)', '구삥(1월과 9월)', '장삥(1월과 10월)', '장사(10월과 4월)', '세륙(4월과 6월)' 등이 있는데 3광과 8광을 든 것이 가장 높은 족보로 그 유명한 '삼팔광땡'이다.

이렇게 다양성을 충족시켜줘서인지 우리나라에서 화투 도박은 쉽게 사라지지 않는다. 그래서 검찰이나 경찰은 마땅한 실적이 없을 때면 도박장을 덮치기도 한다. 그중에서도 가장 짭짤한 도박판은 뭐니 뭐니 해도 '산도박'이라 할 수 있다. 어떤 사람은 '총책'이라고 부르고, 어떤 사람은 '짓고땡'이라고도 한다. 산도박이란 단속을 피하기 위해 주로 깊은 산 중턱의 비닐하우스나 산장 등 산속에서 벌어지기 때문에 얻은 이름이다. 자연인들이 산속에서 하는 도박이란 뜻은 아니다. '짓고땡'이라고 불리는 이유는 기본적인 노름 방식이 '도리짓고땡'이기 때문이고, 세 명의 총책이 도리짓고땡 도박을 하면 참가자들이 총책 중 한 명을 따라 돈을 거는 방식이기 때문에 '총책'이라고 부른다.

산도박은 기원, 당구장 내실, 모텔 등에서 벌어지는 소수 정예 도박판과는 다른 박리다매의 기업형 도박이다. 때문에 주로 조직폭력배들이나 그에 준하는 건달들이 주도한다. 기업형 도박장이다 보니 가담자도 많고 각자 맡은 역할도 구분되어 있다. 도박 장소와 도박 개시 여부를 결정하는 현장소장 격인 '창고', 도박장에서 '데라(도박판 개장비)'를 받거나 승자에게 돈을 나눠주는 등 돈 관리를 하는 '상치기', 10%가량 선이자를 떼고 돈을 빌려주는 '꽁지', 화투 패를 돌리는 일종의 딜러인 '마개', 도박 참가자들을 수소문하는 '모집책' 등이 있다. 그 외 망을 보는 '문방', 도박 참가자들을 도박장까지 이동시켜주는 '운짱' 혹은 '운반', 라면과 커피 등을 파는 '주방', 박카스나 가벼운 음료를 팔면서 바람을 잡는 '박카스', 트로트를 틀어대며 흥을 돋우고 도박 참여를 독려하는 'DJ' 등 다양한 역할이 가담하는데, 마치 잘 짜인 한 편의 종합 예술극과 같다. 파친코처럼 혼자 하는 도박에 익숙한 섬나라와 달리 우리나라 사람들은 노름도 떼로 하는 것을 좋아한다.

산도박에 참가하는 사람들은 대부분 40~50대 여성들이다. 대개 깊은 산중에서 밤새 도박을 하기 때문에 전업주부는 참여하기 어렵다. 간혹 전업주부가 산도박을 할 경우 가정이라는 패를 가장 먼저 던지게 되고 대개 이혼녀로 신분이 변한다. 산도박을 1년 남짓 단속당하지 않고 운영하면 중소 도시에서 건물 한두 채 마련하는 것은 어렵지 않을 정도로 짭짤한 수익을 내기 때문에 산도박 조직은 기를 쓰고 도박장을 운영하고, 그 폐해가 적지 않기 때문에 검찰이나 경찰은 눈에 불을 켜고 단속을 하려 한다. 하지만 외길로 연결된 외딴 곳에서 은밀하게 이루어지고, 문방들의 감시가 삼엄하기 때문에 단속하기가 무척 어렵다. 정작 체포해도 날랜 상치기나 꽁지,

창고 등은 다 튀어버리고 매양 손에 남는 것은 처량한 아주머니들 뿐이다. 똥 싼 놈은 도망가고 방귀 뀐 놈만 잡히는 꼴이다.

산도박은 대개 3~5개의 장소를 확보해두고 무작위로 돌아가며 개최한다. 주로 3~4개월을 주기로 도박 장소를 바꾸기 때문에 위치를 알아내고 나면 어느새 도박장이 바뀌어 있기도 한다. 또 막상 도박장을 찾아냈다고 해도 대규모 단속 인원을 동원해야 하고, 이동 차량도 준비해야 하는 등 여간 번거로운 일이 아니다. 그래서 산도박을 단속하기 위해서는 몇 달에 걸친 치밀하고 끈질긴 준비가 필요하다.

비록 단속은 어렵지만 그 열매는 달다. 일단 구속자가 엄청나게 생산되고, 다른 도박과 달리 범죄 입증도 쉽다. 모텔이나 기원에서 하는 도박의 경우 현장에서 잡혀도 족발 배달하러 왔다거나 손님 태우러 왔다고 부득부득 우기면 가담 사실을 입증하기 쉽지 않다. '마세라티 타고 족발 배달하느냐'고 물으면 배달 겸용 차량이라는 대답이 돌아오기도 한다. 하지만 산도박은 다르다. 그 깊은 산중에서 밤을 새웠는데, 도박을 한 것이 아니라면 도대체 무얼 했겠는가. 변명이라고 해봐야 곗돈을 주러 굳이 그 깊은 산중까지 갔다는 것 정도이다. 가끔은 납치된 것이라고 주장하는 대담함과 창의력을 보여주는 사람들도 있다.

사실 산도박에 입장하려면 그 분야에서 나름 레벨이 있어야 한다. 축구로 따지면 아마추어도 참여할 수 있는 FA컵이 아니라 상위 랭커들만 참석할 수 있는 챔피언스 리그 같은 거다. 따라서 우연히 친구 따라 갔다는 식의 변명은 애당초 통할 수 없는 것이다. 물론 가끔 자신은 도박에 참여하지 않고 라면 먹고 잠만 잤다고 변명하는 사람들도 있다. 하지만 간접적으로라도 산도박을 접해본 사람들은 그런 변명이 사이판에서 빙판길에 미끄러졌다는 말보다 허망하다는 것을 잘 알고 있다. 산도박은 매우 역동적이고 신나는 운동회 분위기다. DJ가 노래를 틀어대면서 "야 이 미친년들아 남편 버리고, 학교 갔다 온 딸내미 버리고 이 산중에 들어와 고작 라면이나 처묵고 있냐? 이를 악물고 한 판이라도 더 들어와야 덜 억울하지"라고 매우 정연한 논리로 흥을 돋우기 때문에 그저 잠만 잤다고 변명하는 것은 물침대와 번호판 가리개까지 완비한 모텔에 가면서 잠시 어지러워 쉬러 갔다고 말하는 것과 같다. 산도박에서 돈을 걸지 않는 사람은 창고나 상치기 등 도박개장의 주범들뿐이다.

산도박 참가자들 중에는 고위험성 도박 중독자들이 많다. 오죽하면 그 깊은 산중까지 들어가 도박을 하겠는가. 산도박 참가자들이 도박에 중독되었다는 것을 여러 번 확인하곤 했는데, 어떤 이들은 단속되어 잡혀오는 버스 안에서까지 섰다를 하기도 했다. '궁즉통窮則通'이라고, 화투 패가 없는 상황인데도 저마다 지나가는 차들을 골라 차량번호 뒤쪽 두 자리로 섰다를 하는 것이다. 교도소로 달려가는 마지막 순간까지 도박을 하는 집념은 아무나 보일 수 없다.

백미는 뭐니 뭐니 해도 '박 여사'라는 아주머니였다. 박 여사는 산도박을 하다 구속되었다가 다행히 집행유예를 선고받고 출소했는데, 출소 당일 집에도 들르지 않은 채 그길로 산도박장을 다시 찾아갔다. 도박장이란 도박장은 다 따라다녀 조선 팔도를 무른 메주 밟듯 돌아다녔다고 하는 박 여사는 수중에 한 푼도 없는 상태였지만, 그 강인한 의지에 놀란 창고가 음료수나 팔고 데라나 받으라면서 박카스 역할을 하게 해주었다고 한다. 도장 10개 받으면 제공해주는 탕수육 쿠폰 같은 거다. 하지만 재수가 없으려니 그날 마침 단속이 벌어져 박 여사는 출소한 지 24시간이 지나기 전에 다시 붙잡혔다. 폭탄은 떨어진 데 다시 떨어지지 않는다고 하지만 낙숫물은 떨어진 데 다시 떨어진다.

단속을 나갔다 오면 검사실은 도떼기시장처럼 소란해진다. 우선 주범들과 단순 가담자들을 분리하고 역할을 나눠 조사를 한다. 다들 자기 빼고 다 도박을 했다고 진술하기 때문에 증거를 찾는 것은 그다지 어렵지 않다. 산도박 참가자들은 대부분 수사기관에서 조사받아본 경험이 있기 때문에 말도 안 되는 변명이 오히려 위험하다는 것을 잘 알고 있다. 그래서 별다른 어려움 없이 시끄럽지만 질서정연하게 착착 조사가 진행된다. 하지만 잡혀온 인원이 많기 때문에 새벽부터 시작한 조사는 금세 밤까지 이어진다. 그날도 밤이 깊어가고 있었다. 나는 마치 십자군 전쟁이라도 나가는 듯 쓸데없이 비장한 상치기로부터 배후의 주범을 캐고 있었고, 계장은 주방이나 박카스를 상대로 방증을 모으고 있었다.

나는 누가 큰소리를 내는 것을 무서워하기 때문에 조사할 때도 시끄러운 것을 피하려고 노력한다. 나도 소리를 지르지 않고 다른 사람들에게도 소리를 치지 말아달라고 늘 신신당부하는 편이다. 설사 피의자가 혐의를 부인하더라도 추궁하기보다는 조근조근 설명하면서 협조를 구하는 편이다. '이렇게 증거가 개구리 알처럼 꾸러미로 널렸는데 부인하십니까? 그러면 판사님이 안 좋게 봅니다. 그리고 선생님이나 저나 서로 얼마나 민망합니까. 어려우시겠지만 인정하시는 것이 좋지 않을까요?' 이런 식으로 말을 하는데, 물론 대부분 설득되지는 않는다. 후배들은 내가 조사하는 모습을 보고 '구걸수사의 달인'이라고 별명을 붙여주기도 했다.

그런데 계장 파트에서 자꾸 시끄러운 소리가 들렸다. 계장이 맡고 있는 어떤 아주머니의 수사가 쉽지 않나 보다. 가만히 들어보니 박카스 아줌마, 박 여사였다. 사실 조사를 시작하면서부터 조금 불안했던 것이, 계장이 박 여사에게 출소하자마자 또 도박장에 갔느냐고 이죽거리면서 살짝 긴장이 감돌았었다. 그이가 출소 당일 다시 산도박을 하러 가든 말든 사실 우리가 조롱할 일은 아니었다. 오히려 비극적인 상황이라 동정을 해줘야 할 판이었다. 아니나 다를까, 박 여사는 발끈하면서 얼음장같이 차가운 말투를 툭툭 내뱉고 있었다. 이미 집행유예를 달고 있었던 처지라 구속되는 것은 물론이고, 이번 재판에서는 기존 집행유예가 취소되어 이전에 선고받은 형까지 살아야 하는 것이 명약관화했으므로 될 대로 되라는 심정이었을 것이다. 한식에 죽으나 청명에 죽으나…. 그런데 불난 집에 부채질하는 격으로 계장이 계속 깐죽대니 어찌 발끈하지 않겠는가.

박 여사는 자기를 왜 잡아왔느냐고 묻는다. 계장은 도박한 것을 모르느냐고 대꾸한다. 그러자 박 여사는 자기 돈으로 자기가 노는 것인데 왜 처벌하느냐고 묻는다. 그래, 그것은 나도 궁금하다.

"아줌마, 그럼 왜 도망갔어요? 죄란 걸 아니까 도망간 거 아니에요."

계장이 호통을 친다. 죄책감이 없다면 도망갈 리 없다는 논리였다. 독일의 철학자 한스 요나스Hans Jonas도 비슷한 말을 했다. 우리는 자신이 무엇을 원하지 않는가를, 무엇을 원하는가보다 훨씬 빨리 안다는 것이다. 또한 선에 대한 인식보다 악에 대한 인식을 더 쉽게 한다는 것이다. 그러므로 법이 무엇인가보다는 불법이 무엇인가를 선험적으로 더 정확하게 알 수 있다는 것이다.

　하지만 박 여사도 만만한 상대가 아니었다. 여전히 고개는 숙이고 있었지만, "그럼 전두환이 때 데모하던 학생들이 경찰이 잡으러 가면 도망갔는데, 그것도 죄가 있다고 생각해서 도망간 건가?"라고 뇌까리듯 말대꾸를 했다. 오호, 그건 그렇다. 처벌이 두려워서 도망간 것이지 양심의 가책 때문에 도망간 것은 아닐 것이다. 사실 도망과 죄의식을 연결시킨 것은 내가 봐도 좀 무리였다. 계장이 그 말을 못 들은 척하고 넘어갔으면 좋으련만, 그 말에 화르르 화학반응을 일으켰다.

　"와 이 아줌마 궤변, 장난 아니네. 아줌마, 청나라가 왜 망했는지 알아요? 아편 먹고 도박하다 망한 거예요."

　역사적인 근거를 대면서 준법의식과 애국심에 호소하는 전략이다.

　"아저씨, 그럼 마카오는 왜 안 망하고, 라스베가스는 왜 안 망하는 거요?"

　"거기는 합법적으로 하는 데잖아요."

　"그럼 강원랜드나 과천경마장에 가서 하면 괜찮고, 같은 대한민국 하늘 아래인데 여기서 도박하면 죄가 되는 게 말이 돼요?"

　"아줌마, 그럼 화장실 가서 오줌 싸면 안 잡아가는데, 길거리에서 싸면 잡아가는 건 왜 그러는 거요?"

강원랜드가 들으면 섭섭하겠다. 자기를 화장실에 비유해서.

"아저씨, 그래서 우리가 사람 안 보이는 산속에 가서 놀았잖아
요. 남 안 보이는 데서."

"아줌마, 오줌 싸는 거하고 도박하는 거하고 같아요? 그리고
아저씨가 뭡니까, 아저씨가. 최 계장입니다."

"나도 아줌마 아니라고요!"

박 여사가 날카로운 비수처럼 소리를 친다.

"그럼 뭐라고 불러드려요?"

그 기세에 움찔했는지 계장이 꼬리를 내린다.

"박 여사라고 불러주세요."

'여사', 사회적으로 이름 있는 귀한 여성을 존대하는 말이다. 그
렇게 '박 여사님'과 '최 계장님'은 품위 있게 서로에 대한 호칭을 정
하고 다시 본연의 말꼬리 잡기를 시작했다.

"박 여사, 그니까 도박은 정당하게 일을 해서 돈을 버는 게 아니
고, 그 뭐냐, 그… 불로소득을 올리는 거잖아요?"

역시 공부를 많이 한 우리 최 계장이다. 우리나라 판례에 따르
면 도박죄를 처벌하는 이유는 '정당한 근로에 의하지 아니한 재물의
취득을 처벌함으로써 경제에 관한 건전한 도덕법칙을 보호하기 위
한 것'이라고 했다. 좀 쉽게 풀어 쓰면 좋겠지만 나도 뭔 말인지 잘
모르겠다. 아무튼 판결문에 그렇게 적혀 있다.

"아이고 최 계장님, 그럼 나는 돈 하나도 못 땄으니 불로소득이
란 것도 없고, 그러니 죄가 없는 거네?"

"아니, 박 여사가 도박을 해서 누군가 불로소득을 올리는 거잖아요. 박 여사가 안 하면 도박판이 안 열리니까 불로소득이란 게 안 생기잖아요."

"아! 그럼 우연히 돈을 버는 게 불로소득이고 그게 나쁜 거면, 주식이나 선물하는 놈들도 다 도박꾼이네."

"박 여사님, 주식이나 선물은 기업에 자금을 조달해줘서 일자리도 늘리고 수출도 늘어나게 하잖아요."

물론 나는 당시 상치기급 주범을 조사하고 있었기 때문에 둘 사이의 논쟁에 깊이 관여할 수 없었다. 하지만 박 여사의 말장난 솜씨가 보통이 아니었고, 둘 다 목소리가 높아지고 있었기 때문에 집중하기 어려웠다. 내가 자꾸 다른 데 신경을 쓰자 앞에 앉아 있던 상치기는 초조해하고 있었다. '도대체 왜 이 검사 놈은 내 이야기를 건성으로 듣는 걸까? 아니면 내가 하는 거짓말을 꿰뚫고 있는 건가? 왜 자꾸 했던 말을 또 묻지?'라고 혼자 불안해했을 것이다.

"사람들이 하고 싶어 하는 일을 하도록 해주는 것이 좋은 법 아닌가요? 나는 노름을 하고 싶고, 밥보다 그게 더 좋은데, 그걸 왜 못하게 합니까?"

"아니 그럼 밥 먹는 것보다 사람 죽이는 게 더 좋은 사이코가 있으면, 그럼 사람 죽여도 되는 거요?"

그건 그렇다. 박 여사는 '욕구'와 '요구'를 교묘하게 섞고 있었다. 법적으로 그 둘은 다른 취급을 받을 수밖에 없다. 예를 들어 맑은 공기를 마시고 싶은 것은 요구이고, 담배를 피우고 싶은 것은 욕구이다. 요구는 대부분 권리로 인정받을 수 있으나, 욕구의 경우는 좀 더 까다로운 조건을 충족시켜야 인정된다. 공자님도 '욕欲'과 '욕慾'은 다른 것이라고 말씀하셨다.

"노름이 사람 죽입니까? 노름이 다른 사람에게 피해를 주는 건 아니잖아요. 밥을 먹고 싶어 하면 밥을 먹도록 해줘야 하듯이 노름을 하고 싶어 하면 노름을 하게 해줘야 그게 자유 아닙니까?"

"도박은 사회에 악영향을 미치잖아요."

"무슨 악영향을 미치는데요?"

"그게 좋은 거면 사람들이 그리 싫어하겠어요?"

"아이고 사람들이 싫어하는 것이면 다 죄인가요? 그럼 왜 불효자는 처벌 안 하는데요? 불효는 사회에 악영향을 미치는 거 아니요? 사람들이 싫어하는 거 아니고요?"

오호, 박 여사가 던진 질문은 실로 법률가들을 엄청 괴롭히고 있는 난제이다. 누구도 쉽게 답을 할 수 없는 근원적이고 핵심적인 문제이기도 하다. 사람들이 형법에 대해 갖는 가장 근본적인 질문 중 하나가 '도대체 어떤 행위를 범죄로 규정하는가?'이다. 박 여사 말처럼 사람들이 싫어하는 것이라고 모두 죄가 되는 것은 아니다. 그럼 무엇이 범죄로 분류되는 것일까? 나도 모른다. 이런 문제를 해결하라고 만든 직업이 학자이다. 그래서 학자들의 말을 빌려보자면, 크게 세 가지로 설명하고 있다.

첫 번째는 공리주의적 해석이다. 공동체 전체의 효용을 떨어뜨릴 수 있는 행위는 범죄로 분류된다는 것이다. 얼핏 맞는 말 같지만, 공동체 전체의 효용을 떨어뜨린다고 다 범죄인 것은 아니다. 이기적인 행동은 거의 대부분 공동체 전체의 효용을 떨어뜨리지만 모두 범죄로 처벌되지는 않는다. 그리고 공동체 전체의 효용을 올린다고 하여 모두 범죄가 아니라고 단언할 수도 없다. 예를 들어 무고한 한 명을 죽여서 죽어가는 다섯 명에게 장기이식을 하여 살렸다고 치자. 한 명을 희생시켜 다섯 명을 살렸기 때문에 공동체 전체의 효용은 늘어나지만 그렇다고 해서 이게 살인죄가 아닌 것은 아니다. 공리주의적 해석을 곧이곧대로 적용하면 이런 일을 범죄로 규정하는 것을 설명할 수 없다.

두 번째는 존 스튜어트 밀이 주장한 '해악 원리harm principle'이다. 타인에게 해악을 주는 행위는 범죄이고, 그렇지 않은 행위는 모두 합법으로 인정해야 한다는 설명이다. 하지만 해악 원리도 박 여사의 의문점을 해결해주지 못한다. 매춘, 마약, 도박 등은 타인에게 직접적인 해를 끼치는 일이 아니다. 해악 원리는 그런 행위들을 범죄로 분류하는 보편적인 현상을 설명하지 못한다. 그런 약점을 극복하기 위해 해악 원리를 일부 수정한 것이 '공격 원칙offense principle' 이론이다. 공격 원칙 이론은 타인에게 해악을 미칠 뿐만 아니라 그 행위로 타인을 분노케 하면 그것은 죄로 분류된다는 설명이다. 감정적으로는 납득되지 않지만 사실상 현실에 가장 잘 들어맞는 이론이다. 사람들은, 특히 대중들은, 자신들을 화나게 만드는 것을 징벌하는 게 정의라고 생각한다. 더욱이 여럿이 뭉칠수록 분노와 정의를 더 빈발하게 혼동한다.

마지막으로 '법도덕주의' 이론이 있다. 부도덕과 부정의 정도가 심한 것을 범죄로 분류한다고 설명하는 이론이다. 그렇지 않은 것은 다소 부도덕하더라도 범죄로 처벌해서는 안 된다는 것이다. 물론 부도덕이란 무엇이고, 심하다는 게 어느 정도인지에 대한 설명이 부족하다. 그럼에도 법도덕주의가 중요시되는 것은 개인의 자유를 보장하는 데 가장 적절한 설명이기 때문이다. 법도덕주의의 바탕에는 '인간에게는 누구에게나 국가의 간섭을 거부할 수 있는 기본적 자유가 있다'는 전제가 깔려 있다. 아무리 악행이라도 그 기본적 자유에 해당한다면 처벌할 수 없다는 것이다. 예를 들어 길에서 도적을 만나 죽어가는 나그네를 보고도 내버려둔 사람을 비난할 수는 있지만, 돕고 안 돕고는 기본적 자유에 해당하므로 그의 행위를 죄로 처벌할 수는 없다는 뜻이다. 그럼 법도덕주의 이론에서 볼 때 도박은 그 정도가 심한 부도덕이나 부정이라고 할 수 있을 것인가?

아무튼 나는 박 여사와 최 계장 간의 대화에 점점 흥미가 생겼고, 당나귀 찬물 건너가듯 술술 나오는 박 여사의 다음 말이 궁금해졌다.

최 계장이 어이가 없다는 듯 말했다.

"도박은 계속 범죄로 취급해왔단 말이요. 그리고 내가 도박죄를 만든 것도 아니고, 정당하게 국회의원들이 만든 법률인데 왜 박 여사만 못 지키겠다고 하는 거요?"

"뭐 꼭 안 지키겠다는 건 아닙니다. 그런데 국회의원들이 모여서 법으로 만들기만 하면 국민들은 무조건 지켜야 하는 건가요?"

오! 이것도 어려운 주제이다. '법이란 무엇인가'를 따지는 질문이다. 법이란 단순한 규칙인가, 아니면 도덕이나 정당성에 관한 것인가. 누구나 한 번쯤 가져봤을 법한 의문이다.

'법이란 무엇인가'에 대해서는 오랜 논쟁이 있었다. 심지어 그

똑똑하다고 하는 임마누엘 칸트Immanuel Kant마저 '법이란 한 개인의 자의가 다른 개인의 자의와 자유의 보편법칙에 따라 합치할 수 있는 제 조건의 총체'라는 참으로 어려운 말을 하면서도 법의 개념이나 정의는 아직도 찾고 있는 중이라고 말한 바 있다. 수많은 철학자들도 제각기 한마디씩 보탰다. 로스코 파운드Roscoe Pound는 법이란 '최소의 희생으로 최대의 효과를 얻기 위한 사회공학적 제도'라고 했고, 예링Rudolf von Jhering은 '국가권력에 의한 외적 강제에 의해 보장되는 사회생활 조건의 총체'가 법이라고 말했다. 그런가 하면 미국의 유명한 대법원장 올리버 홈즈Oliver Holmes는 "법이란 법원이 말하고자 하는 것에 대한 예견이다"라는 막말을 하기도 했다.

박 여사가 답을 바란 것은 아니겠지만, '절차적으로 정당하게 만들어진 법이면 무조건 따라야 하느냐'는 취지의 질문에 답하려면 두 가지 입장 중 하나를 취해야 한다. '약정주의conventionalism'와 '본질주의essentialism'가 그것인데, 약정주의는 법을 약정 혹은 규칙이라고 보는 반면 본질주의는 약정일 뿐 아니라 그 안에 어떠한 본질을 가지고 있어야 한다고 주장한다.

약정주의는 법을 역사적 현상으로 본다. 그래서 법이란 '권위적인 방식으로 제정되고 그것이 지켜지지 않을 때 현실적으로 제재가 가능한 추상적인 규칙'이라고 설명한다. 이 견해는 법실증주의와도 연결되는데, 법실증주의는 규칙이 정당하게 만들어져 사회 안에서 실효성을 가지고 있으면 그것으로 충분하다는 입장이다. 막스 베버Max Weber의 말을 빌리자면, "어떤 질서가 법으로 불리기 위해서는 그 질서가 침해되었을 때 이를 강제할 수 있는 힘이 외적으로 보장되어야 한다." 즉, 국회의원들이 재적 과반수 출석에 출석 과반수 찬성으로 법률안을 통과시키고, 국무회의를 거쳐 대통령이 공포하고, 실효성 있는 공권력에 의해 강제되면 그 법률은 법이라는 것이다.

그에 반해 본질주의는 법이 단지 현실적인 강제력을 가진 규정이라는 것을 뛰어넘어 원초적이고 본질적인 원리를 내포해야만 한다고 주장한다. 즉, 최소한의 내적 정당성이 없는 법은 법이 아니라는 것이다. 이런 입장에서는 법이 당연히 도덕과 정의에 의해 강하게 인도되어야 한다고 믿게 된다. 법학자인 라트브루흐Gustav Radbruch는 "사람들이 법이라고 칭할 때에는 그것이 실정법이라 하더라도 그 의미로 보아 정의에 봉사하도록 정해진 제도와 규정이어야지 이와 전혀 다를 수는 없다"라고 말했다.

애덤 스미스도 비슷한 설명을 했다. 사람들의 이기심을 그대로 방치하면 사회가 무질서해지고 결국 무너지게 될 것이라고 했다. 그렇기 때문에 사람을 해치는 행위를 막아야 하고, 이를 위해 정의 체계, 즉 법과 공권력이 필요하다고 역설했다. 물론 공권력과 법은 정의 체계를 수호하는 제도이나 그 자체가 정의는 아니다. 그럼 정의는 무엇인가? 애덤 스미스는 정의는 절대적인 것이 아니라 시민들의 도덕 감정에서 나오는 것이라고 했다. 그럼 도덕 감정은 무엇인가? 애덤 스미스 말에 따르면 사람들의 '공감sympathy'이 도덕 감정이다. 물론 '다윈의 불독'이라고 불렸던 진화론자 토마스 헉슬리Thomas Huxley는 "자연에는 도덕적 목적이 없다. 도덕은 순전히 인간이 제조한 것이다"라며 이를 반박하기도 했다.

일단 본질주의가 옳은 것으로 보인다. 헉슬리의 논리는 자연주의적 오류에 빠졌다고 볼 수 있다. 정당함이나 정의가 없는 법이 법이라 할 수 있겠는가. 하지만 본질주의에도 치명적인 단점이 있다. 무언가 정당한 것이 있어야 한다고 하는데, 그럼 무엇이 정당한 것인가에 대해서는 쉽게 결론을 내리지 못한다. 다에시가 포로를 불태워 죽이는 것도, 십자군이 소년병을 노예로 팔아치운 것도, 나치가 유대인을 독가스로 죽인 것도, 북한이 전쟁을 일으킨 것도 모두 정의의 이름으로 자행된 것이다.

물론 상식적으로 정의가 무엇인지는 대강 알 수 있다. 일단 부당하지 않은 것이어야 한다. 하지만 부당하지 않다고 모두 정당한 것은 아니다. 마찬가지로 불법적인 것이 아니라고 모두 합법적인 것은 아니다. 예를 들어 불효는 불법적인 것이 아니다. 그럼 불효가 합법적인 것이라고 말하면 그걸 쉽게 수긍할 수 있겠는가.

아무튼 거칠게 정리해보자면 최 계장은 약정주의나 법실증주의 입장이라고 할 수 있었고, 박 여사는 본질주의 혹은 비실증주의 입장에 서 있다고 볼 수 있었다.

"박 여사, 도박이 좋은 거라면 자식들이 한다 해도 가만 놔두겠소? 머리털을 빡빡 밀어서라도 막을 거 아니에요?"

"계장님, 내가 원래 보험 일을 하다 그것으로는 밥벌이가 안 돼 잠시 노래방 도우미도 했소. 동네 사람 알까 봐 우세스럽습디다. 내 자식보고 노래방 도우미 하라고 떠밀 수는 없는 거지요. 그렇다고 그게 불법이요?"

『맹자』에 이런 구절이 있다.

"백성은 떳떳한 생업이 없으면 늘 한결같은 마음도 없어집니다.

그런 마음이 없는 백성은 일탈할 수밖에 없습니다. 그런 백성을 형벌로서만 다스리는 것은 백성을 그물질하는 것입니다. 어진 제왕이라면 어찌 자기 백성을 그물질할 수 있겠습니까?"

박 여사는 『맹자』를 공부했나 보다. 물론 박 여사의 말에는 허점이 있다. 우리나라 현행법에서 노래방에 도우미를 고용하는 것은 불법이다. 박 여사의 말은 아마 부끄러운 일이라고 해서 모두 불법은 아니라는 뜻일 것이다.

"그런 일은 자신과 사회를 망치는 것이 아니지만 노름은 박 여사를 망쳤잖소."

"그건 그래요. 노름하다 인생 좋쳤죠. 하지만, 노름을 해서 망친 것은 내 신세인데, 그게 왜 나라에 죄가 된다는 말이에요?"

이것도 많은 사람이 궁금해하는 문제이다. 국가는 왜 자기 자신을 파괴하는 노름이나 약물 중독에 대해 처벌하는 것일까? 국민은 국가의 자산이고 재산일까? 그것은 아니라고 하는데, 왜 국가는 개인이 자신을 파괴하려는 것을 막으려고 할까? 국가가 국민으로부터 나온 것이라면 종속적인 것이 주된 것의 운명에 개입할 수 없는 것 아닌가?

이에 대해서는 '후견주의paternalism'라는 설명이 있다. 누군가 자신에게 해로운 행위를 하려고 할 때, 설사 그 사람이 그것을 원한다고 하더라도, 공동체는 그 해로운 행위를 막거나 제재할 수 있다는 것이다. 그럼 그것은 그 개인을 위한 것일까, 아니면 공동체의 이익을 위한 것일까? 그보다는 사회가 스스로를 보호하기 위해 중독이 되는 행위를 금지시킨다고 봐야 할 것이다. 노름과 같은 중독성 행위는 자기 자신을 파괴할 뿐만 아니라 사회적 관계를 망친다. 질병이나 바이러스와 같은 것이다. 자신만 파괴되는 것이 아니라 사회의 기초 단위인 가족을 망치고 친족관계를 파괴하며 더 나아가 지역공동체를 해체시킨다. 사람은 사회적 관계망을 통해 생존하고 생활한다. 그 사회적 관계를 망가뜨리고 오염시키는 것은 자신만 파괴하는 것이 아니라 다른 사람까지 위험에 빠뜨리기 때문에 중독 행위는 금지되는 것이다.

"모든 사람들이 박 여사처럼 도박이나 하러 다니면, 그럼 누가 우리 아이들을 먹여 살려요?"

"그럼 아이들 먹여 살리기 위해 법을 지켜야 하는 건가요? 나와는 상관없고?"

철학의 시작은 낯설게 보는 것이라고 한다. 아무리 생각해봐도 박 여사는 철학자임에 틀림없다. 우리는 어려서부터 늘 법을 지키라는 말만 들어왔을 뿐 '법을 왜 지켜야 하는지', '법은 그 자체로 정당한지'에 대해 의문을 품어본 적이 없다. 법이 강제력을 가졌다는 것을 접어두고, 우리는 왜 자발적으로 법을 지켜야 하는지 의문이다. 법은 왜 지켜야 할까?

철학의 시조인 소크라테스는 그에 대해 답을 준 바 있다. 재판에서 사형 선고를 받고 옥에 갇힌 소크라테스에게 친구가 찾아와 탈옥을 권유한다. 잘못된 국법이니 지킬 필요가 없으며 어린 자식들을 위해서 외국으로 도피하라고 충고한다. 그러자 소크라테스는 말한다.

"국법은 우리에게 이렇게 말할 걸세. '우리는 너를 태어나게 했고, 길렀고, 가르쳤고, 또 너나 다른 모든 국민에게 우리가 줄 수 있는 좋은 것을 모두 나눠주었을 뿐 아니라, 아테네 사람이면 누구나 성인이 되어 우리의 관습과 법률이 마음에 들지 않으면 모든 소유물을 가지고 어디든 가고 싶은 곳으로 가도 좋다는 것을 이미 허가함으로써 공고하고 있다'고 말이야."

소크라테스는 나라의 법으로 인해 결혼을 해 가족을 이루고 자녀를 교육시키는 일이 가능해서 자신이 태어나 성장할 수 있었는데 어떻게 법을 어길 수 있느냐면서 탈옥 제의를 일축한다. 소크라테스의 준법 요구에는 한 가지 전제가 있다. 즉, 그것은 '자유의 대가'라는 것이다. 법이 개인의 자유와 생명을 보장해주었기 때문에 그 법을 지켜야 한다는 것이다. 덧붙여서 법은 우리에게 덮어놓고 따르라고 난폭하게 요구하는 것이 아니라 선택의 여지를 줘 그것을 행하도록 설득하였기 때문에 그 법에 따르는 것이 존귀하고 신성하며 가치 있는 일이라고 설명하고 있다.

"그럼 박 여사는 죽을 때까지 노름판에서 굴러다니다 죽을 거요? 하나 있다는 딸을 생각해서라도 열심히 살아야 할 것 아니에요."

'가족을 생각하라'거나, '당신은 귀한 사람인데 이런 사소한 일탈로 감방까지 가는 것은 너무 억울한 일 아닌가', '지금 참고 견디면 내일이 밝을 것이다' 같은 말들은 우리가 피의자들을 설득할 때 흔히 써먹는 표현들이다. 한때 그렇게 설득하는 것이 예의이자 친절한 방식이라고 생각했다. 그때만 해도 나는 선량했고, 계몽주의자였으며, 합리와 논리를 굳게 믿고 있었기 때문이다. 하지만 그런 말들을 내뱉을 수 있는 것은 극한 상황을 겪어보지 않고 늘 여유롭게 살아왔기 때문일지도 모른다. 모던보이의 낙관은 풍요에서 나오는 것이다. 그래서 모던보이는 미래를 위해 지금을 견디라는 말이 너무 어렵게 느껴지는 사람들도 있다는 것을 알지 못한다. 현실을 잊고 싶어 하게 하는 원인이 바로 그 현실과 현실의 연장에 불과한 미래라는 사실을 그때는 알지 못했다. 그래서 과연 도박이 이들의 현실을 망친 것인지, 아니면 폭력적인, 혹은 경쟁적인 사회 구조로부터 어쩔 수 없이 밀려난 결과가 도박장인 것인지 생각할 경륜을 가지지 못했다.

"그럼 지금 도박장에 안 가고 참으면 내 인생이 달라집니까?"

글쎄, 달라질 수도 있고 그렇지 않을 수도 있다. 어쨌든 지금 생각해보면 미래 운운하는 것은 식상하다. 지금의 나와 미래의 내가 같은 것이라고 할 수 있을까? 동일한 것이라기보다는 유사한 것일지도 모른다. 철학자 데릭 파피트Derek Parfit는 "사람들은 현재의 자신과 미래의 자신을 다른 인간으로 받아들일 수 있고, 그 둘의 관계는 타인 관계와 같다"라고 말한 바 있다. 그래서 미래의 자신을 위해 현재를 참고 견디라는 조언은 무척 비논리적이다. 사실 산도박에 온 아주머니들은 일확천금을 노린 것이 아니었다. 그들은 그냥 자신을, 현실을 조금씩 파괴하면서 카타르시스를 느끼는 것에 불과했다.

내가 이런저런 생각에 잠겨 있는 동안 박 여사와 최 계장은 계속 신랄한 조롱과 반박을 이어갔고 분위기는 금세 험악해졌다. 둘 다 매우 심오한 주제를 다루고 있었는데 왜 그리 감정적이 되어버렸을까? 우리들이 가장 못하는 것 중 하나는 토론이다. 상대의 이야기나 입장에 대해서 생각하는 것을 거북스러워한다. 그래서 늘 윤리적인 억측으로 상대의 입장을 묵살하곤 한다. 이때 논박은 상대를 이해시키고 상대의 입장을 이해하는 과정이 아니라 자신과 반대되는 생각을 가진 사람들을 미워하는 데 정당성을 부여해주는 절차에 불과하게 된다. 나와 같은 선호, 기호가 아니면 모두 구태이고 부정인 것이다. 그래서 우리나라에서 모든 논쟁은 결국 '어디 한번 해보자는 것이냐'로 끝나는 것이다. 그래도 상관없다. 아무도 토론하는 사람이 정작 하고자 하는 말은 기억하지 못한다.

박 여사는 어차피 이판사판인 것 같았다. 계장은 계장대로 뉘우치는 기색 없이 맞받아치는 박 여사가 괘씸한 것 같았다. 박 여사는 술술 터져 나오는 자신의 말에 취하기도 했고, 그동안의 한을 다 풀고 싶기도 했나 보다. 박 여사가 악에 받친 것은 분명해 보였으나, 그렇다고 그 역정을 다 들어주기도 어려웠다. 계장은 예상치 못한 박 여사의 강력한 반격에 당혹스러울 뿐 아니라 자존심마저 상한 것 같았다.

아무래도 모두에게 퇴로가 필요해 보였다. 날카롭게 날이 선 두 사람을 진성시키려면 시간이 필요했다. 잠시 쉬자고 한 후 실무관을 시켜 박 여사의 딸에게 연락을 해보라고 했다. 가족을 보면 적어도 될 대로 되라는 심정에서는 벗어날 것 같았다.

잠시 쉬고 있으니 꼬박 이틀 동안 잠을 자지 못했다는 생각과 함께 피로가 몰려왔다. 의자를 돌려 머리를 기대니 마치 고등어자반 뒤집어지듯 온 정신이 빙글 돌아가는 것 같았다. 밤바람에 아카시아 꽃 냄새가 실려오고 있었다.

깜박 잠이 들었을까. 어느새 딸이 찾아왔다. 작고 통통했다. 함부로 묶은 머리에서는 맵게 탄 고기와 젖은 수세미 냄새가 비리게 풍겼다. 근처 전문대를 다니는데 밤마다 고깃집에서 아르바이트를 하고 있다고 했다. 급히 대타를 구하기 어려워 늦게 왔다고 말하면서 인사부터 꾸벅한다. 노름에 빠진 엄마 때문에 중학교 때부터 천둥벌거숭이 신세였다는 딸은, 그래도 칠칠하게 잘 자란 것 같았다. 하지만 초저녁 구들이 따뜻해야 새벽 구들도 따뜻한 법이다. 어려서부터 가난과 고된 노동에 지쳐서인지 딸의 현재는 몹시 무거워 보였다. 무엇보다 스스로를 재촉하는 시간 속에서만 살아와서인지 그 나이 때 다른 아이들이 가질 법한 가벼운 치장의 흔적이 없어 보여 안쓰러웠다.

지치고 땀에 흠뻑 젖은 딸은 놀람과 걱정에 찬 눈으로 두리번거린다. 그 모습을 보아서일까, 박 여사는 왈칵 눈물을 흘린다. 하긴 누구도 얼룩덜룩 가난이 묻어 있는 어린 딸의 모습을, 그것도 검찰청에서, 보고 싶지는 않을 것이다. 딸은 낯익은 울음소리를 듣고서야 박 여사를 발견했다. 어느새 모두들 숨죽인 채 지켜보고 있었다. 딸의 모습이 너무 초라해서 마음이 아리기도 했거니와 그런 딸을 바라보는 죄 많은 어미의 심정이 느껴지는 것 같았기 때문이다. 딸은 성큼성큼 다가가 앉아 울고 있는 엄마를 가만히 안아준다.

그 순간에 대한 기억은, 지금도 떠오르기는 하나 물속에서 뜬 눈으로 바라본 것처럼 몽롱하기만 하다. 모든 소란한 것들이 멈췄고 시간도 무거운 중력의 영향을 받아 느려지는 것 같았다. 그래서 그 순간 모든 것이 멈췄다. 지금까지 검사실을 가득 채웠던 앙칼지

고 필사적이던 서슬은 봄 소나기에 눈 녹듯 사라졌고 텁텁한 공기
도 마치 진공 속으로 빨려나간 것 같았다.

지금까지 두 사람이 벌였던 치열한 말싸움이 마치 지난 가을
밤에 들었던 풀벌레 소리같이 멀게 느껴졌다. 딸의 품에서 박 여사
의 흐느낌이 점점 커졌다. 가쁜 숨을 몰아쉬며 통곡을 하는데 그동
안 참아왔던 억울함과 한탄, 지난 세월과 딸에 대한 미안함이 한꺼
번에 벼락 치듯 쏟아지는 것 같았다. 꺼이꺼이 우는 엄마를 가슴에
품은 딸은 "괴않다, 괴않다, 울지 마라"라고 기도하듯 읊조린다. 엄
마는 딸에게 차마 집에 들어갈 면목이 없었다고, 내가 죽일 년이라
고 용서를 구하고 있었다.

아이도 울고, 엄마도 울고, 실무관도 울고 있었다. 사람은 공감
을 하기 때문에 사람인가 보다. 엄마이기 때문에 엄마라는 무게를
감당하지 못한 아픔을 느낄 수 있는 거다. 나는 땀내와 탄내 그리
고 어미의 통곡 속에 서 있는 딸아이가 마치 세상을 구원하러 온 구
세주처럼 무거워 보였다. 아이는 어미의 죄를 보속하러 온 것이다.
파드득 홰를 치듯 죽어가는 형광등과 소리 없는 눈물과 어깨가 들
먹거려지는 통곡 속에서 어쩐지 나는 평생을 살아도 세상의 절반도
알지 못할 것 같다는 생각이 들었다.

뉴욕 한복판에 있는 메트로폴리탄 미술관에 가보면 수많은 명
작들 속에서 갑자기 오노레 도미에Honoré Daumier의 〈삼등열차〉라는
작품이 불쑥 튀어나온다. 때로는 남루하고 낡은 세상의 침묵이 가
장 무거울 때가 있다.

울음이 그친 엄마와 한참 소곤소곤 이야기를 나누던 아이는 엄

마를 잘 부탁한다며 나에게 연신 꾸벅꾸벅 인사를 하고 돌아갔다. 원래대로라면 박 여사는 박카스 역할을 했기 때문에 도박개장죄의 공범으로 기소한다. 도박개장죄는 도박장을 만들었다는 죄로 도박죄보다 열 배쯤 무거운 죄이다. 하지만 나는 박 여사를 도박개장죄가 아니라 도박방조죄로 기소했다. 지청장이 날 부르더니 왜 도박방조냐고 물었다. 집에도 못 가보고 구속되었다고 하자 아무 말도 않고 결재 도장을 찍어주었다. 항소심에서 눈치 있고 경험 있는 판사라면 적당히 벌금형을 선고하고 풀어줄 것 같았다. 물론 풀려나면 또 산으로 갈 수도 있다. 하지만 나 때문에 딸아이의 힘든 무게를 나눠 질 수 없게 만들고 싶지 않았다. 그리고 산도박의 엑스트라에 불과한 박 여사 하나 교도소에 가둬놓는다고 세상이 달라지지도 않는다. 딸도 용서한 엄마인데 내가 뭐라고 죗값을 묻겠는가.

가끔 누군가 법이 무엇이냐고 꾸짖듯이 물어보면 박 여사와 그 딸아이가 생각난다. 그렇다고 내가 '법이란 무엇인가'라는 거창한 화두를 가지게 된 것은 아니다. 그저 검사란 사람 공부하기 좋은 자리이구나라는 생각 정도를 하게 되었다. 검사실은, 학구적인 분위기도 없고 과거에만 천착하지만, 법이 우리 사회와 사람들에게 어떤 영향을 미치는지를 비교적 소상히 알 수 있는 자리이다. 뭐랄까, 거창하게 표현하자면 사회 현실과 요청에 기초한 법철학을 시작할 수 있는 천혜의 조건이라고 할 수 있다. 현실과 이상, 법의 지배와 실제적인 정의, 법적 안정성과 현실적인 법 감정 사이의 대립과 긴장을 직접 마주하고, 우리 사회의 현실적인 요구들과 그것들이 어떻게 법으로 반영되는지, 또 어떻게 왜곡되며 법 실무가들에 의해 어떻게 적용되는지를 경험할 수 있다. 입법 절차에서 표출된 국민들의 요구와 감정, 정상배들의 불온하고 무책임한 책동들, 그 사이에서 절차적 정당성과 중용을 지키려는 노력들, 그리고 그 모든 것들이 점철되어 기형적으로 변해버린 형식적인 법률들, 그것들을 가장 잘 볼 수 있는 곳이다.

사람은 나무와 달라서 토양이 좋다고 늘 좋은 결과를 내는 것은 아니다. 나를 보더라도 그렇다. 그 감사한 조건에도 불구하고, 박 여사가 던져주었던 질문에 대해 나는 아직도 해답을 찾지 못하고 있다. 욕구와 충동 속에서 사람은 선택을 할 수 있다. 우리의 존재는 선택이 결정짓는다. 결국 선택이 자아를 만드는 것이다. 가까스로 얼기설기 세운 답은 이 정도이다. 사실 해답을 찾더라도 대답을 해줄 수는 없을 것이다.

'법이 무엇이냐'는 질문은 '인간'에 대한 질문과 같다고 한다. 법뿐 아니라 모든 인문학이 그럴 것이다. '존재란 무엇인가' 하는 질문은 존재 그 자체가 아니라 그와 관련된 모든 것에 대한 질문이라는 말이 떠올랐다. 아마 박 여사의 딸처럼 열심히 살다가 남루해지고 낡아가는 것이 정답에 가장 가까운 것 같다. 하지만 내 아이가 커가고, 나이를 먹어가면서 그 답으로부터 멀어져가는 나를 매일 밤마다 목격한다. 그래도 이제는 실망하지 않는다. 한편으론 아빠가 되어가는 것이다.

평소처럼 밤늦게 야근을 하고 있는데 차장검사로부터 전화가 걸려왔다. 차장검사가 법원 판사들과 회식을 한 모양인데, 2차로 간 술집에서 흥이 과했던지 법원 수석부장판사와 내기를 한 것이었다. 그 자리에서 각자의 부하직원들을 호출해 어느 쪽이 더 많이 나오는지를 내기한 것이다. 부르기만 하면 마냥 달려오는 것을 바랄 거면 개를 기르면 된다. 그것도 아키타나 진돗개, 허스키처럼 충성심 강한 개를 기르면 되는데 왜 그런 짓으로 귀한 시간을 소비하는지 지금도 이해가 안 된다. 아무튼 차장검사는 나더러 검사들에게 연락해 나오도록 하라고 했다. 그래서 나는 각 부의 총무검사들에게 전화를 걸어 차장의 지시를 그대로 전달한 뒤 나는 계속 사무실에 남아 일을 했다. 차장이 나에게 나오라고 말한 것은 아니었고, 또 차장은 잘 몰랐겠지만 검사는 개가 아니다.

3

검사의
사생활

나는 조직에 맞지 않는 타입이다. 그렇다고 '중2병'마냥 터프가 이나 아웃사이더처럼 구는 것은 아니고 그냥 무관심하고 무신경한 성격일 뿐이다. 나름 성실하지만 일만 하는 것을 불신하고 늘 게으른 것을 동경한다. 특별히 좋아하는 것은 없지만 싫어하는 것은 명확하다. 나는 떼로 하는 것은 거의 다 싫어한다. 밥도 혼자 구내식당에서 얼른 먹는 것이 좋다. 술도 혼자 마시는 게 편하다. 산은 좋아하지만 회사 사람들과 같이 가는 것은 싫다. 산에서 늘 듣는 '상선약수上善若水' 이야기는 추석 때마다 보는 〈아이언 맨〉 영화보다 식상하다. 물과 같은 심성이라면 부하직원들 거느리고 거들먹거리며 등산 다닐 리 없다. 단체 야유회 같은 것도 딱 질색이다. 야유회 단골 레퍼토리인, 초임 검사들이 장기자랑이랍시고 어색한 율동을 하다가 양팔을 위로 올려 하트를 만들며 "검사장님 사랑합니다"라고 끝맺는 것을 보면 가끔 그 팔에 기무라나 암바를 걸고 싶다.

　법法은 물이 가는 것처럼 순리적이어야 한다는 허무맹랑한 말로 끝을 맺는 명사들의 특강을 듣는 것은 더욱 고역이다. 그럴 때마다 '울프-비더만' 혜성이라도 떨어졌으면 좋겠다는 생각이 든다. 말이 나온 김에 덧붙이자면, 법이란 말의 어원은 물이 가는 것이라는 뜻과 전혀 관련이 없다.

원래 법이란 더러운 것을 싫어하는 상상 속의 동물인 '해태[獬]'가 죄 지은 사람 쪽으로 '가서[去]' 그 사람을 물어 죽인다는 뜻이다. 성질이 더러워서 인지 해태는 그 글자가 너무 복잡했기 때문에 결국 물 수 변으로 줄인 것이다. 물이 아니라 해태가 가는 것처럼 우연적이고 응보적이며 냉정한 것이 법이라는 뜻이다. 그걸 두고 '물이 가는 것처럼 순리대로 따르라는 것이 법'이라고 해석하는 것은, 신림사거리를 줄인 '신사리'를 두고 신사가 많은 곳이라고 설명하는 것과 같다.

성격이 이렇다 보니 냉소적이라는 평가를 받지만 그렇지는 않다. 나는 밝은 편이다. 다만 제대로 가르치려는 것일 뿐이라는 미명하에 간부들이 던지는 변덕스러운 질책과 무지몽매한 결론에 불편함을 내비칠 뿐이다. 그러다 보니 사고도 많이 쳤다. 처음 발령받은 검찰청에서 내 별명은 '당청꼴찌'였다. 우리 청에서 꼴찌라는 뜻이다. 그래도 친구들로부터 전해 듣는 우리나라 대기업의 의전이나 군기를 생각하면 당청꼴찌든 뭐든 다행이라는 생각이 든다. 창의력과 합리성으로 세계무대에서 경쟁하고 있다는 기업들이 오너와 그 자식들에게 보이는 의전과 신종선서의 수준은 단연 독보적이다. 어떤 신문사 사주는 폭우가 쏟아지더라도 자기는 단 한

방울도 맞으면 안 된다고 하더라. 〈오즈의 마법사〉에 나오는 서쪽 마녀인가 보다. 도로시가 물 한 동이로 죽여버린 줄 알았는데…. 그런 회사에서 나같이 행동했다면 아마 진즉에 창고 한쪽에서 면벽수도를 해야 했을 거다.

일반인의 막연한 선입견과 달리 그 당시 검찰의 문화는 유연했다. 의견대립이 있어도 평검사의 의견을 함부로 배척하지 못했고, 검사들도 자신들의 명예와 기개를 위해 직을 걸곤 했다. 간부들도 갑질보다는 태산과 같은 의연함으로 존경을 받았다. 아무튼 그런 면모가 있었기 때문에 그때 나 같은 놈도 검찰에 빌붙어 있을 수 있었다. 사실 비딱한 소리를 하더라도 회사에 대한 애정이 느껴지면 경청해주고 또 기회를 주곤 했다. 다른 소리를 내는 걸 싫어하는 것이 아니라 대의를 내세우면서 실상은 자신을 내세우는 것을 용납하지 않았다. 그것이 검찰이라는 강력한 공권력을 가진 조직에게는 불가피한 덕목일지도 모른다. 지금도 그때처럼 유연한지 혹은 의연한지는 잘 모르겠다. 언제부터인가 나는 그런 소리를 못하게 되었다.

대기원근법이라는 회화 기법이 있다. 대기에는 습기와 먼지 같은 것들의 영향으로 겹겹의 막이 있는데, 거리가 멀어질수록 이 막들의 색채가 우세해져 사물의 윤곽이 흐릿해진다. 대기원근법은 이 원리를 이용해 원근감을 나타내는 기법이다. 결국 거리가 멀어질수록 사물 고유의 색보다 대기의 색에 가까워진다는 얘기인데, 그래서 멀리 있는 산은 바로 앞에 있는 산에 비해 대기의 색깔에 가깝다. 공간에만 대기원근법이 적용되는 것은 아니다. 시간에도 대기원근법이 존재한다. 시간이 쌓이면 자신의 색깔은 사라지고 점차 주변의 색깔에 묻힌다. 그렇게 주변과 비슷해지면 생존에는 유리하다.

예전에는 조직 내 회식 자리 같은 데서 쓸데없는 말을 덧붙여서 분노의 도가니를 만든 적이 많았는데 이제는 그렇지 않다. 그럼에도 가끔 후배들을 보면 나도 저런 때가 있었는데 지금은 많이 타락하고 욕심이 많아졌구나 싶어 부끄러울 때가 있다. 아직 송곳 같은 예리함과 정직함을 잃지 않은 후배들을 보면서 '내가 잘돼야 저 새끼들 챙길 텐데'라는 턱도 없는 변명을 하기도 한다. 그렇게 나는 대기원근법을 받아들였나 보다.

당청꼴찌 '또라이' 검사의
어느 오후

　어느 봄날의 검사회의였다. 당시 검사장은 고소인 권한을 강화시켜야 한다는 내용의 거창한 프로젝트를 진행하고 있었다. 고소인의 주장에 귀 기울여주고 고소인이 납득할 때까지 수사를 계속하라는 취지였다. 검찰의 고위 간부들은 늘 이 주제에 혹하곤 하는데, 그건 형사부 근무를 거의 하지 않았기 때문이다. 아무튼 그날 검사회의 주제는 '고소인 보호 사례 발표'였다. 먼저 모두발언으로 검사장이 어느 고소인의 억울하고 가슴 아픈 사연을 매우 열정적으로 소개했다. 눈물 없인 들을 수 없는 딱한 고소인의 사정이었다. 숙연히 발표를 마치고는 상의까지 벗고 기탄없이 의견을 발표하라고 했다. 사실 보스가 회의 전에 모두발언을 하는 것은 매우 비겁한 짓이다.

마치 중국집에 가서 "나는 짬뽕으로 할 테니 각자 먹고 싶은 대로 시켜"라고 말하는 꼴이다.

아니나 다를까, 검사장의 기호에 맞춰 하나둘씩 발언을 하는데 기탄 있는 것이 역력했다. 시나리오대로 미리 준비했던 발언자들이 나서기 시작했다. 당시 성공 사례라고 발표한 것이 '고소인에게는 무혐의 처분할 수밖에 없다고 말하고 피고소인에게는 구속할 수도 있다고 위협하여 양측을 합의시켰다'는 내용이었다. 꽤 재미있게 이야기해서 모두들 웃으면서 박수를 쳤다. 하지만 나는 그때나 지금이나 우리나라가 고소 때문에 망할 수도 있다고 생각한다. 18세 유관순도 목숨을 바쳐 지킨 나라인데 고소 따위에 무너질 수는 없는 것이 아닌가.

사실 고소라는 것은 법적으로 보면 단순히 수사의 단서 중 하나일 뿐이다. 거칠게 말하면 투서나 풍문과 같은 것이다. 만약 투서만으로 대상자를 수사한다면 얼마나 당혹스럽겠는가. 투서와 고소는 한 끗 차이지만 그 대접은 천양지차이다. 고소당하면 누구나 당연히 조사를 받아야 한다고 생각한다. 더구나 고소당한 사람을 끈질지게 수사하는 것이 수사기관의 미덕인 양 여겨지고 있다. 그로 인해 고소당한 사람들은 단순한 불편을 겪는 정도가 아니라 헌법에서 보장하고 있는 자신의 기본권을 침해받는다. 일단 고소만 되면 사건의 경중이나 증거 유무와 상관없이 정식 형사 사건으로 입건된다.(입건은 사건이 성립됐다는 뜻으로, 수사가 개시되고 사건번호가 부여된다.) 정식 사건으로 입건되면 그 사람의 전과기록 등이 밝혀진다. 그리고 수사기관에 출석해야 한다. 출석하지 않으면 수배되기 쉽다. 단지

고소당했다는 사실만으로 프라이버시권과 신체의 자유가 침해된다. 조사 과정에서는 각종 서류나 통신 내용을 제출하라고 강요받는다. 또다시 사생활의 자유가 침해된다. 임의로 제출하지 않으면 압수수색영장을 받아 강제로 뺏기도 한다. 수사의 단서에 불과한 고소 때문에 헌법상의 기본권이 침해되는 것이다.

게다가 우리나라의 법은 이미 고소인의 권한을 엄청나게 보호하고 있기 때문에 검사장과 검사들이 나서서 더 보호할 것도 없다. 고소 사건은 원칙적으로 3개월 안에 해결되어야 하고, 처분 결과도 통보받을 수 있다. 수사 결과에 불복할 수 있는 방법도 항고, 재항고, 재정신청, 헌법소원 등으로 우리나라의 어떤 권리보다 많다.(관할 고등검찰청에 재수사를 요구하는 것을 '항고', 이것이 받아들여지지 않을 경우 대검찰청에 다시 요구하는 것을 '재항고', 항고가 기각된 후 검사의 불기소 처분에 불복해 법원에 기소 여부를 가려달라고 신청하는 것을 '재정신청'이라고 한다.) 헌법에서 보장하고 있는 '재판받을 권리'도 세 번으로 한정되어 있는데 고소는 그 이상으로 보장받는 것이다. 낙타에게 천막 빼앗긴 꼴이다. 그러다 보니 누구든지 고소를 먼저 하는 사람이 승기를 잡게 된다. 마치 서부의 총잡이처럼 먼저 총을 꺼내 든 자가 승리하는 무법천지가 된 것이다.

고소 사건 중 상당수가 사기 사건인데 그 내용을 들춰보면 단순 채무불이행인 경우가 많다. 돈을 빌려주고 못 받았으니 나라가 받아달라는 것이다. 하지만 돈을 빌리는 사람은 애초에 돈이 없었다. 돈이 없으니 딴 사람에게 빌리는 것이다. 높은 이자를 주고 빌리는 것은 제대로 된 은행에서 돈을 빌릴 능력이 없다는 뜻이고, 갚을 능력도 없다는 뜻이다. 따라서 높은 이자로 돈을 빌려줄 때는 돈을 떼일 위험도 감수해야 한다. 그럼에도 쉽게 돈을 빌려주고 그 돈을 받지 못했다고 처벌을 요구하는 것은 무책임한 것이다. 범은 무섭고 범 가죽은 탐나는 식이면 곤란하다. 물론 갚겠다는 약속을 어긴 것은 맞다. 그러나 약속을 지키지 않은 것을 다 사기로 친다면 남산 타워에 걸린 저 많은 사랑의 자물쇠들은 다 사기의 징표들이다.

역사적으로 볼 때 검찰은 수사 혹은 정의라는 이름으로 자행되는 국가의 완력으로부터 국민들을 지키라는 명목에서 만들어진 것이다. 그럼에도 단순한 고소·고발만으로도 국민을 마치 죄인 취급하면서 잡도리하는 것에는, 고소인의 권한을 강화하여 검찰과 수사기관의 힘을 키우겠다는 음모가 숨겨져 있다.

이렇게 길게 고소에 대해 이야기한 까닭은 당시 검사회의에서 내가 했던 발언에 대해 이해를 구해야 할 것 같아서이다. 그때 나는 대략 이런 식으로 말했다. '어떻게 고소를 헌법상 기본권보다 더 중요하게 보호할 수 있느냐. 그것은 헌법과 형사소송법의 원리에 위배된다.' 고소인들의 어려움이나 억울함을 도외시하겠다는 것이 아니라, 국민의 권력을 다시 국민에게 돌려줘야 한다는 취지였다. 하지만 역사책을 보면서 늘 느끼는 건데, 바른말을 하는 자는 대개 죽는다. 충언은 몸에 해롭다. 왕의 몸이 아니라 충신의 몸에.

내 발언이 끝나자 검사장의 기세에 눌려 잠자코 있었던 다른 선배들도 봇물 터지듯 반대 의견을 발표하기 시작했다. 결국 완벽하게 준비되었던 검사회의는 난장판이 되어버렸다. 검사장은 얼마나 화가 났던지 검사들이 일하기 싫어한다고 결론을 내린 후 회의장을 박차고 나가버렸다. 그 후 우리 부장은 주동자로 찍힌 나를 불러 되도록 검사장 눈에 띄지 말라고 했고, 검사회의에도 참석하지 말라고 했다. 우리 동기 검사들은 공식적으로 검사회의 면제권을 획득한 나를 무척 부러워했고, 선배들은 '또라이'라며 좋아해주기 시작했다.

물론 당시 나는 앞으로 절대 주제넘게 나서지 않겠다고 굳게 마음을 먹었다. 세게 덴 놈은 회도 불어서 먹는 법이다. 그래서 몇 달간은 아주 잠잠했다. 하지만 누구나 공감하겠지만 사람은 쉽게 까먹는다. 드라마를 보라. 주인공들은 모두 기억상실증을 겪지 않는가! 이리 흔한 증상인데도 우리나라에 기억상실 보장 보험이 없다는 것이 신기할 따름이다.

아무튼, 애국가 3절에 나올 법한 공활한 가을 하늘이었다. 그 파란 하늘 아래 체육행사를 맞이한 우리 회사 사람들은 여러 대의 버스에 나눠 타고 100여 킬로미터 정도 달려 검사장의 고향으로 갔다. 가보니 동춘 서커스단에서나 봤던 거대 천막이 주차장 한편을 차지하고 있었고, 그 안은 그곳 주민들로 가득 채워져 있었다. 약간 빈정대는 생각이 들긴 했지만, 그때 난 정말 식탁 위에 차려진 잡채와 간재미 회무침을 보면서 저걸로 하얀 플라스틱 대접에 담긴 밥이나 먹고 조용히 천막을 빠져나가리라 마음먹고 있었다. 그런 다음 미리 봐두었던 강가에 세워진 경치 좋은 정자에서 당시 얼리어답터들이나 가지고 있던 MP3로 음악이나 들으려 했다. 〈아름답고 푸른 도나우 강〉이나 〈도나우 강의 잔물결〉을 듣겠다고 구체적으로 선곡까지 해두었으니 결코 사고 칠 생각은 아니었음이 명백하다.

그런데 밥을 먹기 전에 각 부별로 폭탄사가 시작되면서 나의 계획은 어긋나버렸다. 몇몇의 과도한 폭탄사가 문제였다. "유장하게 흐르는 강 물결을 보니 비로소 검사장님의 인품이 어디에서 왔는지 알 수 있습니다." 그럼, 산골 오지에서 계곡만 보고 자란 사람은 밴댕이 꼰대라는 말인가. 검사장의 고향 주민들 앞에서 폭탄사는 도를 넘기 시작했고 점차 출정식 분위기까지 띠기 시작했다. 여차하면 지하철 유치 공약이라도 나올 기세였다.

양념과 아부는 비슷하다. 재료가 좋으면 별로 필요 없다. 원물의 질이 떨어지니 양념으로 미각을 속이는 것이다. 게다가 양념과 아부는 한번 넣기 시작하면 점점 더 많이 들어간다. 물론 폭탄사에 들어가는 아부는 별로 해롭지 않다. 그게 거짓이라는 것은 누구나 다 알고 있기 때문이다. 그건 마치 프로선수가 "제 기록보다는 팀 성적이 우선입니다"라고 말하거나, 연예인이 "악플도 관심이라고 생각합니다"라고 말하는 것과 같다. 마음에 없는 소리지만 서로 알고 속아주는 것이다. 설마 정치인이 "사랑하는 국민 여러분"이라고 말한다고 사랑 고백 받았다고 설레는 사람이 있겠는가.

당시 기름을 부은 것은 우리 부장이었다. 우리 부장은 바둑 프로기사 뺨칠 정도의 대단한 실력자였는데 순해 보이는 인상과 달리 강단이 보통이 아니었다. 이따금 검사장들이 부장에게 대국을 청할 때가 있었는데 그럴 때는 아득바득 전면전을 벌여 대마란 대마는 모조리 죽여버렸다. 목격자의 말에 따르면 반상위의 흑돌은 싹이 보이지 않을 정도로 멸종시킨다는데 굳이 계가를 하면 100집도 더 나올 거라고 했다. 초등학생 개싸움에 스플래시 보디슬램을 날리는 꼴이다. 왜 그리 잔인한 짓을 하느냐고 묻자, 부장은 그리 만방으로 조져놔야 다음부터 바둑 두자며 부르지 않는다고 말하곤 했는데 어린 내 눈에는 아우라가 화산처럼 폭발하는 것 같았다.

그런 부장이니 남한강 강물처럼 넘치는 '아부사'를 보고 혹 익사 사고라도 발생할까 걱정했나 보다. 갑자기 나보고 우리 부 폭탄사를 하라고 했다. 솔직히 그건 교사범이다. 철없는 애에게 칼 쥐어주고 작업하라고 시킨 거나 다름없다. 뭔 말을 하느냐고 묻자, 그냥 생각나는 '그대로' 말하라고 했다. '그거야 어렵지 않지.'

내 차례가 되었다. 처음에는 나답지 않게 "이렇게 화창한 날씨에 업무에서 벗어나 야유회를 가지니 참 좋습니다"라며 순조롭게 출발했다. 예의 바르게 "음식 준비해주셔서 고맙습니다"라는 말도 빠트리지 않았다. 거기까지는 좋았다. 그리고 끝냈어야 했다. 그런데 그만 그놈의 성질머리가 사족을 붙이고 말았다.

"다만, 기왕 이런 행사를 할 거면 우리 관할 지역에서 개최해 갈비탕 한 그릇이라도 팔아줬으면 불황에 시달리는 지역 주민들이 좋아했을 것 같은데 그게 좀 아쉽습니다."

사실 못할 말도 아니고, 그리 화를 낼 만한 말도 아니다. 그러나 말은 받아들이는 사람의 본심에 따라 본질이 달라진다. 원빈에게 '왜 그렇게 생겼느냐'고 하면 유쾌한 농담이지만, 나같이 맹탕으로 생긴 사람에게 말하면 무례가 될 수도 있는 거다. 그때 내가 깨달은 것은 할 말인지 안 할 말인지는 나보다 주변에서 더 귀신같이 알아챈다는 사실이었다. 내가 그런 유치한 객기에 사로잡힌 사족을 던질 때 그 텐트 안에는 소란한 수백 명이 있었다. 내 말이 끝나자마자, 사회자가 그리 노력했으나 절대 이룰 수 없었던, 정숙이 불현듯 찾아왔다. 모두 마음속으로는 같은 생각이었던 것이다. 잠시 냉기와 정적이 온 텐트를 감쌌고, 이어 검사장의 폭발이 뒤따랐다. 마치 초사이언으로 변신하는 것 같았고 콜라병에 멘토스를 들이부은 것 같았다. 벌써 20년이 되어가지만 난 그때 검사장이 외쳤던 말을 기억한다. "이래서 검사들은 안 돼. 여기는 대한민국 아니야?"

선배들이 나에게 얼른 나가라고 했고, 나는 간재미 회무침에 밥도 못 먹고 쫓겨났다. 서커스 난장을 벗어나는데 마치 모세의 기적처럼 길이 열리더라. 사람들의 눈빛만으로 나는 그들의 생각을 다 읽을 수 있었다. '모지리', '부적응자', 대강 그런 단어들이 생생하게 들렸으니 참으로 놀라운 경험이었다.

깨진 똥딴지 신세가 된 그 상황에서도 나는 신문물인 MP3를 챙겨 나왔다. 정자에 앉아 무심한 강물을 내려다보니 후회가 출렁출렁 몰려왔다. 굳이 할 필요 없는 말이었다. 연극 무대 위에서는 살인이 일어나도 누구 하나 제지하지 않는다. 모두 연극이라는 것을 알고 있으니까. 그런데 나는 분별없이 무대에 난입한 것이다. 그게 연극이라는 것을 모르는 사람은 나와 검사장뿐이었던 것이다.

유유히 흐르는 강물을 보면서 아까 분명 이 강처럼 넓고 푸근한 인품이라고 그리 찬양받은 검사장이 그 정도는 이해해줄 수도 있으리라 스스로 위안했다. 그러나 선배들이 술을 못 마시는 나를 위해 특별히 오란씨를 건네주며 "또라이, 괜찮다. 네가 검사 생활 더 오래 한다"라고 위로해주는 걸 보니 그럴 것 같지는 않았다. 그렇게 내 초임 검사 시절은 지나갔다. 그렇게 격노했던 검사장은 더 높이 승진하였고, 나중에 송곳같이 기개가 살아 있는 놈이라고 나를 칭

당청꼴찌 '또라이' 검사의 어느 오후

찬해주었다고 했다.

　그 뒤로도 나는 늘 그 모양이었다. 높은 사람들 앞에서 폭탄사 할 때 "검찰에 쓰나미가 몰려올 것 같은데 이렇게 한가로이 술이나 마시고 있어 걱정입니다"라고 말해서 다른 선배들을 기함하게 만들 기도 했고, 검사장이 등산을 가자고 할 때 떼로 산에 가는 거 싫어 한다며 거절하기도 했다. 그래도 검사로서 생활하는 데 별 탈은 없 었다.

차장은 잘 몰랐겠지만
검사는 개가 아니라서

　내 이름은 3년 치 막걸리 값이다. 군청 공무원이었던 아버지는 그 박봉으로는 약값도 델 수 없었기 때문에 공직을 그만두고 비가 내리면 하루에 두 번 오는 버스도 끊기는 바닷가 오지로 들어가 도갓집을 열었다. 막걸리를 만드는 일이었다. 마침 새마을운동이 벌어지면서 약값은 물론 얼마 지나지 않아 대처에 집을 마련할 정도로 벌이가 좋았다. 우리 도갓집 뒤에는 공부를 하는 노인 분이 살았는데, 매일 우리 집에 들러 막걸리 반 주전자씩을 얻어가곤 했다. 그러다 내가 태어나자, 아버지를 찾아와 3년 치 술값 대신 이름을 지어주겠다고 했단다. 그때 그분이 지어준 이름이 지금 내 이름이다. 아버지는 딱히 마음에 들지는 않았지만, 그 이름이라도 받지 않으면 3년 치 술값을 날릴 판이라 덜컥 내 이름으로 삼았다.

그렇게 나는 3년 치 술값을 이름으로 달고 살기 때문에 남들보다 적은 술에도 홀딱 취한다. 조금만 마셔도 저녁놀처럼 얼굴이 타오르며 고통스러워지다가 심하면 가끔씩 혼절하기도 한다. 한번 술을 마시면 3일 정도는 복통을 앓는다. 남들은 술을 마시면 기분이 좋아진다고 하는데 나는 우울해지고 더 괴팍해진다. 이래저래 나에게 술이란 달갑잖은 존재이다.

초임 시절 날 가장 괴롭힌 것은 당청꼴찌라는 평가나 폭우처럼 쏟아지는 업무가 아니었다. 무엇보다 괴로운 것은 술과 회식이었다. '검사' 하면 연관 검색어가 '폭탄주'일 정도로 검찰은 폭탄주 문화로 유명하다. 지금은 봄날의 제비처럼 보기 힘들어졌지만 초임 시절에는 폭탄주 회식이 종갓집 제삿날처럼 많았다. 얼마나 폭탄주가 싫었던지, 회식을 피하기 위해 일부러 당직을 서기도 했다. 내가 검사에는 맞지 않는다는 것을 직관적으로 파악한 부장은 회식 때 폭탄주를 돌리다가 내 순서가 되면 왜 아직도 사표를 쓰지 않고 조직에 남아 있느냐고 짜증을 냈다. 그러고는 폭탄주는 검사만 마셔야 한다면서 나를 건너뛰고 다른 검사에게 폭탄주를 넘기기도 했다. 그래도 나는 그게 좋았다. 폭탄주를 마시지 않을 수만 있다면 부장이 날 검사 취급하지 않아도 괜찮았다. 좋아하고 존경하는 사람으로부터 그런 대접을 받았다면 슬펐겠지만 다행히 그건 아니었다.

한번은 평소처럼 밤늦게 야근을 하고 있는데 차장검사로부터 전화가 걸려왔다. 차장검사가 법원 판사들과 회식을 한 모양인데, 2차로 간 술집에서 흥이 과했던지 법원 수석부장판사와 내기를 한 것이었다. 그 자리에서 각자의 부하직원들을 호출해 어느 쪽이 더 많이 나오는지를 내기한 것이다. 부르기만 하면 마냥 달려오는 것을 바랄 거면 개를 기르면 된다. 그것도 아키타나 진돗개, 허스키처럼 충성심 강한 개를 기르면 되는데 왜 그런 짓으로 귀한 시간을 소비하는지 지금도 이해가 안 된다. 아무튼 차장검사는 나더러 검사들에게 연락해 나오도록 하라고 했다. 그래서 나는 각 부의 총무검사(부서의 식사 메뉴와 식당을 정하는 막내 검사)들에게 전화를 걸어 차장의 지시를 그대로 전달한 뒤 나는 계속 사무실에 남아 일을 했다. 차장이 나에게 나오라고 말한 것은 아니었고, 또 차장은 잘 몰랐겠지만 검사는 개가 아니다.

다음 날 난리가 났다. 아마 내기에서 졌나 보다. 그런 내기에 이긴 법원이 더 한심했다. 아침에 차장이 부장들을 불러 싫은 소리를 했다. 그러자 부장이 아침부터 바쁜 검사들을 불러 일장 훈시를 시작했다. 이것은 자존심이 걸린 문제라고 했다. 아! 나는 그때 얼마나 자존심이 장마철 반지하방 습기처럼 많기에 그런 하찮은 내기에까지 거는 건지 진심으로 감탄했다. 그리고 내가 얼마나 자존심이 부족했으면 그걸 그리 다이아몬드처럼 귀하게 여겼는지 스스로 많은 반성도 했다. 자존심이란 그런 데 쓰는 건가 보다.

차장이 더욱 화가 났던 것은 사무실에 남아 있었고, 또 자신의 전화를 받기까지 한 내가 나가지 않았다는 사실이었다. 부장은 날 보며 이것은 검찰의 단결심 문제라고 했다. 그러면서 술자리에서 차장이 부르면 달려가주는 것이 그리 어려운 일이냐고 했다. 그럴 때 달려가주는 것이 단합이고 팀스피릿이라고 했다. 그 정도로 그쳤으면 나는 그냥 넘어갔을 것이다. 원래 나는 소심하다. 그런데 부장이 갑자기 자신의 이야기에 취해서, 이순신 장군이 어찌 명량해전에서 승리를 거둘 수 있었느냐고 물었다. 그러더니 그것은 격군들이 이순신 장군의 지시를 잘 따랐기 때문이라는, 참으로 기함할 만한 소리를 했다.

일단, 그 말은 두 가지가 틀리다. 먼저 이순신 장군은 정확한 표현이 아니다. 해군이니까 이순신 제독이다. 우리가 넬슨 제독이라고 하지 넬슨 장군이라고 하지는 않지 않은가. 그리고 『난중일기』에서 그 어디를 봐도 충무공이 술을 드시다 부하장수나 격군들을 불러들이는 내기를 했다는 내용은 나오지 않는다. 격군들이 죽음을 각오하고 노를 저은 것은 충무공이 그런 짓거리는 일절 하지 않기 때문이다. 충무공 이야기만 나오지 않았다면 그냥 참았을 것이다. 그런데 부장이 그런 이야기를 하니 마치 차장이 충무공에 비견되는 것 같아 아주 기분이 나빠졌다. 그 결과 순간의 격분을 억제하지 못하고 나도 한마디 했다.

"그게 단합이면, 그럼 제가 술 마시다 차장님을 불러도 차장님이 나와주나요?"

그날 내가 처절하게 느낀 점은, 사람이 스스로에게 취해 뭔가 얼토당토않은 말을 앞뒤 분간 못하고 열정적으로 토해내고 있을 때는 절대 토를 달거나 합리적인 반박을 해서는 안 된다는 것이다. 불길이 거셀 때 함부로 물을 뿌려서는 안 되는 것과 비슷하다. 그러다 간 폭발할 수도 있다. 실제 둘째 형이 하던 작은 식당도 주방보조가 그런 실수를 했기 때문에 완전히 날아가버렸다. 소방차가 3대나 출동했지만 불과 한 시간 만에 둘째 형은 다시 거지 신세로 돌아갔다.

아무튼 그런 중요한 진리를 깨달은 아주 의미 있는 시간이었다.

그 후 부장은 두고두고 나를 '사이코'라고 지칭하면서 '지가 술 마시다가 부르면 차장도 나와야 한다고 말하는 놈'이라며 그 근거를 구체적으로 설명해주곤 했다고 한다. 현장에 있었던 내가 사심 없이 판단해보면 딱히 틀린 말은 아닌데, 묘하게 억울했다. 국정감사장에 가보면 드는 기분이 딱 그거다. 사실은 맞는데 앞뒤를 다 자르고 나니 전혀 다른 의미가 되는 것이다. 아무튼 이래저래 술과는 좋지 않은 경험이 이어졌다.

역시 초임 때였다. 조사부로 옮긴 후부터는 아주 좋았다.(형사부는 일반 형사 사건을 수사하고, 조사부는 검사장이 명하는 복잡한 고소·고발 사건을 수사한다.) 좌석배치표나 인사말씀 같은 것을 작성하지 않아도 되고, 일하다 행사장에 불려 나갈 일도 거의 없었다. 게다가 형사부에서는 흔한 각종 통계 자료나 실적 자료 제출 요구도 거의 없었다. 우리끼리 농담 삼아 형사부 검사들은 통계청 주임이라고 할 정도로 매일 작성하고 취합해서 보고해야 하는 각종 실적과 통계 자료가 엄청나다. 물론 그건 아무 데도 쓰이지 않는 것들이다. 이렇게 아무 데도 쓰이지 않는 무의미한 잡무는 전적으로 형사부 검사 몫이다. 그리고 이런 잡무는 시간이 갈수록 점점 늘어나고 커진다. 검찰도 다른 회사와 마찬가지로 한번 만들어진 불필요한 제도는 절대 없어지지 않는다.

하지만 인지부서는 그런 잡무가 적다. 아! 이래서 형사부를 탈출해야 하는구나 싶었다. 검사 일만 해도 되는 자리였다. 금상첨화라고 조사부 사건에는 악질 사기꾼들도 넘치게 많았다. 매일 출근

차장은 잘 몰랐겠지만 검사는 개가 아니라서

하는 게 즐거웠고, 일주일에 한두 명의 악질 사기꾼을 구속시키던 아주 행복한 시절이었다.

게다가 조사부는 회식이 한 달에 한 번 정도라 더욱 행복했다. 물론 회식 때는 폭탄주가 돌았지만 여기서도 나는 열외였다. 여기 부장은 내가 검사 자격이 없어서가 아니라 폭탄주를 싫어한다는 이유로 열외를 시켜주었다. 그 꼴이 눈에 거슬렸는지 우리 부 수석검사가 점심 먹고 잡담을 하다가 그 문제를 들먹거렸다. 막내에게 폭탄주 열외를 시키는 것이 말이 되느냐는 것이었다. 부장은 술이 안 받는 체질이라는데 어쩔 수 없는 것 아니냐고 반박했다. 그러자 수석검사는 "에이, 부장님, 술 받는 사람이 따로 있습니까? 다 마찬가지죠. 저희도 힘듭니다. 다만 저희는 의지로 마시는 겁니다"라고 말했다.

당시 조사부는 열린 가슴과 귀를 가진 부장 덕분에 매우 자유롭고 의사소통도 잘되는 편이었다. 리더가 그러다 보니 수석검사도 격의 없이 후배들을 대해 막내인 나의 장난을 받아줄 정도였다. 그래서 나는 수석검사의 그 말을 듣고도 웃어넘길 수 있었다. 나를 공격하려는 것이 아니라는 걸 알았기 때문이다. 다만, 그 의지가 얼마나 허약한 것인지 처절하게 깨닫는 날이 올 거라고 나지막이 위협은 했다.

당연히 술은 의지로 마시는 것이 아니다. 사실 의지로 되는 것은 거의 없다. 의지란 아주 극단적인 상황에서 예외적으로만 효력을 발휘하는 것이고, 대부분은 여러 가지 여건이 되는 사람이 다른 사람과의 차이를 이해하지 못한 채 자신의 우연한 행운을 마치 노력의 대가인 것처럼 속이기 위해 동원하는 말이다. 내가 어려서 간절하게 의지력을 외치는 말을 들은 것은 우리나라 축구 국가대표팀 경기 중계에서였다. 후반 35분이 지나면 앵커와 해설자는 절규하듯 '태극전사의 투혼과 의지'를 외쳤다. 바닥나는 체력을 의지력으로 붙잡으라는 것이었다. 그러나 그 절규에도 불구하고 체력이 고갈된 우리의 태극전사들은 하나둘 나가떨어졌다. 더러는 쥐가 나 쓰러지기도 했다. 그래서 킹스컵이나 박스컵 결승에서 수중전이라도 벌어지면 후반 막판 숙적 태국에게 역전골을 먹고 분패하기도 했다. 참고로 당시 우리의 숙적은 태국, 버마, 말레이시아 등이었다.

지금 국가대표들은 전반, 후반, 연장전을 다 뛰고도 쌩쌩하다. 한 경기에 12km씩 뛰는 선수들도 있다. 그럼 지금 선수들이 과거 선수들보다 의지력이 강한 것일까? 오래전 한일전을 할 때 대통령 이승만은 대표팀에게 '일본에게 지면 돌아오지 말고 현해탄에 빠져 죽으라'는 축원을 해주기도 했다. 그 축원을 들은 대표팀의 의지력이 지금의 기성용이나 박지성보다 낮았기 때문에 후반 35분이 넘어가면 나타나는 근육수축을 막을 수 없었던 것일까? 의지력은 사다리 위에 올라간 사람이 아래를 내려다보며 자신의 승리를 고취시키거나, 상대방을 몰아붙이며 대안 없이 비판할 때 더할 나위 없이 좋은 소재이다. 그래서 우리는 아직도 의지와 투혼의 대한민국에서 살고 있는 것이다.

복수의 날은 오래지 않아 찾아왔다. 체육행사로 등산을 가기로 했는데 나보고 등산 계획을 세우라고 했다. 이 기회가 오기를 얼마나 기다렸던가! 나는 어려서부터 워낙 병치레가 많았기 때문에 살아보겠다고 그만큼 다양한 운동을 해왔다. 수영, 웨이트 트레이닝은 말할 것도 없고, 등산도 꽤 했다. 대학 때는 양쪽 폐에 대륙횡단철도처럼 호치키스를 박는 수술을 한 적이 있는데, 그 후유증을 극복하고자 복학한 후 매일 혼자서 관악산에 올라가곤 했다. 늘 인적이 드문 국기봉 아래에 앉아 건너편 삼성산 너머로 떨어지는 해를 보며 건강이나 애인 혹은 국태민안 따위를 염려하곤 했다. 궁상맞지만, 아무튼 그래서 등산에는 자신이 있었다.

원래 등산 계획은 계양산을 유람한 후에 대강 식당으로 몰려가 소주를 곁들여 삼겹살을 구워 먹는 코스였다. 나는 그걸 배를 타고 섬으로 들어가 다섯 개 산을 종주하는 코스로 바꿔버렸다. 섬에 있는 산들은 대개 높이가 300미터 정도이기 때문에 사람들이 얕잡아 보곤 한다. 하지만 섬이나 해안 가까이 위치한 산들은 힘들다. 그래서 해남 달마산이나 강진 월출산을 종주해보면 어째 설악산 공룡능선만큼 힘들다는 느낌도 든다. 그도 그럴 것이 그런 곳에서 해발 300미터면 내륙의 어지간한 500미터 산보다 높기 때문이다. 아무튼 나는 그런 얕은 정보를 복수에 동원했다. 게다가 아주 사악하게도 주로 규암으로 이루어진 산을 골랐다.

예상대로 등산을 하는데 다들 힘들어했다. 비까지 왔다면 금상첨화였겠지만 산 서너 개만으로도 충분했다. 어느 개놈이 이런 코스를 잡았느냐며 다들 찬사와 경탄을 아끼지 않았다. 그렇게 오르락내리락하길 반복하다 보니 수석검사는 평소에 운동을 하지 않던 근육이 견디지 못했고 결국 퍼져버렸다. 나는 최대한 담담히 먹잇감을 향해 다가갔다.

"형님 일어나시죠. 갈 길이 멉니다."

하지만 수석검사는 도저히 일어날 수 없었고, 힘들어서 못 가겠다고 말했다. 그 순간 나는 악마처럼 눈을 번뜩이며 말했다.

"형님, 안 힘든 사람이 어디 있습니까? 다 마찬가지입니다. 저도 의지력으로 올라가는 겁니다."

수석검사는 어리둥절해하더니 한참 후에야 예전에 자기가 한 말이라는 것을 깨닫고 웃기 시작했다. 그 후 내 별명은 '또라이'에서 '집요한 또라이'로 바뀌었다. 좋은 의미인 것 같았다.

검사 생활은 코난 도일의 추리소설과 다르다

검사가 되면 의외로 강연할 기회가 많이 생긴다. 주로 학생들을 상대로 준법 강의를 하는 것인데, 검사라서 그런지 도둑놈 개 꾸짖 듯 웅얼거려도 참을성 있게 잘 들어준다. 강의가 끝난 후 학생들이 가장 많이 하는 질문은 검사가 되려면 어떤 자질이 필요하냐는 것이다. 혹은 자신은 추리소설을 많이 읽는데 검사 업무에 도움이 되느냐는 질문도 많이 나온다.

결론부터 말하자면, 검사를 하는 데 필요한 자질이 무엇인지는 나도 모른다. 그거 알았으면 나부터 바꿨을 것이다. 그리고, 실망스럽겠지만, 추리소설을 읽는 것은 검사 업무와 별 관련이 없다. 추리소설을 읽는 것이 다소라도 수사에 도움이 되지 않을까 싶겠지만, 로맨스 드라마 자주 본다고 연애 잘하는 것은 아니지 않은가. 사실

추리소설이나 수사 드라마에 나오는 것과 현실의 수사는 좀 간격이 있다. 그 간격이 어느 정도냐 하면, 그 사이로 항공모함 서너 개는 교행할 수 있을 정도이다.

추리소설의 대가인 코난 도일은 에든버러 대학에서 만난 은사 조지프 벨 교수를 모델로 셜록 홈즈를 탄생시켰다. 벨 교수는 놀라운 일화를 많이 가지고 있는데, 어느 날 그는 아이와 함께 자신을 찾아온 부인을 보기만 하고서 그녀가 어디에 사는지, 어떤 길로 왔는지를 알아맞혔다고 한다. 심지어 그녀가 식물원을 거쳐서 온 것과 다른 아이를 맡기고 온 사실까지 알아냈다. 놀란 코난 도일이 벨 교수에게 그 사실들을 어떻게 알아냈느냐고 묻자, 부인의 억양을 통해 사는 곳을 알 수 있었고, 그곳에서 살아본 적이 있어서 이동 경로를 알았으며, 신발에 묻은 흙을 보고 식물원을 거쳐 왔다는 점, 그녀가 들고 있는 아동용 외투가 아이에게는 너무 크다는 점 등을 통해 추론했다고 답했다.

조지프 벨 박사가 보여준 신묘한 기술을 '가설적 추론'이라고 한다. 알고자 하는 정보에 대한 가설을 세운 후 그 가설을 바탕으로 추론하는 것인데, 해당 가설을 입증하는 정보나 증거를 특정하고 수집하여 가설의 진위를 검증하는 방법이다. 가설적 추론은 미국에서 금과옥조처럼 여겨진다. 그러나 추리소설에 나오는 추리는 가설적 추론이라기보다는 무당 작두 타기에 더 가깝다. 현실에는 너무 많은 돌발변수가 있기 때문에 그런 식으로 추론하는 건 위험하다. 가령, 신발의 흙은 마차에 동승한 사람의 구두에서 묻은 것일 수도 있고, 아이가 입기에 너무 큰 외투는 아이가 크면 입히기 위해

검사 생활은 코난 도일의 추리소설과 다르다

친척에게서 얻어온 것일 수도 있다.

추리소설이나 탐사보도 프로그램이라면 그런 과감한 추론을 해도 큰 문제가 되지 않는다. 그러나 현실 수사에서라면 별 소용도 없고 더욱이 위험하다. 예를 들어 명탐정 코난이 범인을 찾는 추론들은 증거법적으로 아무런 가치가 없다. 코난의 대충 때려잡기를 듣고 느닷없이 개개복초하는 범인의 자백 정도가 증거라 할 수 있다. 그러나 이 자백은 미란다 원칙을 듣기 이전에 한 것이기 때문에 증거능력이 문제될 수 있다. 참고로 미란다 원칙은 우리나라 교과서에서 나오듯 인신구속에 관한 법칙은 아니다. 자백의 임의성에 대한 원칙이다. 적어도 미국에서는 그렇다.

물론 수사에서도 상상력은 필요하다. 실제 사건은 모든 사실을 보여주지 않기 때문이다. 따라서 공룡의 뼈 한 조각을 가지고 전체 모습을 추론하듯 작은 사실로 전체 사건을 파악하는 데는 상상력이 필요하다. 여기에서 명심해야 할 것은, 상상력은 오직 가설을 만드는 데에만 발휘되어야 한다는 것이다. 흔히 빠지는 오류가 상상력으로 사실을 만드는 것이다.

이러한 가설적 추론은 오작동하는 경우가 부지기수이다. 오작동의 주된 원인은 가설을 사실이라고 오판하기 때문이다. 상상력으로 만들어낸 가설을 사실이라고 믿게 되는 것은 수사에 대한 욕심 때문일 수도 있고 잘못된 정보에 속기 때문이기도 하다. 실제 사실과 가설은 혼란스럽다. 그 이유는 두 가지 사실이 있고 그 사이에 단절된 사실이 있을 경우 흔히 상상력으로 두 사실 간의 최단 거리를 만들어내기 때문이다. 그러나 현실은 직선인 경우가 거의 없다.

따라서 최단 거리를 이어주는 가설은 진실이 아닐 경우가 많다. 하지만 사람들은 자신의 추측을 위해서라면 진실을 희생시키는 것은 전혀 개의치 않는다. 자신의 추측을 진실로 조작하기 위해서라면 얼마든지 사실도 왜곡시킬 수 있다는 것은 많은 뉴스와 기사에서 확인되었지 않은가.

다행히 실제 사건에서는 이런 가설적 추론이라는 거창한 구조까지 동원할 필요가 없다. 사건 수사에서 바른 결론을 내기 위해서는 천재적인 상상력이나 고집스러운 아집보다는 성실함 그리고 주변에 대한 관심에서 나온 다양한 경험이 더 중요하다. 실례를 들어보자.

어느 회사에서 중요한 문서가 유출되었다. 15장짜리인 문서는 그 회사 건물에서 복사되어 넘겨졌다. 다행히 복사본은 회수되었으나 누가 그 문서를 복사했는지는 알 수 없었다. 1000명에 달하는 직원들을 모두 조사할 수는 없는 상황이었다. 그 회사 건물은 15층으로 이루어져 있고, 복사기는 각 층 양쪽 끝에 1대씩 설치되어 있었다. 복도 중간에 복도 양측을 감시하는 CCTV가 설치되어 있으나, 사람의 얼굴 정도만 구별할 수 있지 서류의 종류까지는 확인할 수 없었다.

점심 먹기 전 부장이 갑자기 우리 부 검사들을 모두 부르더니 회수된 복사본을 보여주며 6시간 안에 복사한 사람을 찾아낼 수 있는지 물었다. 모두들 30대의 복사기 중 어느 것에서 복사되었는지 알 수 없고 6시간 안에 모든 CCTV 자료를 확인할 수는 없다며 난색을 표했다. 그러나 부장이 들고 있는 복사본을 보니 방법을 알 것 같았다. 그래서 복사본을 주면 1시간 안에 복사한 사람을 찾아내겠다고 했다. 1시간은 더 걸렸지만 결국 복사한 사람을 찾았다.

다른 사건을 하나 더 얘기해보자. 어느 날 사무실에 들어가보니 경찰에서 음주운전 사건에 대한 추송서(다른 기관에서 추가로 송부하는 서류)를 보내왔다. 술 먹고 운전을 하다 학교 운동장에서 신고를 받고 출동한 경찰에게 적발된 사건이었다. 이미 한 달 전쯤에 발생한 사건이고 이미 기소의견으로 송치된 사건이었다. 그런데 사건을 수사한 경찰관이 다시 음주운전이 아니라고 의견을 달리하여 추송서를 보낸 것이다.

경찰의 추송서를 보니, 피의자가 술을 마신 것은 사실이나 운전하기 전에 마신 것이 아니라 학교 운동장으로 이동한 후 차를 세워 놓고 마신 것이라고 한다. 운동장에서 소란을 피우다 신고를 받고 출동한 경찰에 단속된 것이라고 하는데, 당시에는 술에 취해 정확한 상황을 몰라서 경찰이 부르는 대로 진술한 것이라고 했다. 즉, 술을 마시고 운전한 것이 아니라 운전한 이후에 술을 마셨다는 것이다. 이를 뒷받침하는 증거도 있다고 했다. 피의자는 당시 운동장에서 캔맥주 4개를 마시고 빈 캔들을 비닐봉지에 담아 학교 뒤 담장 너머로 던졌다고 진술했다. 경찰들이 그 말에 따라 현장에 가보니 정말 그 비닐봉지가 학교 담장 아래 콘크리트 농수로 안에서 발견되었다. 처음에 적발한 때와 비닐봉지를 발견한 시기는 약 한 달가량 차이가 났다. 담당 경찰관에게 전화로 물어봤더니 거짓말 같지는 않다고 했다. 게다가 운전자 사정이 무척 딱하다고 했다. 장애 2급인 노모가 정기적으로 신장투석을 받게 하려면 꼭 운전면허가 있어야 한다고 했다. 하지만 피의자의 주장은 거짓말이고 이는 1분이면 확인할 수 있다.

복사 문건으로 돌아가자. 해답을 푸는 방법은 늘 그렇듯 간단하다. 누구나 알듯이 오래된 복사기는 일정한 줄을 남긴다. 드럼이나 카트리지의 흠 때문인데, 마치 지문처럼 복사기마다 고유한 줄을 가지고 있다. 부장이 보여준 복사본을 보니 다행히 그런 줄이 있었다. 어미를 찾을 수 있는 것이다. 복사본의 줄과 일치하는 줄을 만들어내는 복사기만 찾아내면 된다. 30대의 복사기에서 모두 복사를 해오게 했다. 그리고 유출된 복사본의 줄과 대조해보니 6층 북쪽 복사기의 줄과 일치했다.

어디에서 복사되었는지 확인하였으므로 이제 그 복사기를 촬영한 CCTV 자료만 확인하면 된다. 30대에서 1대로 줄어들었다. 그럼 그 복사기를 사용한 수많은 사람 중에서 누가 그 문서를 복사했는지는 어떻게 확인할 수 있을까? 복사기에서 원본에 빛을 비추면 글씨가 쓰인 검은 부분은 빛을 흡수하고 그렇지 않은 부분은 빛을 반사한다. 정전기 원리에 따라 반사가 되지 않은 부분에 탄소가 달라붙어 복사가 되는 것이다. 따라서 복사를 하려면 반드시 빛이 필요하다. 즉, 15장의 문서를 복사하려면 15번 불빛이 지나가야 한다. CCTV 화면에서 15번의 불빛이 비치는 장면만 찾으면 그 문건을 복사한 사람을 찾을 수 있는 것이다.

나중에 한 선배가 어떻게 찾았느냐고 물었다. 그래서 방법을 설명했더니 그건 누구나 알고 있는 것이라면서 핀잔을 주었다. 그렇다. 모두 알고 있는 것이다. 설마 내가 산통이라도 흔들었겠는가.

검사 생활은 코난 도일의 추리소설과 다르다

음주운전자의 변명은 거짓말이다. 노모 이야기로 인해 감정적으로 흔들릴 수는 있으나, 그 노모는 아마 '직박구리' 폴더에 들어 있는 아오이 소라일 가능성이 더 높다. 거짓말을 확인하기 위해서는 기상청 인터넷 사이트에 들어가보기만 하면 된다. 확인을 해보니 한 달 사이에 시간당 5mm 이상 비가 내린 날이 3일이나 됐다. 논에 내리는 비는 모두 농수로로 흘러간다. 농수로에 쏟아지는 시간당 5mm의 폭우는 울돌목보다 빠른 격류를 만들어낸다. 빈 캔 4개가 들어 있는 비닐봉지가 그런 격류를 한 달이나 버텨냈다면 그건 인류가 미처 발견하지 못한 신물질이다. 일기예보를 출력해서 재지휘를 했더니 사실은 운전면허가 꼭 필요한 사정이 있어서 궁리 끝에 거짓말을 한 것이었다고 토로했다고 한다. 그래도 별로 화를 내지는 않았다. 거짓말은 형사 피의자의 권리이다. 옛말에도 집을 나설 때 우비와 거짓말 하나씩은 챙겨야 한다고 하지 않았는가.

〈식스센스〉라는 영화가 대히트를 치고 〈X-파일〉이라는 미국 드라마가 인기를 끈 이후 사람들은 반전과 숨은 음모를 당연한 것처럼 생각한다. 요즘 우리 딸이 사랑해마지 않는, '우주오이'라는 별명을 가진 영국 배우가 나오는 드라마 〈셜록〉에서도 신묘한 능력을 가진 탐정이 등장한다. 그런 영향 때문인지, 가끔 현실에서도 반전과 음모를 얘기하면서 그것들이 숨겨진 원인이라고 우쭐해하는 사람들이 있다. 하지만 그건 어젯밤 클럽에 놀러 가 휴대전화를 받지 않았을 뿐인 남자친구의 행방에 대해 우주인이나 기관에 납치되었다고 추정하는 것과 같다.

신묘한 추측과 귀신같은 추리는 대개 독이다. 그런 추측과 망상을 댓글로 쓰는 거야 대수로운 일은 아니다. 하지만 검사가 그런 추리소설을 써나간다면 무척이나 죄스러운 일이다. 그러나 공명심과 대중의 환호는 양심을 마취시키고 사람들이 바라는 결말을 만들어내고 싶은 욕망을 만든다. 대개 언론 플레이를 잘하고 거물 행세하는 검사들에게 그런 면이 있다. 빈약한 상상력 대신 후흑厚黑의 심장을 가지고 있는 그들은 대중이 원하는 결론을 만들어내 정의의 사도로 각광 받는다. 정의의 사도가 각광을 챙기고 떠나면 다음 세대는 그 부작용으로 고통을 받는다.

물론 꼭 공명심이나 각광을 탐해서 직선적인 추측을 하는 것은 아니다. 직선적인 추정은 편리할 뿐 아니라 피로에서도 벗어날 수 있다. 하지만 세상 일이 어떻게 인천공항 활주로처럼 직선이겠는가. 모든 살아 있는 것은 곡선이고 움직인다. 사람이 경직되는 것은 오직 죽었을 때뿐이다. 그래서 직선적인 추측은 죽음을 상징한다.

'컬러학습대백과'가
가장 큰 자양분이 되었다면?

검사는 청소년을 대상으로 한 강연을 자주 한다. 검사가 전문적인 강사는 아니지만 직업에 대한 관심 덕분에 나름 집중도는 높다. 레벨은 낮아도 '아이템'빨로 버티는 셈이다. 강연을 하다 보면 아이들이 질색하고 싫어하는 말이 있다. 주로 "어떻게 하면 검사가 될 수 있어요?"나 "검사 일에 가장 도움이 되었던 것은 무엇인가요?" 같은 질문에 대한 답들이다.

검사가 되려면 누구나 알듯이 시험을 잘 봐야 한다. 도대체 어떤 답을 기대하는지 모르겠다. 배를 만들고 싶으면 바다에 대한 꿈을 꾸게 하라는 말처럼 귀에 착착 감기는 대답을 해줘야 명강사로 등극할 수 있겠지만, 그런 성의는 바라지 마시라. 말랑말랑하고 듣기 좋은 소리만 해대는 사람들은 넘치게 많다. 나까지 그럴 필요는 없다. 게다가 세상은 지나치게 많은 위로로 넘친다. 대중을 위안하고 그들에게 아부하기 위해 심지어 무지와 단견을 옹호하기도 한다. 그러다 보니 어디선가 일상생활에서 써먹지 못하는 인문학은 인문학이 아니라는 말까지 들었다. 그런 논리라면 시장에 가서 두부 살 때 써먹을 수 없으니 미적분학이나 선형대수학은 쓸모없는 것이 된다.

답은 되도록 말해주지 않는 것이 좋다. 답이라는 것이 도그마가 될 수도 있고, 정작 정답이 아닐 수도 있다. 하지만 꼭 말해야 한다면 질문한 사람이 듣고 싶어 하는 말은 하지 말아야 한다. 그래야 서로가 조금이라도 성장할 수 있다. 그래서 나는 검사가 되려면 어떻게 해야 하느냐는 질문에 대해 누구나 알지만 누구도 바라지 않는 답을 말해준다. "검사가 되려면 시험을 잘 봐서 좋은 대학을 가고, 대학에서 높은 성적을 받아 로스쿨에 들어가고, 거기서 역시 높은 성적을 받아야 합니다."

폭넓고 다양한 경험을 쌓기 위해 여행을 하라거나, 대자연을 품으며 호연지기를 기르라는 답을 기대했는지 모르나, 그렇게 하면 〈나는 자연인이다〉의 주인공이 될 가능성이 더 높다. 맨체스터 유나이티드 축구 선수가 되고 싶다면 박지성만큼 열심히 뛰면 된다. 막연한 동경이나 노력이 뒷받침되지 않는 열망은 선거 공약과 같은 거다. 별 의미 없다.

아이들이 그보다 더 싫어하는 말은 검사 일에 가장 도움이 되었던 것이 무엇이냐에 대한 답이다. 아예 경기를 일으킨다. 백발백중 "에이" 하는 실망스런 탄성과 함께 분노를 유발하게 하는 그 답은 바로 '책 읽기'다. 물론 이 발언은 경험적으로 볼 때 매우 위험하다.

일단 너무 식상하다. 세상을 오래 살지 않았어도 책을 읽으라는 얘기는 머리카락 수만큼 많이 들어왔을 것이다. 왜 '롤'이나 '스타크래프트'를 좀 더 하라는 사람은 하나도 없고 늘 책만 읽으라고 할까? 아무튼 그렇게 답하고 나면 이전까지 파렴치범을 잡은 이야기 등으로 벌어놓은 강연 점수를 한꺼번에 까먹게 된다. 실제로 강연 평가서에 '독서라는 대답에서 무성의함이 느껴졌음'이라고 쓴 것도 봤다. '디아블로'나 '대항해시대', '레인보우 6' 등을 밤새워 하며 익힌 인내력과 레벨 업을 향한 의지가 검사의 격무를 이겨내는 데 큰 도움이 되었다고 말했다면 SNS 대스타가 되어 100만 별풍선의 주인공이 될 수도 있었을 텐데, 아쉽다.

하지만 '책 읽기'라는 대답은 아이들의 반발에도 불구하고 참석한 학부모나 교사들로부터 열화와 같은 공감을 얻는다. 어차피 강사를 선정하는 것은 분노한 학생들이 아니라 교사들이다. 마치 분유 광고와 같다. 분유를 먹는 것은 아가들이지만 사는 것은 엄마들이다.

그러고 보니 책 읽기가 왜 중요한지에 대해서는 한 번도 제대로 설명해본 적이 없다. 대개 강연이 끝나는 시점에 질문을 받기 때문에 제대로 설명을 못했고, 그러다 보니 무성의한 강사로 남게 된 것이다. 모두가 알 듯 현실은 인터넷이나 방송, 영상 등에서 나온 것과 다르다. 인터넷, 방송 등은 대부분 의도된 현상만 보여준다. 현상만 보여주면 별 문제가 없을 텐데, 굳이 더 나아가 현상에 대한 근시안적인 분석과 감정적인 마녀사냥으로 끝을 맺는다. 인터넷이나 방송은 현실의 일부분만을 고려해 뽑아낸 이미지를 꺼내 들고 왜곡된 사실과 결론을 강요하곤 한다. 그러다 보니 그러한 매체에 노출된 사람들은 자신이 많은 정보를 축적했다고 착각하기 쉽고, 또 은밀히 강요된 결론을 자신의 이성적 사고의 결과로 오해하기 쉽다. 아는 것도 많고 세상을 보는 눈도 가졌다고 단정하는 것이다. 그러나 그건 비만 오면 풍년인 줄 아는 서울 놈 꼴이라 할 수 있다. 지루하고 단편적인 사고를 가지게 되는 것이다. 그렇게 단편적인 사고를 하느라 활용하지 않고 아껴둔 머리는 편 가르기를 하거나 누군가를 지독히 미워하는 쪽으로 사용된다.

앨빈 토플러Alvin Toffler는 세상이 복잡해지고 정보가 폭증하면 그것들을 미처 분석하지 못한 채 자신을 방어하고 자신의 편견을 강화하는 정보들만 선택하여 세상을 단순하게 볼 것이라고 예상했다. 그는 이런 상황을 '정보과부하information overload'라고 표현했다. 인터넷은 대표적인 정보과부하의 세상이다.

집단지성이 모든 것을 궁극적으로 해결해줄 것이라고 믿으며 소셜 미디어를 신봉하는 사람들도 많다. 그러나 "사람들은 통제력과 이해력이 떨어질수록 무언가 믿을 구석을 찾아 매달리게 마련이다. 오늘날에는 소셜 미디어가 그 믿을 구석이 되고 있다. 소셜 미디어는 실제와 달리 뉴스가 선정적이고 획기적인 것처럼 보이도록 거대한 압력을 가하면서 뉴스를 더욱더 상품화했다. 소셜 미디어의 '투명성'은 말만 투명성일 뿐이며, 본질적으로 구원과는 불화를 이룬다. 사용자들은 피해자가 언제까지고 십자가에 못 박혀 있기만을 바란다. 이론상 소셜 미디어는 대화와 갈등 해결을 장려하나 실제로는 전쟁을 조장한다." 에릭 데젠홀의 말이다.

　　　　　'킬러학습대백과'가 가장 큰 자양분이 되었다면?

모든 현상에는 이면과 원인이 있다. 대개 여러 개의 원인들이 경합하며, 그것들이 화학적인 결합을 하여 전혀 예상치 못한 결과를 낳기도 한다. 그런 까닭에 현상에서 원인을 찾아내는 것은 인터넷 댓글처럼 쉬운 일이 아니다. 따라서 가장 중요한 것은 원인을 찾아내는 능력이 아니라, 원인을 찾기 위해서는 무척 어려운 과학적 추론이 필요하며 자신은 그것을 제대로 해내지 못할 가능성이 높다는 실패에 대한 인식이다. 원인을 찾아내는 것보다 자신이 틀릴 가능성이 더 높다는 것을 인식하는 것이 더 중요하다는 것이다. 물론 그 말은 정말 받아들이기 어렵고 대부분 사람을 무시한다는 반감만 불러일으킨다. 그래서 소크라테스가 죽었다.

현상을 벗어나 그 뒤에 있는 이면에 대한 인식과 고민을 하게 해주는 것은 다양한 경험이다. 기 드보르Guy Ernest Debord가 말하길 직접경험은 '소외 또는 분리 이전의 총체성을 회복시켜주는 삶과의 직접적인 만남'이라고 했다. 하지만 모든 것을 경험해볼 수는 없다. 따라서 간접경험을 통해 그러한 능력을 키우는 것이 현실적인 답이다. 간접경험을 가장 깊이 할 수 있는 것이 책 읽기다. 인터넷이나 영상으로 접하는 정보가 목적지향적인 1차원적 강요라면 책으로 접하는 경험은 3차원적인 단일성의 회복이다. 책 읽기를 통해 습득한 인식과 고민은 때로는 유연성으로, 때로는 냉철함으로 작용한다. 검사 일이 대부분 활자로 된 정보를 바탕으로 결정을 내리는 것이라 책 읽기를 통해 익힌 이해력, 어휘력, 상상력, 비판 의식, 사실 파악 능력 등은 사건의 분석, 해석, 평가에 직접적으로 활용 가능한 능력들이다. 내 경험으로는 단편소설이 가장 효율적인 수단인 것 같다.

이런 나름의 깊은 고민 끝에 말한 것이 책 읽기라는 것을, 이 자리를 빌려, 내 강의에서 무성의함을 느꼈다는 그 학생 녀석에게 꼭 알려주고 싶다.

나는 초등학교 때도 몸이 약했고 운동에도 젬병이라 친구가 없었다. 동네 아이들은 오징어놀이나 축구를 할 때 나를 끼워주지 않았고 이유 없이 위협적으로 굴었다. 아이들의 세상은 은닉된 야생이다. 약한 아이는 무리로부터 공격당한다. 그러다 보니 곧 혼자가 편해졌고 그 시간을 때울 수 없어 자연스럽게 책을 읽게 되었다. 게다가 초등학교 때 호된 교통사고를 당하는 바람에 두 번의 큰 수술을 하고 반년 가까이 입원도 했다. 1년 내내 철심을 박은 다리와 목발로 지내다 보니 친구 사귀기는 더욱 어려워졌다.

그때는 참 다행인 게 텔레비전이 지금처럼 재미있지 않았다. 텔레비전을 켜봐야 늘 전두환 씨가 아프리카의 무슨 대통령을 만났다는 이야기 아니면 이순자 씨가 불우이웃을 도왔다는 이야기뿐이었다. 많이 도와야 했을 것이다. 그때는 그들 때문에 세상이 다 불우했으니까. 정작 분데스리가에서 펄펄 날고 있다는 차범근 선수의 경기는 한 번도 중계되지 않았다. 게임은 아예 없었다. 그러다 보니 책이 가장 재미있는 놀잇감이었다.

책은 읽고 싶은데 집에는 책이 없었다. 책이라곤 아버지가 사업에 실패한 친구로부터 어쩔 수 없이 구매한 계몽사 『컬러학습대백과』가 전부였다. 나는 『컬러학습대백과』 10권을 제본이 해져 너덜너덜해질 때까지 봤다. 마루에서 보고, 포도나무 밑에서 보고, 밥상머리에서 보고, 옥상에서 봤다. 정성 들여 그린 삽화와 간략한 설명이

들어간『컬러학습대백과』에는 포유류지만 알을 낳는 오리너구리 이야기며 시간과 빛까지 몽땅 빨아들인다는 블랙홀이 있었다. 세상이 참 넓다는 것과 그보다 더 영원한 우주가 있다는 것이 어린 가슴을 꽉 채우는 매혹이었다. 지금도 가끔 헌책방을 지나칠 때는 혹시『컬러학습대백과』가 있는지 찾아보곤 한다. 지금은 날 붙잡고 하루 종일 까뒤집어봐야 어디에서도 그런 교양은 찾아볼 수 없게 된 굳은 머리지만, 그때의 기억과 감흥은 새겨져 있나 보다.

　『컬러학습대백과』가 너덜너덜해졌지만 책에 대한 갈망은 줄어들지 않았고 곧 이웃집의 책들을 사냥하기 시작했다. 병든 까마귀 어물전 돌 듯 이웃집을 어슬렁거리다 책이 있다 싶으면 염치 불고하고 찾아가 책 좀 빌려달라고 했다. 그렇게 해서 '딱따구리 그레이트 북스', '계림문고', '삼중당문고', '범우사루비아문고', '어린이 세계의 명작' 등을 만났다. 내가 그렇게 제삿날 각설이처럼 남의 집 책을 빌려다 읽자 예상치 못한 부작용이 발생했다. 원래 책 주인이 나 때문에 부모에게 죄 없이 당하곤 했던 것이다. 애 밴 암소 먹으라고 쒸준 쇠죽을 옆집 염소가 훔쳐 먹는 셈이니 부모들은 얼마나 울화가 치밀었겠는가. 그래서 동갑내기이자 예쁜 어린이 대회 수상자인 수선이는 나에게 책을 읽지 말든가 아니면 자기 집에 얼씬대지도 말라고 했다. TBC가 나오는 자기 집에서 김일 선수의 레슬링 경기를 보는 것은 괜찮지만, 책을 빌려 읽는 것이 눈에 띄면 방송 중계 탑이 있는 순천시 장천동 놀이터에 묻어버리겠다고 했다. 그래서 나는 그 예쁜 어린이 대회 수상자였던 계집애가 잠자는 아침 시간을 이용하여 한꺼번에 10권씩 빌려다놓고 밤새 읽은 뒤 몰래 돌려주곤 했다.

그래서 그때는 정말 급하게 책을 읽었다. 수업시간에도 책을 읽다 보니 선생님들에게 들켜 혼도 많이 났다. 그 모습을 본 친구들이 나를 유식한 친구로 대접해주었고, 나는 역시 금세 우쭐해졌다. 어린 나이에 그 무섭다는 지적 허영심도 덜컥 생겼다. 유명한 책이라고 하면 수준에 맞는지 살펴보지도 않고 그냥 읽었다. 그믐밤에 분칠하기고, 고쟁이 바람에 환도 찬 꼴이다.

그러다 우연히 학교에 도서관이란 게 있다는 것을 알게 되었다. 박정희는 대통령 시절 산림녹화 사업만 열심히 한 것이 아니라 학교마다 이승복 어린이 동상과 도서관도 부지런히 지었다. 그 결과 밤이면 이승복 어린이 동상이 살아나 책 읽는 소녀상을 찾아 학교를 돌아다닌다는 괴담을 모든 학교마다 남겼고, 반백년 역사를 자랑하는 순천남국민학교도 동쪽 끝에 있던 낡은 교실을 도서관으로 변신시켰다. 도서관은 무능력한 교사의 마지막 정류장이 되었다. 우리 학교에도 사서를 담당하는 선생님이 생겼다. 낡은 도서관을 떠도는 먼지와 같은 사람이었다. 도서관의 낡은 창틀이나 녹슨 못처럼 너무 익숙해져서 부지불식간에 건물과 동화되어버린 것 같은 그런 사람이었다. 도서관은 아주 작고 낡았는데 찾는 학생이라곤 1년의 반 이상 목발을 짚고 다녀 아무 데도 낄 수 없었던 나밖에 없었다. 각 분야의 왕따였던 둘은 만나자마자 금방 친해졌다. 물색없는 그 양반은 초등학생에게 『이방인』, 『월든』, 『카라마조프가의 형제들』 등을 추천해주었다. 방정식 배우는 아동에게 페르마의 정리 가르치는 꼴이었다. 물론 그렇다고 딱히 나에게 독서를 지도해준 다른 사람도 없었다.

책 읽기가 시작된 데는 이유가 없었지만, 책 읽기를 멈춘 데는 특별한 계기가 있었다. 나는 셋째 아들로 태어난 데다 특출난 면도 없었기 때문에 부모님 관심의 사정권 밖에 있었다. 그 덕에 사교육을 거의 받지 않았다. 물론 우리 때도 사교육은 있었다. 학교 주변에는 빈 절에 구렁이 끓듯 주산학원, 웅변학원, 수학학원 등이 모여 있었고, 오후를 질주해야 할 어린이들을 덥석 잡아채가곤 했다.

나는 사교육이란 걸 딱 두 가지 해봤다. 첫 번째는 수선이 엄마가 배워두면 시험 보지 않고도 대학을 갈 수 있으며 자신의 아들은 매주 전국대회에 나가 장마철에 개구리 끓듯 우글우글 최우수상을 받아온다고 우리 엄마를 꾀어 어쩔 수 없이 시작하게 된 웅변학원이다. 웅변학원을 다닌 지 불과 일주일 만에 교통사고를 당했다. 그 탓에 '이 연사' 힘차게 외쳐보려던 소년은 아주 오랫동안 병원 신세를 졌고 각종 약과 항생제로 삭신을 꽉꽉 채웠다. 그래서 나는 위하수와 만성위염 등 술고래 중년에게나 어울릴 법한 각종 속병을 벗처럼 가까이하게 되었고, 다리가 길어지는 부작용도 갖게 되었다. 두 다리 모두 길어졌다면 좋았겠지만, 사실 그럴 필요도 없지만, 한쪽 다리만 3센티미터 이상 길어졌다. 그래서 허리디스크를 갖게 되었고 걸을 때 절룩거린다.

두 번째 사교육은 속독법이었다. 나는 닥치는 대로 책을 읽다가 더 많은 책을 더 빨리 읽고 싶다는 욕망에 빠져 덜컥 속독법이란 것을 배웠다. 그것 역시 웅변학원 못지않은 치명적인 후유증을 남겼다. 속독법이란 결국 책 한 페이지를 눈으로 찍어 눈에 띄는 글자들로 대강의 내용을 추측하는 것이다. 나는 강사 자격증까지 딸 정도로 너무 열심히 속독법을 익힌 나머지 독서에 대한 흥미를 완전히 잃어버렸다. 주화입마走火入魔에 빠진 것이다. 10분 만에 책을 읽을 수 있었지만 도대체 재미가 없었다. 그때는 글이 하나하나 곱씹어야 '게미'가 나는 나물과 같은 것이라는 것을 몰랐다. 가령『마담 보바리』를 보면 보바리 부인이 창밖을 보는 장면에 대한 묘사가 두 쪽을 넘어간다. 그 묘사를 하나씩 따라가야만 보바리 부인의 헛헛한 마음과 설렘을 이해할 수 있다. 그게 없으면 보바리 부인은 그냥 드라마 시리즈 〈사랑과 전쟁〉의 주인공일 뿐이다. 속독법으로 인해 정독을 못하게 되자 그런 재미를 잃어버렸고 금세 책은 내 곁을 떠났다. 다시 책을 읽기 위해서는 속독법에서 벗어나야 했다. 그래서 생각해낸 고육지책이 메모를 하면서 책을 읽는 것이었다. 나는 지금도 글을 읽을 때 늘 A4 이면지를 반으로 접어 메모를 하면서 읽는다. 사교육은 이렇게 위험하다.

나이 먹어서 읽는 책은 큰 도움이 되지 않는 것 같다. 지금도 꾸준히 읽는 편이지만 마치 철새 같다. 내 것인 것 같지만 내 것이 아니다. 게다가 생각이 아집으로 굳어버려 그에 맞는 책이 아니면 불편해진다. 이해가 안 되는 책이 대부분이고 그럴 때면 늘 번역 탓을 하며 겸손과 교양이 들어가야 할 자리를 비난으로 메워버린다. 무엇보다 이제는 책보다 더 재미있는 것이 많아졌다.

온통 나를 즐겁게 해주기 위한 것들로 가득 차 있는 세상이다. 『피로사회』를 쓴 한병철 교수는 '철학을 포함한 인류의 문화적 업적은 깊은 사색적 주의에 힘입은 것'이라고 했다. 그러나 지금은 이러한 깊은 주의가 '과잉주의hyperattention'에 밀리고 있다고 했다. 심심함을 참지 못하여 저 깊은 심심함을 허용하지 못하고 있는데, 실상 그것이야말로 창조적 과정에서 가장 중요한 요소라고 했다. 깊은 심심함은 정신적 이완의 정점으로, 이러한 이완이 소멸되면 그와 함께 '귀 기울여 듣는 재능'이 소실되고, 그에 따라 '귀 기울여 듣는 자의 공동체'도 사라진다고 했다. 재미있는 것에 둘러싸이면 귀 기울여 듣는 재능이 필수인 검사 생활도 어려워진다.

귀인의 기억,
사람을 함부로 판단하지 말라

　오래전, 나는 늘 가시처럼 말랐다. 소원이 55킬로그램을 넘어보는 것이었다. 물론 지금은 뱃살을 조금이라도 줄여볼 요량으로 다이어트 콜라도 마시곤 하지만, 그때는 별명이 '소금쟁이', '졸라맨', '크리스마스의 악몽' 등등이었다. 길을 걷다 우연히 유리창에 비친 모습을 보면 거기에는 기형적인 괴물이 서 있었다. 흉했다. 자연스럽게 나는 심한 대인기피증에 걸렸다. 지금에야 잘난 검사님 행세지만 나에게는 누구보다 심한 자학과 자폐의 시절이 있었다. 30년 된 친구는 가끔 천방지축 날뛰는 나를 진정시키기 위해 그 시절의 사진을 보내주곤 한다. 그 시절의 나는 절제도 모르고, 책임감도 없었으며, 무엇보다 분노로 가득 차 있었다.

　대인기피증이니 당연히 사람들을 피했다. 밤에만 몰래 유령처럼 돌아다녔다. 깊은 밤에 걸으면서도 더 깊은 어둠을 찾아다녔다. 세상이 나를 미워하는 것 같았고 무엇보다 내가 나를 더 미워했다. 물론 나는 나를 바꾸고 싶었다. 그러나 세상에서 제일 어려운 것이 마음먹기다. 희망적이고 진취적이며 자신감 넘치는 사람이 되고 싶었지만 이루어지지 않았다. 날마다 내일이면 달라지겠다는 마음과 각오로 새하얗게 밤을 새우곤 했지만, 다음 날이 되면 그런 다짐은 새까맣게 멀어졌고 오히려 더 심하게 절망하곤 했다. 하루 한 끼도 제대로 먹지 않았고 담배만 세 갑씩 피워댔다. 나중에는 재떨이에 담뱃재를 털기도 힘들어 배 위에 종이컵을 놓고 식물인간처럼 쓰러져 담배를 피웠다.

그러던 내가 변한 것은 한순간이었다. 너무 즉흥적이라 책을 쓰기 위해 지어낸 이야기라고 해도 믿을 만큼 우연히, 그리고 번쩍하는 순간에 변했다. 그때 나는 귀인을 만났다. 귀인의 이름은 아직도 모른다. 자칭 '길동도사'여서 다들 그렇게 불렀다. 전생에 홍길동이었다는 길동도사는 서울대학교와 이화여자대학교를 서틀처럼 떠도는 시끄럽고 쾌활한 노숙자였다. 게으르고 더러웠지만 희랍인 조르바처럼 명랑하고 늘 힘이 넘쳤다. 입 걸기가 장마철 개울 같았고 여자만 보면 눈이 풀어지는 호색한이었지만 『리그베다』의 한 구절을 암송하기도 하는 멋쟁이였다. 밥 한 그릇을 위해서라면 영혼 정도는 쉽게 팔 수 있는 대인배이기도 했다. 나는 길동도사와 자연스럽게 어울렸다. 밥도 사주고 치약도 사주고 옷도 주면서…. 우리는 가끔 한가한 벤치에 멀찍이 앉아 먼지 털 듯 우주와 여자 이야기를 했다.

길동도사처럼 쾌활한 인물이 어떻게 하여 노숙자가 되었는지는 모른다. 자기 이야기는 별로 하지 않았다. 다만 일하는 것을 극도로 싫어했다. 사람은 일을 하기 위해 태어난 것이 아니라고 했다. 돈이라도 벌어보라고 하자 담뱃재와 돈은 모일수록 더럽다고 했다. 당시 나는 어설픈 사회주의자였고 오역과 억지로 가득한 일본판 서적들을 보며 인간은 창조적 노동을 통해 의식적인 존재가 된다는 믿음을 가지고 있었다. 물론 납득은 안 됐지만 주변에서 다 그렇다고 하고 또 왠지 그래야 할 것 같아서 억지로 믿었다. 그런 나에게 길동도사는 도대체 창조적인 노동이 뭐냐고 물었다. 그러더니 개미나 벌도 부지런히 일해 먹이를 구한다고 했다. 그럼 개미나 벌이 가장 신성한 존재냐고 재차 물었다. 인간이 그렇게까지 해가며 벌어먹을 것은 아니라고 했다. 창조적이니 어쩌니 하면서 힘들여 일하기보다 구걸하는 것이 덜 부끄러운 일이라고 했다. 신기하게도 그 말을 듣자 새벽 3시의 올림픽대로처럼 가슴이 뻥 뚫렸다. 역시 억지에는 억지가 특효약이다.

어느 축제날이었다. 부침개를 부치다 부추가 떨어지면 주변의 잔디를 뜯어다 부추로 둔갑시키는 흔한 축제였다. 여느 때처럼 나와 길동도사는 늦은 오후 급조한 장터 뒤에 멀찍이 떨어져 지나가는 사람들을 쳐다보고 있었다. 우리가 주로 했던 일은 지나가는 사람들을 점수 매긴 후 서로 맞춰보는 것이었다. 『삼국지』에서 공명과 주유가 하던 고급스러운 놀이라 할 수 있다. 여자들은 30점에서 90점까지 다양한 점수가 나왔는데 서로의 시각차가 현저했다. 길동도사는 내가 마음속으로 흠모하던 여자를 보고 『열녀전』 끼고 서방질

할 상이라고 아주 박한 평가를 내렸다. 다만 남자들에 대해서는 거의 의견이 일치했다. 대부분 10점 미만이었다. 서로에게는 그보다 낮은 점수를 주었다.

그렇게 한가로이 앉아 있던 길동도사가 갑자기 나를 보더니 말했다. "웅아, 너는 착하니까 내가 너에게 선물을 줄게. 그런데 공짜로 줄 수는 없고 싸게 쳐서 수박화채 하나로 퉁 치자." 수박화채를 먹고 싶다는 이야기였다. 평소에는 그렇게 말하지 않았다. 먹고 싶은 것이나 필요한 것이 있으면 열 살도 더 어린 나에게 "형, 길동도사 캔디바 먹고 싶어요"라고 말해 기겁하게 만들곤 했다. 언젠가는 무스를 사달라고 하여 나를 혼란스럽게 만들기도 했다. 부지깽이에 금칠하기라고 단념시켰지만 나중에 보니 어느 놈에게 '호형'을 했는지 결국 무스 한 통을 가방에 넣고 다녔다. 물론 나는 측은지심이 넘치도록 많은 사람이었기에 한때 율도국의 왕이었다는 남자에게 환타와 얼음으로 만든 수박 맛 화채를 사주었다.

수박 맛 화채를 맛나게 먹고 난 길동도사는 더러운 팔을 내 어깨에 턱 얹더니 오늘 모든 고민을 해결해주겠다고 했다. 그러더니 뜬금없이 나더러 도서관 앞 통로에 신문지를 깔고 5분 동안 앉아 있으라고 했다. 그게 뭐냐고 묻자, 해보면 안다고 했다. 나는 원래 부끄럼을 잘 타는 데다 대인기피증까지 있어서 그런 짓을 하면 체온이 800도까지 올라갈지도 몰랐다. 게다가 그곳은 '서울대 빨래터'라고 불리는, 수백 명이 지나가는 교통의 요지였다. 나는 죽어도 못한다고 했다. 그러자 길동도사는 자신은 남의 것을 공짜로 먹은 경우가 단 한 번도 없다고 경건하게 말했다. 말도 안 되는 소리다. 돈

내고 먹는 경우가 단 한 번도 없었다. 그럼에도 길동도사는 반드시 해야 한다고 성화를 부렸다. 길동도사가 소리를 치며 채근하자 주변 사람들이 힐끔거리며 보기 시작했다.

길동도사는 자신도 옆에 있어주겠다며 나를 부추겼다. 물론 그게 더 부끄러울 것 같았다. 한참을 고민하다 수박 맛 화채 값을 받고 싶었던 건지 아니면 길동도사를 믿었던 건지 한번 해보겠다고 말했다. 그땐 이리 살다가는 두어 달을 못 버티고 번개탄을 살 것만 같았다. 그리고 "언제까지 병신처럼 살 거냐"라고 고래고래 소리 지르는 노숙자 옆에 있는 거나 신문지 위에 앉아 있는 거나 부끄럽기는 도긴개긴이었다.

신문지를 들고 걷자마자 순식간에 얼굴이 달아올라 머리카락부터 타들어가는 것 같았다. 다행인지 불행인지 길동도사가 따라오고 있었다. 이미 머릿속이 멍해졌지만 도서관 앞 통로에 신문 한 장을 깐 뒤 눈을 감고 앉았다. 길동도사도 옆에 앉았다. 물론 이 요물 같은 인간은 10초도 안 돼 자리를 떴다. 젠장, 속았구나 싶었다. 장난 끝에 살인난다. 약속대로 5분을 버티고 나면 요절을 내리라 마음먹었다. 그렇게 앉아 있으니 눈을 감고 있어도 주변 사람들의 시선이 느껴졌다. 웅성거리며 지나가는 사람들의 목소리도 똑똑하게 들렸다. '미쳤나 봐'라는 속말도 분명 들었다. 초능력을 얻은 거다.

사람은 한순간에 깨닫기도 한다. 보리수 아래 석가모니의 깨달음 정도는 아니겠지만 나도 그 자리에서 섬광같이 깨달음을 얻었다. 그 자리에 앉아 있고 얼마 지나지 않아 길동도사의 뜻을 알 수 있었

귀인의 기억. 사람을 함부로 판단하지 말라

다. 나는 일어나서 길동도사에게 더 이상 할 필요가 없다고 말했다. 길동도사는 그런 나를 보고 더러운 이를 드러내며 웃었다. 그 뒤로 나는 거짓말처럼 명랑해졌고, 다시 수업에도 들어갔고, 운동도 시작했고, 담배도 줄였다. 물론 사람들은 여전히 나를 이상하게 쳐다봤지만 그뿐이었다. 더 이상 째진 살 속으로 소금 쳐지는 것 같은 느낌은 아니었다.

빨래터에서 내가 미친 짓을 하자 사람들은 날 더 이상하게 쳐다봤다. 하지만 나는 더 이상 800도로 타오르지 않았다. 주위의 시선, 경멸의 눈초리, 그렇게 두려웠던 것들이 실상 살을 뚫고 들어오는 것은 아니었다. 아무리 부끄러워도 사람의 시선만으로 사람을 죽일 수는 없었다. 게다가 사람들은 다른 사람에게 별다른 관심이 없다. 내가 아무리 이상해도 사람들은 나에게 큰 관심이 없었다. 그리고 세상에는 정상적인 사람보다 비정상적인 사람이 더 많다. 남과 다르다고 숨을 필요는 없었다. 어차피 자신이 보고 있기 때문에 어디로 숨을 수도 없다. 수박 맛 화채 한 그릇 덕분인지 신문지 덕분인지 아무튼 나는 그것들을 깨달았다.

그 후로는 길동도사를 자주 볼 수 없었다. 혐오감을 조장하고, 자꾸 물건이 없어지고, 여학생들이 두려워한다는 민원이 들어갔다고 했다. 학생식당에서 몰래 주던 공짜 밥도 사라졌다. 길동도사는 점차 발길을 줄였다. 하지만, 비록 더럽고 시끄러웠지만, 길동도사는 교양인이었다. 탁발승처럼 구걸을 할지언정 남의 물건을 탐할 사람은 아니었다. 혜안을 가졌고 지식을 존중했으며 우주와 여인의 신비에 감동할 줄 알았다. 무쇠 솥이 검다고 밥까지 검은 것 아니다.

그러니 사람에 대해 함부로 판단하지 말라. 어느 구름에 비 들었는지 아무도 모른다.

쓰러진 택시기사를 두고 떠난 승객들에 대한 기사가 나오면서 '선한 사마리아인 법'이 언급되었다. 승객들이 아무런 조치도 취하지 않고 다른 택시를 잡아 공항으로 떠났다는 것이다. 결국 택시기사는 구조가 늦어져 사망했다. 승객들이 전화 한 통화만 해주고 떠났더라도 그 택시기사는 살아서 가족 품으로 돌아갔을지 모른다. 너무 화가 났는지 위험에 처한 사람들을 방치하는 행위도 형사처벌해야 한다는 주장이 우세했다. 하지만 선의와 공감은 처벌로 위협한다고 생기는 것이 아니다. 그보다는 의로운 행동으로 인해 발생하는 책임을 면책해주고 보상해주는 것이 제대로 된 방향이다. 선의를 베풀지 않았다고 처벌하자는 것은 분노일 뿐이다. 너무 잦은 형사처벌은 법의 규범력을 무너뜨리고 국민의 불신을 가져온다. 규범을 지키는 데 필요하다 하더라도 예외적인 최후의 수단으로 사용되어야 한다.

법의
본질

'법대로 하자'는 말은 매우 폭력적이고 공격적인 도발이다. 법대로 하자는 것은 상대방과의 공존과 상생은 개뿔, '널 반드시 박멸시키겠다'는 말의 우회적인 표현이기도 하다. 그렇기 때문에 법에 의한 분쟁 해결은 궁극적인 해결책이 되기보다 새로운 분쟁과 갈등을 낳는 경우가 많다. 일례로 정권이 바뀌면 늘 하는 전 정권에 대한 사정수사가 우리의 정치를 얼마나 극악하게 만들고 있는지를 떠올리면 법에 의한 해결의 잔인함을 짐작할 수 있을 것이다.

법대로 하자는 것은 결국 재판으로 시시비비를 가리자는 것이다. 하지만 재판은 옳은 것을 가리는 절차가 아니다. 게다가 원칙과 규범을 따르기보다는 대중의 욕구와 분노에 좌우되는 경우도 많다. 역사적으로 그랬고 지금도 그렇다. 젊은이를 건방지게 만들고 신을 믿지 않았다는 죄명으로 유죄를 선고받은 소크라테스의 재판도 시민들의 선택에 따른 결과였다. 1431년에 있었던 잔 다르크 재판도 마찬가지다. 애초 종신형으로 감형되었던 잔 다르크가 재소집된 재판에서 화형에 처해지게 된 계기는 우습게도 다시 남자 옷을 입었다는 것이었다. 종신형을 받던 당시에는 '마녀'라는 죄명도 주된 공소사실 가운데 하나였으나, 마녀가 아니라는 것이 입증(?)되어 그 죄는 공소 취소되었다. 당시 마녀는 악마와 성관계를 맺기 때문에 처녀일 수 없다는 억측이 진리로 확립되어 있었는데, 검사해 보니 잔 다르크가 처녀였단다. 그래서 신의 계시를 받았다고 주장하며 거짓을 퍼뜨렸다는 것과 함께 남장을 했다는 것이 주요 죄목으로 남았다. 신의 계시를 부인하고 남자 옷을 입지 않겠다고 한 잔다르크가 종신형으로 감형되었는데, 이후 다시 남자 옷을 입기 시작해서 재판에 회부되었고, 결국 화형에 처해진 것이다. 무시무시한 영국의 장궁대로부터 오를레앙을 수복하고 발루아 왕조를 지켜낸 잔 다르크의 죄명 치고는 참으로 소박하다. 하지만 당시 재판정에 있던 모든 사람들은 잔 다르크의 화형 선고에 환호했다. 뉴잉글랜드에서 벌어졌던 마녀 재판이나 예수 그리스도의 재판 모두 당시의 정의에는 부합했고, 대중의 열화와 같은 지지를 받았다. 재판이란 제도가 지금까지 남아 있는 것은 역설적이게도 이렇게 대중의 분노에 발맞추었기 때문이다.

소크라테스는 재판정에서 자신을 고발한 멜레토스에게 묻는다. 청년들을 부패시키지 않고 더 훌륭하게 만드는 것은 무엇이냐고. 멜레토스는 '법률'이라고 답한다. 소크라테스는 그럼 누가 법률을 아느냐고 묻는다. 멜레토스는 여기에 있는 재판관들이라고 답한다. 그 말을 들은 소크라테스는 말한다. 남이 모르고 저지른 과실 때문에 고발하여 재판을 받게 하는 것은 법이 아니라고, 법이란 그 잘못을 개인적으로 만나 가르쳐주고 타일러주는 것이라고.

멜레토스의 법이 세상을 지배하면 모르는 것을 모른다고 말하는 사람들을 죽음으로 몰아간다. 실제 19세기 이후 대중들은 복수심과 분노에 가득 차 멜레토스의 법으로 공포의 제국을 세웠다. 하지만 법이란 이름으로 일도양단의 보복적인 처단을 통해 모든 것을 해결하려고 하는 것은 결국 정의를 빙자해 자신의 복수심을 만족시키려는 것에 불과하다.

정의의 여신이 휘두르는 칼이 사리 분별을 해줄 것이라고 생각할지 모르지만, 그 칼을 맞는 것은 사람인지라 피가 튀고 살점이 떨어진다. 한순간의 분노가 가라앉으면 후회, 그리고 그 칼이 자신에게도 닥칠 수 있다는 공포가 밀려올 것이다. 그럼에도 상대를 구축하는 방식으로 문제를 해결하려고 하는 까닭은 권력을 탐하기 때문이다. 그런 흉계가 우리 사회의 갈등을 더욱 키우고 검찰권으로 대변되는 국가권력을 누가 손에 쥘 것인가에 대한 피 튀기는 싸움만 낳게 만드는 것이다. 파괴적인 정의의 여신을 만들어내기보다는 파괴적인 혁신을 해야 할 시점이다. 데이비드 흄이 말하기를 정의는 이성이나 본능의 산물이 아니라 진화가 낳은 것이라고 했다.

법이 궁극적으로
해결해주는 것은 없다

　제임스 애벗 맥닐 휘슬러James Abbott McNeill Whistler는 미국이 자랑하는 인상파 화가이다. 1834년 매사추세츠 주에서 태어난 휘슬러는 일찍이 러시아로 떠났다가 파리를 거쳐 영국에 정착했고, 쿠르베와 모네의 영향을 받아 인상파 화가가 되었다. 미국이 가장 사랑하는 화가이기는 하나 미국에서 활동한 것은 아니다. 휘슬러의 대표작들은 대부분 런던에 있다. 휘슬러의 작품 중 가장 유명한 것이 〈화가의 어머니〉라는 작품인데, 영화 〈미스터 빈〉에서도 나온다. 영화에서는 미스터 빈이 〈화가의 어머니〉를 미국으로 반환하기 위해 운반하다 그 작품을 완전히 망쳐버리는 장면이 나오는데, 기타노 다케시가 〈몽유도원도〉를 우리나라에 반환하기 위해 들고 오다 망쳐버렸다고 생각하면 될 듯하다.

1874년 휘슬러는 〈검정과 금빛의 야상곡: 떨어지는 불꽃〉이라는 복잡한 이름의 작품을 전시했다. 당시 그는 그림 값으로 200기니를 매겨놓았는데, 지금으로 치면 대략 200달러라고 한다. 그때 200달러로 추상표현주의의 선구자 격인 이 작품을 샀다면, 지금은 아마 그 그림이 걸렸던 전시장 건물도 살 수 있을 것이다. 하지만 안타깝게도 당시 사람들은 200기니를 터무니없이 높은 가격이라고 생각했다. 대중들은 어두침침한 검은색에 금빛 물감이 대충 떨어진 그림에 그런 높은 가격을 책정하는 것은 몰상식한 짓거리라고 생각했고, 당대 가장 유명한 미술평론가였던 존 러스킨John Ruskin의 생각도 다르지 않았다.

러스킨은 자신의 높은 학식과 품격에 비춰볼 때 다소 지나친 표현을 써가며 휘슬러를 비판했다. 숨 쉬듯 자연스럽게 막말을 해대는 정치인들이 그랬다면 으레 그러려니 하고 넘어갔을 텐데, 안타깝게도 존 러스킨은 유명한 미술평론가이자 존경받는 학자였다. 게다가 인상파의 열렬한 후원자이기도 했다. 러스킨의 표현에 따르면, 인상파는 관람자의 마음속에 자연의 인상이라는 종합적이고 통찰력 있는 지식을 전달한다고 한다. 좋은 말 같다. 배움이 깊은 사람들이 하는 말에는 몇 가지 특징이 있는데 그중 하나가 더할 것도 뺄 것도 없다는 점이다. 러스킨은 말만 잘하는 것이 아니라 그림에 대한 안목도 뛰어났다. 영국인이 가장 사랑하는 화가인 윌리엄 터너Joseph Mallord William Turner를 발굴한 것도 그였다. 그뿐 아니라 러스킨은 미국에서 공산제 공동체를 실험한 혁신적인 사상가이기도 했다.

아무튼 이런 러스킨의 비판이라 충격이 더 컸나 보다. 믿었던

법이 궁극적으로 해결해주는 것은 없다

동지에게 뒤통수를 맞았다고 생각했는지 휘슬러는 러스킨을 상대로 명예훼손 손해배상소송을 제기했다. 우리나라와 달리 대부분의 나라에서는 명예훼손을 범죄로 분류하지 않는다. 그래서 형사고소가 아니라 민사상 손해배상청구소송으로 대신하는 것이다. 물론 러스킨이 "아이쿠, 죄송합니다!"라고 한마디 하며 달래주었으면 원만히 끝났으련만, 그도 만만치 않았다. 그는 자신의 비평과 관련해 물러설 생각이 추호도 없었다. 러스킨은 그 소송에 자신의 명예를 걸면서 비장하게 응전했다.

법정에서 러스킨은 상처받은 예술가에게 이틀 동안의 무성의한 붓질의 대가치고는 너무 비싼 값이라는 날카로운 독설을 퍼부었다. 이에 대한 휘슬러의 답변이 걸작인데, 이틀이 아니라 '내 평생의 지식의 대가'라고 쏘아붙였다. 그 말도 맞는 말 같다. 예술과 평론에 대한 본질적인 문제가 격돌했던 그 소송은 결국 휘슬러의 승소로 끝났다. 러스킨은 약속한 대로 대학 교수직을 사임했다.

휘슬러가 승소하긴 했지만, 사실 이 소송에서 가장 큰 피해를 입은 것은 그였다. 그는 손해배상금으로 1파딩farthing을 받았는데 우리 돈으로 치면 10원도 안 되는 금액이다. 고작 그 돈을 받기 위해 그는 막대한 소송비용을 지불해야 했고 결국 파산했다. 그 결과 휘슬러는 죽을 때까지 지독한 가난을 벗어나지 못한 채 고통 받다 죽었다. 휘슬러는 파산했고, 러스킨은 실직했다.

두 사람의 비극을 보면서 '송사 3년이면 집안이 망한다'는 옛말이 그르지 않다는 것, 그리고 남의 일에 대해 너무 심한 말을 해서는 안 되겠다는 것을 배울 수도 있다. 이 치열한 대결에서는 모두가

패한 것 같다. 하지만 예술과 비평의 엄혹한 대결에서도 승자는 있었다. 법률 세계에서 승자 없는 싸움은 없다. 바로 변호사이다. 실상 모든 소송의 승자는 언제나 법률가이다. 아마 눈치 빠른 사람이라면 휘슬러와 러스킨이 아니라 변호사의 위치에 서야겠다는 생각을 할 것이다.

이러한 교훈 때문인지 지금도 많은 젊은이들이 법률가를 꿈꾸고 있다. 진정 세상을 바꾸는 일은 아니지만 손해 보는 일은 결코 없는 수지맞는 장사이기 때문이다. 남의 싸움 구경도 재미있는데 돈까지 벌 수 있으니 일석이조에다 금상첨화. 게다가 나처럼 창의력이 부족해 진입장벽의 보호를 받아야 하는 사람들에게 법률가 시장은 매력적일 수밖에 없다. 그러다 보니 법률가의 수는 점차 늘어나고 있다. 게다가 법률가가 늘어나면 법률시장의 모든 문제가 저절로 해결될 것이라는 안일한 생각들도 그런 추세를 점점 강화시키고 있다.

법률시장은 도로와 비슷하다. 길이 막히면 항상 도로를 넓혀야 해결된다고 생각한다. 그래서 산을 깎고 논밭을 메워 도로를 만든다. 새 도로가 생기면 처음에는 길도 뻥뻥 뚫리고 좋다. 하지만 애써 만든 도로는 얼마 지나지 않아 다시 차들로 가득 찬다. 신기한 일이다. 그럼 또 도로를 만들자는 이야기가 나온다.

법률시장도 마찬가지이다. 소송비용이 올라가고 법률시장에 대한 불만이 터져 나오면 변호사 수를 늘리자는 말이 나온다. 그러면 자연스레 문제가 해결될 것이라고 생각한다. 하지만 때로는 공급이 수요를 만들기도 한다. 심지어 공급은 수요뿐만 아니라 필요도 만들어낸다. 프레온 가스 대체재가 개발되자 느닷없이 프레온 가스가 극지대의 오존층을 파괴하여 인류가 결국 태양풍에 타 죽을 것이라는 살벌한 연구 결과가 나왔던 것을 기억해보라. 그뿐 아니다. 비만약이 개발되자 갑자기 살찌는 게 병으로 분류되기도 했다. 마찬가지로 '공급은 그 스스로 수요를 창출한다'는 세이의 법칙이 가장 잘 입증되는 곳이 법률시장이기도 하다.

도로를 넓히면 그만큼 차에 대한 수요도 늘어나게 된다. 마찬가지로 법률가가 늘어나면 법적 분쟁과 소송도 늘어난다. 늘어난 변호사들이 갈등과 분쟁을 유발하고 소송을 확산시키기 때문이다. 게다가 법률가는 자동차 회사와 달리 자신들의 상품을 강매할 수 있는 능력이 있다. 자동차 회사가 차를 사게 하려면 '럭셔리'니 '프레스티지'니 하는 말도 안 되는 헛소리로 범벅이 된 광고를 하는 수밖에 없지만, 법률가는 그렇지 않다. 법률가는 상대가 원하지 않아도 별다른 비용 없이 그를 싸움터로 끌어들일 수 있다. 소장을 날리고 고소장을 접수시키기만 하면 누구든지 법적 분쟁에 끌어들일 수 있는 것이다. 사실 대부분이 원하지 않는 싸움이나 법률가들이 마음먹으면 누구도 피할 수 없다. 거절할 수 없는 초대인 셈이다. 말하자면 새로운 도로가 지역공동체의 환경을 파괴하고 공해를 발생시키는 것이다.

변호사가 늘어나면 누구나 손쉽게 법률서비스를 받을 수 있을 거라고 생각한다. 그러나 꼭 그런 것은 아니다. 어차피 제대로 된 서비스의 가격은 떨어지지 않았다. 엄청난 수익으로 질시의 대상이 되었던 일부 변호사들은 변호사 수에 영향을 받지 않는다. 약 오르겠지만 오히려 가격이 더 오른다. 수해가 나면 가장 귀한 것이 먹는 물이다.

문제는 법률서비스란 되도록 받지 않는 것이 좋다는 점이다. 목적지가 바로 집 앞이라면 굳이 차를 타고 갈 필요가 없듯이, 법률서비스도 꼭 필요한 것이 아니라면 되도록 이용하지 않는 것이 좋다. 법률서비스는 보약이 아니다. 불가피할 때 부작용을 각오하고 어쩔 수 없이 택해야 하는 일종의 치료약이다. 많이 이용한다고 몸과 정신이 건강해지지는 않는다. 오히려 그 반대다. 하지만 변호사가 늘어나면 굳이 다툴 것 없이 합의로 해결할 문제도 소송이나 고소로 이어지게 된다.(소송은 재판을 말하고, 고소는 피해자가 범죄 사실을 수사기관에 알리는 것을 말한다.) 소송을 통해 우리가 얻을 수 있는 가르침이라곤 다시는 송사에 휘말리지 말아야겠다는 다짐 정도일 것이다.

변호사의 나라 미국의 사례를 보자. 100만 명 이상의 변호사가 들끓고 있는 미국이 이상적인 사회라고 생각하는 사람은 없다. 한 예로 미국의 의료계는 무분별한 소송이 얼마나 황폐한 결과를 낳을 수 있는지 잘 보여준다. 원래 미국은 변호사에 대해 적대적이었다. 미국은 유토피아적 면모가 강했고, 법문화는 민중 지향적이었기 때문에 변호사 없이 정의를 실현시키겠다는 의지가 강했다. 펜실베이니아 주는 법과 소송을 혐오한 나머지 판사들을 없애고 각 구역마다 3명의 '커먼 피스메이커Common Peacemaker'를 임명하여 이들의 중재로 판결을 대체하게 했다. 그뿐 아니라 매사추세츠 베이는 보수를 받고 변론하는 행위를 금지시켰고, 1645년 버지니아 주는 변호사의 법정변론을 법으로 금지시키기도 했다. 변호사에 대한 대중들의 반감은 더 대단했다. 1769년 뉴저지에서는 변호사에 반대하는 군중폭동이 일어나기도 했다. 이러한 분위기 속에서 1740년 매사추세츠 주 전체의 변호사 수는 15명에 불과했다. 100여 년이 지난 1850년에도 미국 전역의 변호사는 2만1979명에 불과했다. 그러나 그때를 기점으로 변호사 수가 폭발적으로 늘어나기 시작해, 20세기 초에는 11만 명으로 증가했고 21세기 초에는 100만 명을 넘어섰다.

변호사 수가 늘어나면서 자연스럽게 새로운 분야에서의 소송도 증가했다. 주로 불법행위책임소송이 그 대상이었다.(불법행위란 민사적으로 다른 사람에게 손해를 끼치는 행위를 말한다. 이로 인해 손해배상책임이 발생한다.) 그중에는 실소를 금치 못할 소송도 적지 않았다. 종업원이 자기에게 커피를 쏟았다거나 물걸레질을 한 식당 바닥에 미끄러져 넘어졌다는 이유만으로 수백만 달러를 보상받기도 하고, 심지어 남의 집에 침입하다 상해를 입은 강도가 집주인을 상대로 소송을 제기하기도 했다. 집 관리를 부실하게 하여 자신이 침입하다 상처를 입었다는 것이다.

너무 많은 수로 불어난 변호사들은 먹거리를 찾아 점차 새로운 영업 영역을 만들어야 했다. 그중에서 돈도 많고 치명적인 결과가 발생하는 의료계는 좋은 먹잇감이 되었다. 구급차를 따라다니는 변호사가 생겨날 정도로 많은 변호사들이 들러붙었다. 그런 분위기에 따라 20세기 후반부터는 의료과오소송이 빈발했다. 원고들이 승소하는 경우는 드물었으나 잦은 소송에 시달리면서 병원 치료비와 보험료가 엄청나게 상승했다. 게다가 20세기 후반에 접어들면서 병원과 보험회사에 책임을 지우는 몇몇 기념비적인 판결이 나왔다. 그런 판결은 불쌍하고 약한 서민들의 손을 들어준 정의로운 결말이라고 대다수에게 환영받았다.

개인의 불행과 위험을 다수에게 분담시키는 해결책은 빠르고, 저항이 적으며, 심지어 정의로워 보인다. 미국의 전설적인 라과디아 판사는 절도죄로 잡혀온 노인에게 벌금형을 선고하면서 법정에 있는 방청객 모두에게도 벌금형을 선고했다. 그 노인이 어린 손녀를 먹여 살리기 위해서는 절도를 할 수밖에 없도록 만든 책임이 모두에게 있다는 것이었다. 그리고 방청객들로부터 받은 벌금으로 노인의 벌금을 충당했다. 그런 아름다운 이야기는 대부분의 사람들을 행복하게 만들어준다. 그러니 한 개인의 불행을 좀 더 힘 있는 병원과 보험회사에게 나눠 부담하도록 하는 것이 얼마나 현명한가! 그러나 이것은 동화 이야기와 같다. '왕자님과 결혼해서 행복하게 살았다'로 끝을 맺는 신데렐라 이야기와 같다. 구박데기로 자란 신데렐라가 왕자와 결혼한 후 진짜 행복했을까? '천일의 앤'처럼 남자의 사랑이 금세 식었을 수도 있고, 비천한 신분으로 인해 영원히 고통받았을 수도 있다.

의료과오소송에 시달리던 병원들은 아주 희박한 가능성에도 대비해야 했고 결국 불필요한 검진과 고가의 진단장비 사용을 증가시켰다. 당연히 이것들은 의료비를 천문학적으로 끌어올렸다. 헬기로 이송했다면 생명을 구할 수 있었을지도 모른다는 이유만으로 엄청난 손해배상책임을 지우는 판결이 나오자 대부분의 병원들은 그다지 급하지 않은 상황에서도 헬기를 불러 환자를 이송하게 했다. 그래서 미국의 응급실에 가면 느닷없이 헬기를 타게 되는 것이다. 물

법이 궁극적으로 해결해주는 것은 없다

론 그 비용은 모두 환자와 보험회사에 청구된다. 당연히 보험회사는 살인적인 보험료 인상과 보험 가입 거절로 그 비용을 소비자에게 전가했다. 그래서 미국의 의료보험이 그 모양이 된 것이다. 선의가 꼭 좋은 결과만 낳는 것은 아니다. 물론 부작용은 시차를 두고 발생하기 때문에 정상배들은 늘 선의만 강조한다. 표는 지금 받는 것이고, 책임은 나중에 지면 되기 때문이다. 물론 나중에라도 책임을 지는 정치인은 없다.

이런 상황은 의료업계에만 국한된 것이 아니다. 미국의 많은 분야가 끊임없는 소송에 시달리고 있다. 게다가 법률가들은 기득권을 지키는 데 능하기 때문에 시장 집중과 독점을 도왔다. 그 스스로도 법률시장에 엄청난 진입장벽을 만들었다. 나만의 생각은 아니다. 소스타인 베블런도 '비생산적 활동에 종사하면서 야만적 지배욕과 과시적 낭비로 공동체의 효율을 침해하는 유한계급의 대표적인 예가 법률가'라고 말한 바 있다.

미국이 엄청난 양의 불법행위책임소송과 막대한 배상금에 시달리게 된 것은 미국 정부의 분권적 성격, 정부에 대한 저항과 불신, 사회복지 시스템의 부족 등이 원인이라 할 수 있다. 미국이 이러한 고비용 저효율의 시스템으로 분쟁과 갈등을 해결하면서 나라 살림을 거덜 내고 있는 반면, 우리나라는 같은 문제를 형사처벌이라는 중앙집권적이고 종합적인 방법으로 싸고 간편하게 해결하고 있다. 물론 우리의 방식도 치명적인 부작용이 있는데, 국가의 권력이 강화되고 검찰·경찰 등 수사기관이 비대해진다는 점이다. 권력은 영양분과 비슷하다. 누구나 탐하고 벌레가 꼬이며 한곳에 머물면 반드시 부패한다. 결국 미국식 해결 방식과 한국식 해결 방식 모두 치러야 할 대가가 만만찮다.

길이 막힌다고 꼭 도로를 넓혀야 하는 것은 아니다. 오히려 도로를 줄여서 해결하는 방법도 있다. 실제 선진국의 많은 도시들이 적용하고 있는 방식이다. 대중교통과 차량 공유를 늘려서 해결할 수도 있고, 사고를 전환하여 도로를 사용하지 않는 방법을 찾을 수도 있다. 법률시장도 마찬가지다. 꼭 법률가를 통해 분쟁과 갈등을 해결해야 하는 것은 아니다. 분쟁과 갈등을 꼭 법적인 문제로 볼 이유도 없고, 반드시 현재의 법원·검찰 체제로만 해결해야 하는 것도 아니다. 원래 분쟁이나 갈등은 법적인 것이 아니었고 법으로 해결했던 것도 아니었다. 그런 시절에도 세상은 무너지지 않았다.

사실 분쟁과 갈등을 형사와 민사로 구분하여 각기 다른 방식으로 해결하는 현재의 법체계도 무척 낡은 개념인지 모른다. 많은 사람들이 피고와 피고인을 구분하지 못한다.(피고는 민사소송에서 원고가 낸 소송을 받는 상대방을 말하고, 피고인은 형사소송에서 검사로부터 공소제기를 당한 사람을 가리킨다. 좀 과격하게 설명하자면 피고는 보통 채무자들이고, 피고인은 범죄자들이다.) 그러다 보니 때로는 텔레비전 드라마에서 '피고자'라는 다소 민망한 표현도 등장한다. 이는 법률가들의 생각과 달리 민사와 형사가 구분되는 것이 부자연스럽다는 의미일 수도 있다. 이제는 사라진 간통죄에 비춰보더라도 형사 사건과 민사 사건의 구분이 절대적이지 않다는 것을 알 수 있다. 게다가 우리나라의 경우 고소 제도의 기형적인 발달로 인해 민사와 형사가 융합되어버렸다. 억울함과 갈등을 나라에서 알아서 일괄적으로 해결해달라는 것이다. 이것

은 지금의 법 체제가 현실을 그다지 잘 반영하고 있지 않다는 것을
보여준다.

현재처럼 판사·검사·변호사들이 마치 신과 같은 위치에 군림하
면서 원인과 책임을 결정하는 구조를 앞으로 이 사회가 계속 받아
들이기는 어려울 것이다. 현재의 법 체제는 계몽주의와 모더니즘의
적자인데, 그 중요한 특징 중 하나가 '전문화'이다. 지금까지는 일정
수준의 안전과 소비자 보호를 위해 특정 분야는 전문가가 다루어
야 한다고 여겨왔다. 그래서 정부가 주관하는 시험이나 관문을 통
과하는 사람들을 대상으로 국가가 전문성을 보증해주고 일정 분야
를 전담·독점하게 하는 시스템으로 이를 유지시켰다. 법률가 시장
도 그런 논리에 따라 진입장벽을 만들어냈다.

그런데 앞으로도 계속 그럴 것인지는 의문이다. 전문화로는 더
이상 포착할 수 없는 세상의 변화가 현실화되고 있다. 불과 1~2년
전만 해도 생소하고 희박했던 분야들이 금세 일반화되고 보편화되
고 있다. 문제는 그러한 새 분야를 관통하는 작동 원리가 너무 전문
적이기 때문에 일반화된 전문성으로는 도저히 포섭할 수 없다는 것
이다. 그래서 이제는 우리도 모르는 사이에 전문적인(사실은 일반적, 혹
은 개괄적이 되어버린) 지식보다는 통섭적이고 다양한 이해가 더 중요
한 시기로 이동해버린 것이다. 버크민스터 풀러Buckminster Fuller가 말
했듯이, 전문화는 인간의 다양한 범위를 조율하고 검색하는 능력을
차단하고 일반 원리를 더 이상 발견할 수 없게 만든다. 우리가 전문
적이라고 생각한 것들이 실상 더 이상 전문적인 것이 아니고, 오히려
새로운 다양성과 원리를 발견하는 데 장애물이 되고 있다는 것이다.

게다가 지금 법질서는 궁극적인 위기에 직면해 있다. 현재의 법질서는 사적 소유제를 기초로 세워진 것이다. 그 사적 소유제를 강력하게 지지해주었던 이론이 바로 '공유지의 비극The Tragedy of the Commons'이었다. 하지만 정보통신과 인터넷의 발달, 집단지성, 새로운 평판 시스템의 형성으로 공유 제도가 비극적인 결과를 낳지 않을 수도 있다는 인식이 확산되고 있다. 물론 아직까지는 대한민국에서 발생하는 범죄 중 가장 빈발하는 것이 절도죄이다. 그러나 공유경제의 확산으로 인해 과거 소유권을 주춧돌 삼아 세워진 현재의 법체계는 절대성을 잃고 혼란에 빠질 수도 있다. 새롭게 떠오르는 공유경제 체제에서도 과거와 같은 개인의 절대적 소유권을 기초로 하는 형사 사법 제도가 여전히 유효할 것인지는 의문이다. 그뿐 아니다. O2OOnline to Offline 나 온디맨드 경제On-Demand Economy로 인해 고용이라는 개념이 사라지고 극단적으로 짧은 한시적 계약직으로 노동시장이 재편되고 있다. 이런 계약관계에서 과연 현재의 노동법이 노동시장의 약자들을 보호해줄 수 있을까?

앞으로 개인과 사회를 공격하는 주요한 범죄는 데이터와 프라이버시에 대한 침해가 될 가능성이 높다. 에드워드 스노든Edward Joseph Snowden 의 폭로에서 알 수 있듯이, 정부는 인터넷 사용정보 등을 통해 개인정보를 알아낼 뿐만 아니라 온라인 주체성을 조작할 수도 있다. 결국 플랫폼 기업들은 정부와 야합하고, 정보를 과점하고, 대중에게는 왜곡된 정보를 제공할 것이다. 그리고 정보의 불균형은 자연스레 권력의 불균형으로 이어질 것이다. 그때도 국가가 장악하고 있는 형사법 체제가 그런 침해를 방지해줄 수 있을까?

법이 궁극적으로 해결해주는 것은 없다

플랫폼 기업이 확대되고 인공지능이 발달하면서 좀 더 적은 근로자와 자본으로도 시장 장악이 가능해질 것이다. 그로 인해 심각한 고용문제와 빈부격차가 발생할 것이다. 그런 문제를 지금의 법질서가 해결할 수 있을까? 자율주행자동차가 일으키는 교통사고는 누가 책임질 것이며, 유전자 가위 등을 통해 보다 정교해진 유전자 조작으로부터 인간의 존엄성은 어떻게 지킬 수 있을까?

물론 인공지능에 의한 판결이나 지역공동체의 자발적인 분쟁 해결 등이 대두되면서 기존 법질서의 맹점을 보완해줄 수도 있다. 다보스포럼의 좌장인 클라우스 슈밥 Klaus Schwab 은 이렇게 주장했다. "비약적으로 급증한 연산력과 방대한 양의 데이터 유효성으로 눈부신 성장을 거듭한 인공지능은 신약 개발 소프트웨어부터 문화적 관심사를 예측하는 알고리즘 개발까지 가능하게 해준다." 빅 데이터 기술과 인공지능의 발달은 생각보다 빨리 판사를 대체할지도 모른다.

그렇다면 우리 법률시장과 법률가들은 새로운 변화에 잘 적응할 것인가? 아쉽게도 법률가들은 기득권이 가져다준 불로소득을 자신들의 능력에 따른 대가라고 착각하고 있다. 그래서 자신들의 경험에 갇혀 있다. 어느 시인이 말했듯이 껍질은 보호막이자 굴레다. 문제는 미래가 우리 경험의 한계를 벗어날 것이라는 점이다. 앙드레 브르통 Andre Breton 은 경험의 한계를 벗어나기 위해 우리는 상상력을 동원해야 하고, 그러려면 우리 내부에 있는 잠재적이고 비이성적인 힘을 이용해야 한다고 말했다. 지금의 법률가들은 지극히 논리적이고, 그렇기 때문에 누구보다 두꺼운 껍질에 싸여 있다. 경험의 한계를 벗어날 수 없는 피단 같은 존재들이다.

　법이 궁극적으로 해결해주는 것은 아무것도 없다는 것을, 사람들도 알아채기 시작했다. 새로운 문제에 해답을 제시해주기는커녕 오히려 억압해왔다는 것을 더 이상 숨길 수 없게 됐다. 그래서 이제는 자의든 타의든 법률가에 의한 해결방식은 점점 후퇴할 것이다. 그렇다고 역사나 인류가 후퇴하지는 않을 것 같다. 휘슬러가 소송에서 이겨서 위대한 화가가 되었겠는가? 시대를 앞서간 휘슬러의 예술성은 소송이 아니라 시간이 증명해주었다.

엄정함을 잃은 법은
지도적 기제가 될 수 없다

인류를 민주주의라는 다소 낯선 신천지로 이끈 것은 사실 구텐베르크이다. 1440년 구텐베르크는 금속활자를 만들어 문장에 맞게 짜깁기한 후 올리브나 포도를 착즙하는 기계에 넣고 찍는 방식으로 인쇄를 했다. '인쇄'라는 뜻인 '프레스press'는 이와 같이 착즙기계를 누르는 방식으로 인쇄한 것에서 유래한 말이다. 구텐베르크가 인쇄술을 개발하면서 요즘 시가로 2000만 원가량이던 책값은 7만 원 정도로 대폭락했다. 인쇄술이 발명되기 이전에 책들이 비쌌던 이유는 모든 글을 '필경사'라고 하는 전문 장인이나 수도사들이 직접 베껴서 만들었기 때문이다. 그러다 보니 책 한 권을 만들기 위해서는 엄청난 시간과 돈이 필요했다. 게다가 책 한 권에는 가죽표지를 만드는 갖바치, 삽화를 그려 넣는 삽화가, 책 모서리에 경첩을 다는 대장장이, 표지에 귀금속을 다는 세공사들까지 동원됐다. 그걸 생각하면 2000만 원도 싼 것인지 모른다. 라틴어로 쓰인 데다 이렇게 귀한 것이다 보니 인쇄술이 개발되기 전 책이라는 것은 주로 상류층에서만 읽을 수 있었다.

당연히 책은 지성, 고귀함 그리고 부의 상징이었다. 중세와 르네상스 시대에 그려진 그림들에는 많은 상징이 내포되어 있다. 예를 들면 비둘기는 천사 혹은 신의 말씀, 어린 양은 예수, 백합은 에덴동산, 가시 없는 장미는 원죄 이전 혹은 구원, 촛불은 신성神聖 혹은 복음福音, 꺼진 촛불은 예수의 탄생, 오렌지는 선악과善惡果 등을 상징한다고 한다. 그중 책은 '고귀함'의 상징이다. 그래서 성모 마리아는 늘 한 손에 책을 들고 있는 것이다. 대천사 가브리엘로부터 예수 잉태를 전해 듣는 수태고지 장면에서 마리아가 책을 들고 있는 것은 고귀함을 나타내기 위해서이다.

인쇄술의 개발로 책값이 떨어지자 이제는 누구나 책을 접할 수 있게 되었다. 가장 먼저 독일을 중심으로 라틴어가 아닌 독일어로 쓰인 책들이 쏟아지기 시작했다. 그 결과 귀족들과 성직자들이 독점하던 지식과 성서의 내용이 일반 대중에게까지 급속도로 퍼졌다. 물론 귀족, 성직자, 상류층에게는 아주 못마땅한 일이었다. 성전 읽기와 공부를 중요시하던 유대교나 이슬람교와 달리 가톨릭은 일반인들이 성서 읽는 것을 두려워하고 이단시했다. 12세기 프랑스에서는 '발도파Waldenses'가 나타났는데, 그들은 연옥, 연미사, 보속 등을 부인하면서 성서에 나온 내용만 믿어야 한다는 성서 중심주의를 내세웠다. 발도파의 팽창에 두려움을 느낀 로마 교회는 평신도의 성서 읽기를 금지시켰고, 심지어 종교재판에서 성서를 소유하거나 읽었다는 이유만으로 이단 판정을 내리기도 했다. 이러한 전통에 젖어 있던 상류층 입장에서는 성서가 민중에게 널리 퍼지는 것이 극히 두려웠을 것이다.

그들은 술이나 기름 따위를 짜던 기계로 만든 책에는 인간의 영혼과 수고가 깃들지 않았기 때문에 그런 책들은 기계의 낙인에 불과하다고 경고했다. 신의 섭리나 진리는 무척 어렵고 미묘한 것이기 때문에 고귀한 사람들이 중간에서 해석하고 전달해줘야 한다고 말했다. 그러므로 인간의 손을 거치지 않고 기계가 찍어대는 책으로 접하는 신의 말씀이나 지식은 무분별한 방종과 불신을 낳을 것이고, 그 결과 처참하고 무서운 재앙이 닥칠 것이라고 위협했다.

그들의 공포는 곧 현실이 되었다. 인쇄술이 발명되자 귀족과 성직자들이 독점하던 지식의 장벽이 무너졌다. 가장 먼저 마르틴 루터Martin Luther의 『95개조 반박문』이 무려 30만 부나 인쇄되어 전 독일로 퍼졌다. 지식의 장벽이 무너지자 허위, 압제, 착취의 실상이 드러났다. 1524년, 성서를 독일어로 번역한 토마스 뮌처Thomas Münzer가 이끄는 30만 명의 독일 농민들은 봉건압제에 대항하여 봉기했다. 독일, 스위스, 오스트리아, 체코에 이르기까지 무지개 깃발을 앞세운 농부, 광부의 반란이 휩쓸었다. 하지만 변변찮은 농기구만을 손에 든 농민과 광부가 기병대와 대포를 앞세운 정규군을 당해낼 수 없었다. 마르틴 루터의 외면 속에 10만 명의 농민들이 살육되었고, 1525년 5월 27일 토마스 뮌처는 네 토막으로 갈가리 찢겼다. 그렇게 잔인하게 독일농민전쟁은 끝났다.

하지만 죽어간 그들에게 그 1년의 시간과 죽음은 아까운 것이 아니었을 것이다. 그들에게 그 1년은 태어나서 처음으로 자유인으로 살았던 유일한 시간이었을 것이다. 그래서 학살에도 불구하고 한번 불붙은 자유와 평등에 대한 열망은 식지 않았다. 슈말칼덴 전쟁, 네덜란드 독립전쟁, 30년 전쟁, 위그노 전쟁, 아일랜드 전쟁 등이 끊임없이 터졌다. 더 많은 농민들과 농노들이 죽어갔다. 그러나 그 많은 전쟁과 학살 속에서 손톱 자라듯 자유와 인권은 조금씩이나마 꾸준히 자랐고, 결국 신분제와 전제정은 국지적인 예외를 제외하고 대부분 사라졌다. 기계의 낙인이자 악마의 술책이라는 인쇄술은 자유와 평등을 낳았고 특권이라는 구체제의 심장에 비수를 꽂았던 것이다.

지금도 특권을 정당화하는 궤변 중에는 인간이 직접 해야 한다는 미신이 있다. 인간이 결정하고 판단해야 인간의 존엄성을 침해하지 않는다는 일종의 종교적인 도그마는 의외로 여러 곳에서 쉽게 찾아볼 수 있는데, 대개 이런 신성화의 굴레는 특권과 밀접하게 연관되어 있다.

알파고가 이세돌 국수를 상대로 승리를 거둔 후 대부분의 인류는 인공지능의 시대가 왔다는 것을 받아들일 수밖에 없게 되었다. 나아가 이제는 인공지능이 법률서비스를 제공하고 판결을 할 수도 있다는 것을 누구나 예상할 수 있게 되었다. 그러한 예상이 몇몇 사람들에게는 매우 불쾌한 모독으로 다가왔음은 물론이다. 그들은 기계가 사람의 운명을 좌우하는 것은 인류의 보편적인 존엄성과 헌법에 반하고 민주주의에도 위배된다고 주장한다. 그러한 모욕감은 지금 수준에서는 당연한 것인지도 모른다. 그래서 모두 이세돌 국수가 알파고를 꺾어주기를 바랐는지도 모른다.

하지만 알파고의 승리도 인류의 승리일 뿐이다. 알파고를 화성인이나 벌칸인이 만든 것도 아니지 않은가. 알파고는 지금까지 존재하는 모든 기보棋譜를 집적하여 이에 기초해 확률적으로 더 승률이 높은 수를 선택했다고 한다. 즉, 알파고는 새로운 바둑을 둔 것이 아니라 인류가 쌓아온 바둑의 역사와 기사들의 빛나는 두뇌를 재빠르게 펼쳐 보인 것에 불과하다. 그래서 이세돌 국수를 이긴 것은 기계가 아니라 시간이었던 것이다.

결국 인공지능이라는 것은 빅 데이터를 활용하는 것이므로 인류의 오랜 지식활동을 찰나에 드러내는 것과 다름없다. 기계가 한 것은 시간의 비용을 줄여준 것에 불과하다. 그래서 인공지능은 빅 브라더가 아니라 인간의 수고와 땀의 소산이다. 말하자면 방대한 도서관에서 어떻게 신속하게 필요한 책을 찾느냐의 문제인 것이다. 내비게이션을 따라 운전한다고 '티맵'이 나를 조종하는 것은 아니듯, 인공지능으로 판결을 하고 법률서비스를 제공한다고 해서 기계에 종속되는 것은 아니다. 수백 년간 이어져온 법률가들의 수고와 고민들을 따르는 것뿐이다. 다만 좀 더 신속하고, 공정하다.

인공지능에 의한 법적 분쟁 해결은 오히려 법에 대한 신뢰와 공정성을 높여줄 수 있다. 법의 가장 중요한 미덕은 무엇보다 예측 가능성이다. 법은 등대와 같아야 한다. 법을 찾는 것이 각주구검이 되어서는 안 된다. 지금까지의 들쑥날쑥한 판결과 법적 결정에 대해, 특권층은 사람이 하는 일이기에 다소 편차가 생길 수 있다는 논리를 내세워 정당화해왔다. 그러나 그 편차가 불공정한 정도에 이르는 경우에는 인간적이라는 변명만으로 지나쳐버릴 수 없다.

대부분의 심리학 연구에 따르면 사람들은 '부족함'보다 '불공정함'에 분노를 느낀다고 한다. 법이 정의는 아니지만, 정의를 제거하면 법은 제대로 서지 못한다. 그럼 정의는 무엇일까? 정의는 기본적으로 '부정'의 논리다. '정의'가 무엇인지는 쉽게 판단하기 어렵지만, '부정의'가 무엇인지는 대부분 명확하게 판단할 수 있기 때문이다. 실제 우리는 부정의가 무엇인지 금방 알 수 있다. 예를 들어 지각한 홍길동을 벌세우는 것은 부정이 아니나, 홍길동과 전우치 모두 지각했는데 홍길동만 벌세우는 것은 부정이라는 것을 누구나 알 수 있다. 따라서 판결이 사람에 따라 달라지는 것을 '구체적인 상황에 대한 고려'라는 말장난으로 방어하는 것은 너무 궁색하다. 그건 누구나 부정의라는 것을 알 수 있기 때문이다. 그럼에도 불가피한 것이라고 주장하게 되면 신분제 사회의 착취를 신의 뜻이라고 억박지를 때와 같은 불편함을 느끼게 한다.

게다가 우리는 엄격함과 공정함을 중시하는 역사적인 경험을 지니고 있다. 일례로 조선시대 지방 수령들의 잘잘못을 가리는 비밀 감찰관으로 암행어사가 있었다. 암행어사가 반드시 지녀야 하는 물건으로는 누구나 알고 있는 '마패馬牌'가 있다. 그것과 함께 늘 지녀야 할 것이 또 하나 있었는데, 바로 '유척鍮尺'이라는 것이다. 유척은 길이를 재는 자인데, 암행어사는 이것으로 각 고을마다 죄인을 매질하는 태笞, 장杖 등 형구의 크기가 동일한지 측정했다. 죄인을 때리는 매의 크기도 똑같아야 비로소 공정하다는 뜻이다. 공정한 형 집행은 암행어사의 주요 감찰 사안 중 하나일 정도로 중요했다.

그에 비해 지금 우리의 판결은 들쭉날쭉하다. 권력은 자의성에서 나온다. 그래서인지 그런 불균형과 불공정을 고치려는 시도에 대해 심한 저항이 존재한다. 그렇기 때문에 같은 죄에 대해 같은 벌을 주자는 내용의 '양형기준법'은 여전히 발을 못 붙이고 있다. 사정이 이렇다 보니 같은 죄를 짓고도 누구는 실형을 살고 누구는 집행유예로 나오는 사례가 허다하다. 그것들을 시정해보려는 최소한의 유척조차 강한 반대에 부딪혀 허락되지 않고 있다. 그럼 결국 해결책은 인공지능에 의한 재판이다. 오랜 기간 동안 인류가 집적해놓은 빅 데이터는 보다 공정하고 예측 가능한 결론을 제시해줄지도 모른다. 또한 인공지능에 의한 판결이라면 최소한 전관예우는 없을 것이다. 설마 인공지능 버전 2.0이 버전 1.0이 변호하는 피고인이라고 부당하게 집행유예를 선고하겠는가. 그리고 그것은 어쩌면 우리가 필연적으로 맞이하게 될 패러다임의 변화일지도 모른다.

그래서인지 알파고의 승리에 대해 가장 신속하고도 격렬한 반감을 보인 곳은 법조계이다. 그것은 알파고가 가장 먼저 침투할 분야가 법조 분야라는 방증이기도 하다. 그들은 양심과 상식이라는 것은 기계가 대체할 수 없다고 비판한다. 하지만 동일한 결론과 공정함이 있다면 굳이 주관적인 양심까지 동원해야 할지 의문이다. 물론 기계가 상식을 가질 수는 없다. 하지만 알베르트 아인슈타인이 말한 것처럼 상식이란 한 사람이 18세까지 익힌 편견의 컬렉션일 뿐이다. 게다가 내기 골프는 도박이 아니라고 하는 판결도 상식적인 것은 아니다.

성직자들이 인쇄술에 대해 가졌던 반감처럼 법률가들이 과학기술을 대하는 자세에는 적대감이 묻어난다. 법률가들은 너나 할 것 없이 과학기술에 대한 우려를 쏟아내고 있다. 그 우려나 비판을 듣고 있으면 머지않아 과학기술이 악의의 발톱을 드러내고 인간의 존엄성과 정의를 무너뜨릴 것만 같다. 하지만 정말 그런 것인지, 과학기술이 인간성을 파괴할 것인지 나는 좀 의심스럽다.

법률가들의 비판 중에는, 과학기술은 소수가 독점하기 때문에 기본적으로 비민주적일 수밖에 없다는 주장이 있다. 하지만 소수가 독점하기 때문에 비민주적이라고 한다면 법조야말로 가장 비민주적이지 않은가? 법률시장만큼 소수가 독점하는 분야도 없다. 법률 제도가 정치, 사회, 종교 등 다른 제도들과 구분되는 가장 큰 특징은 고유한 교육 시스템에 따라 제한적으로 양성된 전문 집단에 의해 배타적으로 해석·진행·집행된다는 점이다. 법률가들은 이를 두고 법률 제도의 보편성과 통일성을 지켜주는 수단이라고 주장하나, 보편적이고 통일된 결론이 나오지 않는다는 것은 모두가 경험으로 알고 있다. 오히려 이것들은 법조를 철저하게 독자논리와 내적 고유논리에 대한 충성심으로 결합시키는 역할을 하고 있다고 봐야 할 것이다.

다음으로, 과학기술은 부의 편중과 직접적으로 연관되어 있기 때문에 강자의 논리를 따르게 되고, 그 불균형은 결코 시정되지 않을 것이라고 비판하기도 한다. 하지만 우리가 지난 100여 년간 목격한 사실은 그것과 좀 다르다. 과학기술의 발달은 좀 더 저렴한 가격으로 더 많은 사람들이 과학기술에 접근할 수 있게 해주었다. 슈퍼

컴퓨터나 유전자 분석 같은 것을 예로 들어보자. 30년 전만 하더라도 이런 것들은 극히 소수의 거부들이나 강대국만이 보유하고 접근할 수 있는 기술이었다. 하지만 그것들은 불과 한 세대도 지나지 않아 대부분의 대중들에게 개방된 기술이 되었다. 30년 전의 슈퍼컴퓨터보다 훨씬 뛰어난 컴퓨터를 지금 방글라데시의 평범한 시민도 가질 수 있다. 하지만 법률서비스는 그렇지 않다. 30년 전의 최고 수준 법률서비스를 지금은 접근하기 더 어려워졌다. 과거에 백두산 위쯤 있었다고 한다면, 지금은 성층권 밖으로 멀어지고 있다.

법률가들은 과학기술에 대한 배타적 소유권이 강화되면서 불평등을 강화시키고 있다고 비판하기도 한다. 예를 들어 생명물질에 대한 사적 소유를 정당화함으로 인해 건강과 생명에 대한 불균형을 낳고 있다고 비판한다. 물론 이 비판은 절대적으로 옳지 않다. 이것은 도로에 담을 쌓아 그 도로를 사용하지 못하게 한 후 도로를 탓하는 것과 같다. 도로를 이용할 수 없는 것은 담을 쌓았기 때문이다. 도로는 잘못이 없다. 비유하자면 법조인들은 도로에 담을 쌓는 일을 한다. 인류가 누려야 할 발견 혹은 발명을 소수가 독점하도록 특허권과 소유권을 부여한 것은 과학기술이 아니라 법률가들이었다.

과학기술은 기본적으로 공공성을 띠어야 하는데 그렇지 못하다는 비판도 있다. 모든 발전, 모든 과학기술은 인류 공통의 자산으로 쌓아 올린 것이다. 뉴턴조차 자신의 업적에 대해 다만 거인들의 어깨 위에 올라서서 본 것에 불과하다고 말한 바 있다. 따라서 과학기술은 전 인류의 업적이라고 할 수 있다. 따라서 전 인류가 필요에 따라 사용할 수 있어야 한다고 주장하는 것은 옳다. 하지만 과학기술의 성과를 전 인류가 누려야 한다고 주장하기 전에, 과연 법률서비스는 공공성을 띠고 있었는지에 대해 반성해야 한다. 게다가 과학기술의 성과가 비교적 공공재로 사용되었다는 것은 누구나 공감하고 있다.

법률가들이 제기하는 과학기술의 많은 문제들은 사실 과학의 문제가 아니라 인간의 문제였다. 유전공학이 인간의 존엄성을 궁극적으로 침해할 것이라고 주장하는 사람들도 있는데, 사실 굳이 유전공학이나 복제인간을 들먹이지 않아도 인간의 존엄성은 이미 사회 곳곳에서 도전받고 있다. 대부분, 아니 거의 전부, 길거리에서, 마트에서, 사무실에서 벌어지는 '갑질'과 부당한 착취에서 비롯되고 있는 것이다. 그리고 대부분의 경우 법과 법조인은 그 가해자들과 강자들을 옹호하는 데 활용되었다. 그래서 인간 존엄성 침해를 조장하고 이에 부역한 책임은 누구보다 법조인들에게 먼저 물어야 한다.

그럼 법조는 왜 유독 이렇게 과학기술에 대해 적대감을 드러내는 것일까? 어쩌면 그건 과거 법조가 인문학, 철학, 종교로부터 권력을 강탈했던 과정과 과학기술이 법률가들을 대체하는 진행 경과가 매우 흡사하기 때문인지도 모른다. 아버지 우라노스로부터 권력을 찬탈한 크로노스가 자신의 자식인 제우스에게 가장 큰 두려움을 느끼는 것과 마찬가지이다.

과거 법률가들은 인문, 종교, 철학으로부터 과학적 엄정함, 공정함, 객관성, 일반성, 논리성, 중립성, 예측 가능성 등을 내세워 사회의 주도권을 빼앗았다. 물론 이러한 특성들이 실제 법의 장점으로 실현되었는지는 의심스럽다. 역사적으로 볼 때 우리는 이러한 광고 문구에도 불구하고 결국 법적인 결정이란 최종적으로 사회 상규나 일반적인 상식 혹은 다수의 위압에 영향 받았다는 것을 기억하고 있다. '사회 상규'나 '상식'은 언뜻 호감을 주는 용어지만, 늘 주관적인 데다 반박을 거부하는 개념이기 때문에 그 속에는 상대에 대한 몰이해와 편견이 숨겨져 있다. 다수결이란 것도 결국 소수의 희생을 강요하는 것이고, 더욱이 합리적인 토론을 거부하는 다수의 억측을 관철시키기 위한 폭력으로 사용되기도 했다.

과학기술, 예를 들어 생명과학이나 환경공학이 인류의 삶에 중대한 영향을 미칠 뿐 아니라 그 영향을 되돌리기 어렵기 때문에 끊임없이 감시해야 한다는 것은 맞는 말일지도 모른다. 그러나 그보다 우리 생활에 더 밀접하고 일상적인 법률시장 혹은 법 제도에 대한 감시는 더욱 중요하다. 그럼에도 이를 외면하고 유독 과학기술에 대해서만 개입과 감시를 외치는 것은, 지금 과학기술이 내세우는 과학적 엄정함, 논리성, 객관성, 보편성, 적용 가능성, 예측 가능성 등이 법조인들의 가장 큰 무기였기 때문이다. 구원과 인간의 해방을 외치던 인문학을 과학적 엄정함으로 제압했던 기억과 주도적 지위를 상실하게 될 것이라는 두려움이 과학기술에 대한 과도한 경계와 무고로 표출되고 있는 것이다. 결국 다른 곳에 문제를 돌리는 것이 아니라면 전형적인 '물 타기'라고도 할 수 있다.

물론 당분간 세상의 가장 중요한 척도는 여전히 법 제도가 될 것이다. 관성은 물리적 세계뿐만 아니라 사회적인 세계에서도 작용한다. 그러나 과학적 엄정함과 객관성, 예측 가능성을 실증해내지 못하면 굳이 법 제도가 사회의 지도적 기제로 사용될 필요는 없다. 무엇보다 우리는 자의적인 휴리스틱보다는 공평함과 예측 가능성을 원한다. 기계가 인간의 운명을 결정짓는 것은 신성모독이라는 위협은 이미 인쇄술 논쟁에서 허구라는 것이 밝혀졌다. 신호등이나 등대를 따른다고 설마 인간의 존엄성이 상처 입겠는가. 악마의 속삭임이라는 인쇄술이 인류에게 자유와 평등을 가져다주었듯 인공지능은 인류에게 공평한 법 적용이라는 신천지를 최초로 선사해줄지도 모른다.

법은 공정하고 객관적인 분쟁 해결 방법인가

낚시꾼들이 모이면 자신이 잡았던 물고기에 대한 허풍과 과장을 늘어놓는다. 이야기를 듣다 보면 아마존에만 산다는 피라루쿠와 비견할 만한 사람 크기의 붕어도 등장한다. 골퍼들이 모이면 자신의 드라이버 거리에 대해 허풍을 떨듯, 검사들도 모이면 자신이 처리했던 사건들에 대한 과장과 각색을 늘어놓곤 한다. 초임 검사들이 주로 하는 짓인데 형사법적 지식과 법률 용어가 약간 가미되기는 하지만, 결국은 자신이 얼마나 어렵고 방대한 분량의 기록을 처리했는지를 자랑하는 내용들이다. 주로 자신이 처리했던 두꺼운 사건 기록들로 이야기가 시작된다. 몇 천 페이지로 시작한 기록의 양은 얼마 지나지 않아 캐비닛 수십 개 분량으로 늘어나기도 한다.

기록의 양과 더불어 늘 이야기하는 것이 자신이 처리한 건들이 얼마나 오래된 사건인가 하는 것이다. 오래된 기록은 증거를 찾기도 어렵고, 손을 많이 타서 좀체 가닥을 잡기도 쉽지 않다. 양측의 대립도 첨예하고, 증거와 반대 증거들도 날카로운 가시처럼 비쭉비쭉 솟아 있다. 어렵다 보니 오래 묵히게 된 것이다. 그런 기록들을 처리했다고 말하는 건 드러내놓고 자신의 끈기와 책임감을 으스대는 것이다. 그러다 보니 자신의 나이보다 훨씬 오래된 기록을 처리했다는 이야기에서부터 기록이 어찌 오래되었던지 손으로 만지면 먼지처럼 부서지더라는 허풍까지 등장한다.

물론 '알기는 칠월 귀뚜라미'요 '안다니 똥파리'인 내가 그런 유치한 자랑질에서 빠질 리 없다. 다들 열을 내 서로의 말을 끊어먹으면서 자랑질을 하던 사이, 잠시 정적이 찾아오는 그 찰나의 순간을 포착해 나도 한마디 했다.

"대정大正 14년, 일본 말로 '타이쇼우'라고 부르지. 타이쇼우 14년, 기록은 그때부터 시작됐어."

'타이쇼우'는 섬나라의 연호로 '메이지明治' 바로 다음이다. 타이쇼우는 1926년 '쇼와昭和'로 이어지고, 1989년부터는 '헤이세이平成'를 연호로 쓰고 있다. 대정 14년은 서기 1925년으로, 윤봉길 의사가 상해 홍구 공원에서 왜장 시라카와를 폭사시키던 때보다도 무려 7년 전이다. 나치가 태동하던 시기이기도 하다. 이 정도 되면 다들 기가 막혀서 '차라리 선캄브리아기에 시작되었다고 하지 그러냐'며 핀잔을 주기도 한다.

하지만 대부분의 불신과 달리 나는 '대정 14년'으로 시작되는 기록을 처리한 적이 있다. 거의 반백년을 끌어온 분쟁의 씨앗이 생겨난 건 1925년 인천에 사는 배 씨가 장 씨로부터 우물부터 마을길까지 이르는 산비탈 밭을 사들이면서부터였다. 그 후 배 씨는 징용에 끌려가서 죽고, 배 씨의 아들이 아버지가 남긴 매도증서를 찾아내면서 분쟁이 시작된 것이다. 배 씨 아들의 주장은 장 씨로부터 사들인 땅의 일부를 받지 못했다는 것인데, 문제는 그 마을에서 두 개의 우물터가 발견되면서부터 시작됐다. 배 씨 아들의 주장은 매도증서에서 나온 우물은 시멘트로 바른 새 우물이 아니라 마을에서 훨씬 떨어진 오래된 우물을 말한다는 것이었다. 만약 그렇다면 배 씨는 추가로 1000평가량을 더 받아야 했다. 배 씨 아들의 주장이 억지라고 일축할 수 없는 것이, 매도증서에 나온 매매대금은 상당한 액수로 그 정도 땅이 포함되어야 마땅한 금액이었다. 물론 장 씨 측의 입장은 달랐다. 물도 나오지 않는 우물터가 무슨 우물이냐며, 매도증서에 나온 우물은 마을에서 가까운 새 우물을 말하는 것이라고 주장했다. 만약 그게 아니더라도 이미 취득시효가 완성되어 자신들의 땅이라고 대응했다.

배 씨 아들이 제기한 소유권반환청구소송은 1심과 2심에서 결론이 갈렸고 대법원에서 다시 항소심을 뒤집어 1심 결론을 확정했다. 그러자 패소한 장 씨 측에서는 1심에서 증언을 한 마을 노인을 위증으로 고발했다. 우리나라 법률에서는 확정된 판결이라 하더라도 위증이나 문서위조 등이 밝혀지면 재심을 청구할 수 있도록 하고 있다. 노인은 '오래된 우물을 사용한 적이 있고, 시멘트 우물은 한국동란 이후에 만들어진 것'이라고 증언해서 배 씨 측에 절대적으로 유리한 결론을 내리게 했다. 노인의 말대로라면 '대정 14년'에 있었던 우물은 오래된 우물 하나뿐이었고 그에 따라 배 씨 가문이 가져가야 할 땅의 면적은 훨씬 많아지게 되는 것이다.

노인에 대한 위증죄 재판은 배 씨와 장 씨의 대리전 양상을 띠었고, 1심, 2심, 대법원을 거쳐 최종적으로 위증죄가 인정되었다. 장 씨 측은 위증 확정 판결을 근거로 재심을 청구하였고, 역시 대법원까지 간 재심에서 원래 결론이 뒤집어졌다.

그러자 이번에는 배 씨 측에서 장 씨 측을 모해위증, 공문서위조, 사서명위조 등으로 고소했다. 고소 사건들 가운데 일부는 기소되고 일부는 혐의 없음 처분되었는데, 어지럽게 유무죄가 반복되었고, 불기소 처분된 사건들도 항고, 재항고, 재기수사명령, 기소, 무죄, 유죄, 유죄확정 등 다양한 운명을 맞이했다. 이렇게 해서 다시 재심 청구가 되었고, 그 송사는 무한 반복되고 있었다. 그 땅은 결국 아무도 사용할 수 없었고, 대신 동네 주민들은 자연스럽게 양편으로 갈려 철천지원수가 되었다. 마을 주민치고 무고, 위증 전과 없는 사람이 없을 지경이었다.

법은 공정하고 객관적인 분쟁 해결 방법이라고 생각하기 때문에 어디든 법이 개입해야 마땅하다고 생각하는 사람들이 적지 않다. 하지만 책 속에 나와 있는 법과 실제 현실에서의 법은 많이 다르다. '대정 14년의 우물'처럼 법은 아무것도 해결하지 못한 채 분노와 갈등만 조장하기도 한다. 그럴 수밖에 없는 것이 법은 우리의 막연한 기대와 달리 많은 맹점을 가지고 있기 때문이다. 대표적인 법의 맹점은 '일도양단' 식 이분법적 사고라고 할 수 있다.

세상의 시비를 가리는 도구로는 '규칙'과 '기준'이 있다. '규

법은 공정하고 객관적인 분쟁 해결 방법인가

칙rule'은 일정한 규범을 정해놓고 그것에 위배되면 잘못된 것이라고 선언하는 방법이다. 이것은 마치 저울과 같아서 어느 한쪽이 조금이라도 무거우면 그쪽으로 기울게 된다. 이에 비해 '기준standard'은 일정한 지점에서부터의 거리로 잘잘못의 부담을 정하는 방식이다. 예를 들어 어떤 사고에 갑이 51%, 을이 49% 책임이 있다고 하자. 그럼 규칙은 그 잘못을 모두 갑에게 지우는 식이다. 이에 비해 기준이라는 도구를 사용하면 갑은 정도에서 51걸음 떨어져 있고, 을은 49걸음 떨어져 있는 것이다. 따라서 갑과 을 모두 책임을 져야 하고, 다만 그 책임에서 2%의 차이가 날 뿐이다. 기준 방식이 더 바람직해 보이긴 하지만 잘잘못을 수치로 명확하게 밝히는 것이 어려운 데다 많은 비용이 들기 때문에 우리 사회는 규칙을 선호한다.

'법'이야말로 전형적인 규칙이라고 할 수 있다. 그중 가장 심한 것이 '형사법'이다. 형사법에서는 조금이라도 잘못이 큰 사람이 모든 책임을 지고 죄인이 된다. 기준에서 단지 2% 더 떨어진 것에 불과한 갑에게 100%의 책임을 지게 하는 것이 형사법이다. 거우 2% 차이로 죄인이 된 갑으로서는 당연히 억울하고 그 결과에 쉽게 승복할 수 없다. 갑은 자신이 하지 않은 49%에 해당하는 불공정함을 느끼게 된다. 물론 을은 그만큼의 이득을 보며 기쁨을 느낄지 모르지만 그 것은 사악한 희열에 불과하다. 그에게 돌아가는 이득과 희열이 공동체에는 부담이자 독소가 되기 때문이다. 따라서 규칙을 적용한 형사법이 주된 분쟁 해결 방법이 된다면 공동체 전체가 느끼는 불공정성은 필연적으로 늘어날 수밖에 없다.

만약 배 씨와 장 씨를 불러 합의를 시키고 서로 조금씩 양보하게 했다면, 뭐 양측 다 썩 행복하지는 않았겠지만, 적어도 불행하지는 않았을 것이다. 그리고 주변 사람들도 송사와 관재수에 휘말리는 액운은 겪지 않았을 것이다. 하지만 배 씨와 장 씨는 법으로 문제를 해결하려고 했기 때문에 반백년 동안 법률가들에게만 이득이 되는 혈투를 벌였고, 그 과정에서 '대정 14년' 이야기가 나오는 기록도 드러나게 된 것이다.

사람들이 실은 알고 있으면서도 간과하는 것은, 법은 불구이자 어느 하나만이 옳다고 선언할 수밖에 없는 치명적인 결함을 지닌 분쟁 해결 방법이라는 점이다. 일도양단과 이분법적인 해결 이외에 다른 방법을 알지 못한다. 그럼에도 법은 아직도 유일한 분쟁 해결 방법으로 받아들여지고 있다. 법에 대한 의문이나 반성은 좀처럼 이루어지지 않는다. 헤겔이 말했듯이 널리 알려져 있는 것은, 그것이 널리 알려져 있기 때문에, 가장 적게 인식된다.

물론 이렇게 이분법적인 기준을 세우는 것은 국민들에게 법이 허용하는 것과 금지하는 것을 명확하게 알려주기 위해서라는 말도 있다. 이걸 '일반예방효과'라고도 한다. 조선시대 현행법으로 쓰인 명나라의 형률서인 『대명률大明律』의 서두에도 '백성들에게 이런 죄를 지으면 이런 벌을 받는다고 미리 알려 죄를 미연에 방지하라'는 황제의 칙서가 나온다. 하지만 애석하게도 사람들은 법이 허용하는 것과 금지하는 것을 제대로 구분하지 못하기 때문에 불법을 저지르는 것이 아니다. 도둑질이나 강도질이 법으로 금지되어 있다는 것을 몰라서 저지르겠는가.

그럼 왜 법은 이분법적일까? 내가 접했던 해석 중 가장 그럴싸

법은 공정하고 객관적인 분쟁 해결 방법인가

했던 것은, 경계에 위치하는 것들에 대한 비합리적인 공포 때문이라는 것이다. 사람들은 새와 쥐의 경계인 박쥐, 갈라진 틈새에 사는 곤충, 육지와 물을 오가는 양서류, 고체와 액체의 중간인 끈적끈적한 물체 등 어중간하거나 경계에 위치한 것을 본능적으로 두려워한다는 것이다. 이렇듯 경계에 있는 것들에 대한 근거 없는 공포심 때문에 사람들은 일도양단 식 분류를 선호한다는 것이다. 그래서 법이 이분법적으로 만들어졌다는 설명이다. 내가 보기에는 가장 현실에 부합하는 해석이다.

'대정 14년' 사건 때부터 나는 '왜 분쟁은 꼭 형사 사건으로 해결해야 할까?'라는 의문을 가지고 있었다. 역사적으로 볼 때 분쟁 해결에 법이 나선 것은 최근의 일이다. 원래 동서양을 막론하고 대부분의 분쟁은 공동체에서 자체적으로 타협과 양보를 통해 해결했다. 요새 말로 하면 조정, 중재, 화해와 같은 '대체적代替的' 분쟁 해결 방법이다. 이것들이 분쟁 해결의 본래 방식이었는데 법의 득세에 따라 '대체적'이라는 다소 본말이 전도된 명칭을 갖게 된 것이다. 과거의 분쟁 해결 방법은 부작용을 최소화하고 지속 가능한 해결책을 제시하였으나, 산업화와 도시화에는 부적합하다는 평가와 함께 뒤로 밀려났다. 그리고 법에 의한 해결이 진리인 것처럼 받아들여지게 되었다.

법적인 분쟁 해결이란 것은 결국 모두 '형사분쟁'으로 귀착된다. 모든 법이 형사법으로 수렴되는 것은 법의 속성상 불가피한 현상이다. 이기적인 행동들이 결국 균형을 가져온다는 자유시장의 원리가 법률 세계에서는 적용되지 않는다. 따라서 이기적인 행동, 공동체의 이익을 해하는 행동에 대해서는 법 위반으로 규정하고 반드시 이를 제재해야 하는 문제점이 생긴다. 결국 법에 의한 해결은 모두 형사법으로 귀결되는 것이 숙명이라고 할 수 있다. 이것이 법의 속성이자 한계이다.

20세기 중반 들어 이러한 한계를 극복하기 위해 새로운 변화가 태동했다. 과거 법에 밀려났던 본래의 분쟁 해결 방법들이 다시 각광받기 시작한 것이다. 이 흐름은 법률가들이 전문화·산업화되어가는 분쟁들을 따라잡지 못하면서 더욱 가속되고 있다. 변화한 사회에서 법률가의 비전문성과 법의 이분법적 해결은 사회·경제적으로 커다란 충격을 줄 뿐이다. 그 대안으로 종래의 조정, 중재, 화해 등이 다시 주목받게 된 것이다. 그 흐름은 최근 정보통신 기술과 문화의 급속한 발전으로 인해 평판의 집적과 공유가 가능해지면서 더욱 가속화되고 있다.

이에 따라 우리나라 검찰에서도 2006년 4월부터 형사조정 제도를 시행하고 있다. 주로 고소 사건들 중 조정을 통해 해결하는 것이 적절하다고 판단되는 건들에 대해 적용되고 있다. 통상 검사실에서 고소인과 피의자로부터 동의를 얻어 형사조정위원에게 조정을 의뢰하는데, 당사자들은 대개 조정을 내켜하지 않는다. 하긴, 합의로 해결될 문제였으면 고소까지 했을 리 없다. 하지만 검사가 조정을 해보라고 하니 혹시 동의하지 않으면 나쁜 인상을 줄까 봐 대개 동의는 하는 편이다.

달갑잖은 반응과 달리 결과는 좋은 편이다. 2014년에만 형사조정 의뢰된 5만4691건 중 무려 2만5523건이 조정 성립되었다. 46.6%의 놀라운 조정 성립률이다. 형사조정위원이 별다른 조정·중재 교육을 받지 못한 점에 비춰보면 놀라운 결과다.

지금이야 전국의 형사조정위원이 2400여 명을 넘어가고 형사조정 의뢰 건수도 5만 건이 넘어가는 등 제 궤도를 잡았다고 볼 수 있지만 시행 초기에만 해도 형사조정은 천덕꾸러기 신세였다. 경계에 위치한 것에 대한 비합리적인 공포 때문이다. 일례로 법원행정처에서는 형사조정이 "국가형벌권의 기초를 훼손시킬 우려가 있고, 공소권을 자의적으로 행사하여 형사조정을 통해 형사처벌이 약화되는 결과를 초래할 것이며, 일응 피의자의 유죄를 전제로 시도되는 것이므로 무죄추정의 원칙에 위반될 우려가 있고, 피의자의 형사조정에의 참여가 사실상 강제되며 아울러 피해자의 부당한 요구도 수용될 우려가 있다"라면서 강력하게 반대하기도 했다. 같은 말이라도 꼭 어렵게 하는 것이 우리나라 법조인들이다. 아무튼 이 말을 쉽게 풀어보면 형사조정은 '망이, 망소이'처럼 국가전복을 꾀하는 헌정 문란 행위란 뜻이다.

우리나라에서는 이렇게 국사범 취급을 받는 형사조정 제도이지만 밖으로 나가보면 대접이 사뭇 다르다. 1985년 11월 유엔은 '범죄 피해자 및 권력 남용에 대한 형사 사법의 기본 원칙 선언'이라는 긴 이름을 가진 선언을 통해 형사 피해자와 범죄자 간의 대체적 분쟁 해결 방법을 통해 피해자의 화해와 피해 보전에 힘쓰라고 촉구한 바 있다. 2001년 3월 유럽연합EU은 형사조정 제도 등 범죄 피해자 보호와 지원에 관한 결의안을 채택하면서 회원국들에게 이와 관련된 제도를 법으로 보장하라고 권고했다. 이에 따라 영국, 프랑스, 독일, 오스트리아, 덴마크, 폴란드, 노르웨이 등에서 형사조정 제도를 도입하여 시행 중이다.

유엔이나 유럽연합 등에서 이렇게 적극적으로 권장하는 제도인데 왜 우리나라에서는 세금 낭비라며 국가형벌권의 기초를 파먹는 두더지 취급이나 하는 것일까? 이런 비난에는 '법의 지배'와 '법기술자의 지배'를 혼동하는 엘리트주의가 숨어 있다. 분쟁은 법으로만 해결해야 하고, 법이란 어렵고 무서운 것이기 때문에 전문성을 가진 법기술자들만이 다룰 수 있으며, 그들이 무지몽매한 대중에게 법을 해석해주고 그들을 영도해줘야만 법이 바로 설 수 있다고 생각하는 것이다. 그런 오만한 엘리트주의자들은 당사자가 스스로 분쟁을 해결하거나 지역공동체가 분쟁 해결의 주체로 나서는 것에 대해 본능적인 불안감과 불신을 가지고 있다. 다리가 생기면 뱃사공은 실직자가 되는 법이다.

하지만 법기술자들의 걱정에도 불구하고 전 세계는 빠르게 형사 사법의 새로운 패러다임을 준비하고 있다. 통상 이러한 흐름을 학계에서는 '회복적 사법Restorative Justice'이라고 부른다. 범죄로 인한 피해와 불안정을 회복시켜준다고 하여 '회복적' 사법이라고 부른다. 회복적 사법은 우리가 흔히 알고 있는 전통적인 형사 사법 제도에 대한 반발에서 시작되었다. 전통적인 형사 사법은 범죄자를 제대로 처벌하지 못했고, 재범의 양산도 막지 못했으며, 궁극적으로 피해자도 보호하지 못했다는 것이다. 형벌권을 가지고 국가의 권한만 강화시켰지 사회가 요구하는 정의 실현에는 별 도움이 되지 못했다는 얘기다. 기존의 형사 사법이 범죄를 국가에 대한 침해이자 도전으로 보기 때문에 생긴 일이다. 다시 말해 범죄자와 국가를 서로 적대적인 대립관계로 파악했기 때문에 형사 사법 절차는 승자와 패자가 나뉘는 냉혹한 승부가 되는 것이다.

따라서 범죄 수사는 범죄자와 국가 간의 대결이다. 그러다 보니 불공정한 게임이 된다. 강력한 국가와 나약한 개인의 대결이니 당연한 것 아니겠는가. 국가가 강력한 공권력을 악용하기만 한다면 개인에게 얼마든지 불공정한 수사 결과를 강요할 수 있다. 그러한 불공정을 막기 위해 생겨난 것이 형사 사법 제도이다. 각종 형사소송 절차를 적용해 국가에 핸디캡을 주는 것이다. 따라서 형사 사법에서 가장 중요한 것은 강력한 국가권력으로부터 약한 개인을 보호하기 위한 적법절차이다. 그 일을 하라고 월급 주면서 공무원으로 만들어준 것이 검사 제도이다. 검사가 바로 세워야 할 정의는 사람들이 흔히 생각하는 옳고 그름이 아니라 '절차적 정의'이다. 처벌이란 이렇게 적법한 절차에 따라 밝혀진 범죄자에 대해 일련의 고통을 부과하는 것이다.

범죄를 국가에 대한 침해로 보는 데는 역사적인 배경이 있다. 처음에는 범죄라는 게 대부분 반역죄와 같이 국가나 왕에게 시비 거는 짓들을 말했다. 영국에서 런던 타워에 갇혔던 유명 인사들을 생각해보면 쉽게 이해할 수 있다. 대부분 왕에게 찍힌 것이 그들의 죄였다. 영국을 세계의 열강으로 키워낸 엘리자베스 1세가 한때 런던 타워에 갇힌 것도 이복 언니인 메리 여왕의 눈엣가시였기 때문이고, 토마스 모어가 런던 타워에 갇힌 것도 왕의 이혼을 반대했기 때문이다. 그리고 이렇게 왕이 범죄 처단이라는 명목으로 시민들의 자유와 생명을 유린하자 이를 막기 위해 만들어진 것이 형사 사법 제도이다. 따라서 당연히 적법절차, 인신보호 등을 중시하게 된 것이다.

우리가 흔히 알고 있는 범죄들, 예를 들어 폭행, 사기, 절도 같은 범죄들은 지역공동체나 봉건영주가 해결하던 시절이 있었다. 그때 국가가 나서야 할 범죄는 대부분 국가나 체제에 대한 도전에 해당되는 것들이었다. 그렇기 때문에 애초에 범죄는 국가와 범죄자 간의 대립 구조를 가지는 것이다. 물론 이것은 유럽의 이야기이지만 우리나라에서도 비슷한 경험을 한 적이 있다. 어지간한 일은 동네에서 자체적으로 해결했다는 얘기다. '멍석말이'같이 과격한 처벌도 있었지만, 대부분 피해를 입힌 쪽이 보상을 해주거나 사과를 하는 것으로 해결되었다.

그런데 시간이 지나고 근대국가가 성립되면서 점차 범죄가 증가하게 된다. 그에 따라 과거에는 지역사회에서 해결하던 분쟁과 갈등이 점차 범죄에 편입되었다. 과거에 닭서리를 하면 혼이 나는 것으로 끝났지만 이제는 절도범으로 경찰서에 가야 한다. 피해를 입는 대상이 국가가 아니라 개인과 지역공동체인 범죄가 늘어나게 된 것이다. 새로이 범죄로 편입되었다고 봐야 할 것이다. 그럼에도 국가와 범죄자 간의 대립이라는 형사 사법의 기본 틀은 변하지 않았다. 원래 법이나 제도와 같은 것은 한번 틀이 잡히면 쉽게 바꾸지 못한다. 물론 법이나 제도는 등대와 같은 것이기 때문에 상황에 따라 변하는 유연성이 더 위험할 수 있다.

전통적 형사 사법은 현실과 규범의 괴리를 빚게 된다. 피해자는 정작 형사 사법 절차에서 제외되고, 직접 이해당사자도 아닌 국가가 나서게 되는 것이다. 닭을 잃어버린 것은 '나'인데, 애먼 국가가 사과

법은 공정하고 객관적인 분쟁 해결 방법인가

를 받고 벌금도 걷어 가는 셈이다. 범죄자로부터 반성과 보상을 받아야 할 사람은 판사가 아니라 피해자이다. 하지만 피해자는 아무런 보상도 받지 못하고 심지어 형사 사법 절차에서 소외된다. 당연히 피해자는 납득하기 어려워진다. 게다가 전통적인 형사 사법은 범죄자의 인권 보호라는 절차적 정의에만 집착하기 때문에 범죄의 증가와 재범 반복이라는 해묵은 숙제를 전혀 해결하지 못했다. 강력한 국가의 횡포로부터 시민을 보호해야 한다는 것만 생각했지, 그 시민에게 피해를 입은 다른 시민들은 미처 인식하지 못한 것이다.

결국 '실제 피해를 입은 피해자가 형사 사법 절차에서 배제되는 것이 정당한가? 그리고 범죄로 인해 발생한 피해와 혼란이 해결되지 않았는데 처벌을 하는 것만으로 끝을 내는 것이라면 도대체 형사 사법은 왜 존재하는가?' 하는 의문점이 생긴다. 상처 입고 피 흘리는 피해자는 쳐다보지도 않는 형사 사법이 정당한 것인가에 대한 질문에서부터 출발한 것이 회복적 사법 이론인 셈이다. 닭은 내가 잃어버렸는데 왜 국가가 벌금을 받는 걸까? 그리고, 사라진 내 닭은 도대체 어디서 찾는단 말인가.

회복적 사법 이론은 전통적인 형사 사법과 달리 범죄를 피해자와 공동체에 대한 침해라고 본다. 사실 내란죄, 외환죄 등 예외적인 범죄를 제외하고 대부분의 범죄는 국가에 대한 도발이 아니라 피해자와 지역공동체에 대한 해악이다. 술 마시고 소란을 피우는 것이 국가에 대한 공격이겠는가. 잠을 설치고 불안한 것은 국가가 아니라 동네 주민들이다. 따라서 수사상의 적법절차나 처벌보다는 피해자의 회복과 가해자의 반성 및 보상을 중시해야 한다는 것이다. 피해자와 지역공동체에 끼친 해악을 바로잡는 것이 더 중요하다고 보는 것이다. 그렇기 때문에 회복적 사법 이론에서는 국가가 수사를 해서 범죄자를 처벌하는 것보다 피해자, 가해자, 지역공동체가 모여 범죄로 인해 발생한 피해를 어떻게 원상회복시킬 것인지를 고심하는 것이 형사 사법 절차의 핵심이 된다. 결국 이것은 과거와 같이 대부분의 문제 해결을 다시 사회와 공동체에게 맡기는 것이다. 그렇기 때문에 회복적 사법 이론은 스스로 피해자 중심주의, 지역공동체 중심주의라고 주장한다.

전통적인 형사 사법이 국가로부터 범죄자의 인권을 보호하기 위해 적법절차와 증거법 원칙을 중시한다면, 회복적 사법 이론은 피해자와 가해자 간의 화해와 조정을 중요하게 여긴다. 그리고 화해와 조정을 위해서는 당연히 가해자와 피해자가 문제 해결의 당사자가 된다. 전통적인 형사 사법에는 피해자가 참여하는 절차가 없고, 이에 따라 피해자의 의사가 반영되지 않는다. 따라서 사법 절차가 끝나더라도 피해자와 가해자 간의 갈등은 그대로 남는다. 그러나 회복적 사법에서는 피해자가 주연이 되고 화해와 조정 절차가 끝나면 분쟁이 궁극적으로 해결된다. 그렇기 때문에 회복적 사법 이론에서 중시하는 절차는 합의와 대화이고, 절차 진행도 국가가 아닌 피해자가 주도한다. 회복적 사법 이론이 추구하는 최종 목적은 침해된 지역공동체와 피해자의 평화를 회복하는 것이다.

그러면 회복적 사법을 적용할 경우 적법절차나 증거법은 필요하지 않은가, 미란다 원칙을 고지하지 않아도 자백은 증거가 될 수 있는가, 영장 없이 압수수색도 할 수 있는가 하는 여러 가지 질문이

제기될 수 있다. 회복적 사법이 적용되는 사건에서는 원칙적으로 필요 없는 것들이다. 회복적 사법은 가해자가 범행을 스스로 인정한 경우에만 적용되기 때문이다. 적법절차나 증거법에 대한 관심이 덜할 수밖에 없다.

간혹 회복적 사법은 가해자를 처벌하지 않는 것이라고 주장하는 사람도 있는데, 그 배짱은 인정하나 사실과는 큰 괴리가 있다. 회복적 사법의 기초는 가해자에게 자신의 행동으로 인해 생겨난 손해와 사회적 고통에 대해 엄중한 책임을 묻고 그 상처를 직시하도록 요구하는 것이기 때문이다. 다시 말해 실제 피해 입은 사람들의 입장에서 가해자의 진정 어린 반성을 요구하고 그에 상응하는 죗값을 받아들이도록 하는 것이다. 따라서 만약 친구를 폭행하고도 전혀 반성하지 않는 청소년이 있다면 그 아이에게는 회복적 사법이 아예 적용되지 않는다.

여기까지 이야기하면 그런 이상적인 제도는 공상에 불과하다고 반박하는 사람들도 있을 것이다. 하지만 이 제도는 현재 활발하게 사용되고 있다. 회복적 사법이 가장 먼저 시작된 미국의 경우 가해자의 반성과 조정, 중재 등을 통해 피해 보전과 가해자의 책임을 묻는 프로그램이 700여 개가 넘는다.

미국의 프로그램은 크게 두 가지로 분류할 수 있다. 하나는 자연적으로 발생한 제도이다. 옛날부터 지역공동체가 자발적으로 분쟁을 해결하던 관행이 제도로 정착된 것이다. 이것은 주로 '지역공동체 조정 센터Community Mediation Center'라고 불리는 공동체 기구에서 해결하기 때문에 '지역공동체 조정 프로그램'으로 불린다. 또 하나는 회복적 사법 이론을 기초로 해 인위적으로 만든 프로그램이다. 이론적인 기초가 먼저 세워지고 그에 따라 프로그램이 개발된 형태이다. 이 제도의 명칭은 제각각인데, 미국 법무성에서는 '피해자-가해자 조정 프로그램Victim-Offender Mediation Program'이라고 부른다. 양자를 비교해보면 '피해자-가해자 조정 프로그램'이 주로 형사분쟁에 사용되는 데 비해, '지역공동체 조정 프로그램'은 형사소송에만 국한되지 않고 가사, 이혼, 환경 분쟁, 소비자 분쟁 등에 폭넓게 사용되고 있다. 또한 '피해자-가해자 조정 프로그램'은 주로 주 검찰이 운영하는 것에 비해, '지역공동체 조정 프로그램'은 대부분 공공기관이 아닌 개인과 지역단체가 운영한다.

미국 내에서도 회복적 사법 프로그램을 가장 성공적으로 운영하고 있는 곳은 인디애나 주이다. 인디애나 주에는 '피해자-가해자 화해 프로그램Victim-Offender Reconciliation Program'이 있는데, '희생자 구조 프로그램'이라는 민간조직이 운영하고 주 검찰이 이를 감독한다. 1978년에 설립된 인디애나 주 엘크하트 카운티의 '피해자-가해자 화해 프로그램 센터'는 현재까지 성공적으로 운영되고 있으며, 이곳은 미국 내에서도 매년 새로운 프로그램을 개발·성공시키는 것으로 유명하다.

엘크하트 카운티 센터가 운영하는 실제 프로그램은 매우 혁신적이면서도 창의적이다. 예를 들어 수형자를 교도소 복역 대신 공공기관이나 봉사시설에서 봉사하게 하고 수감 기간을 공제해주는 '공공근로 상환 프로그램Community Service Restitution Program', 결손 가정 출신 청소년 범죄자와 그 가족을 대상으로 상담과 치료를 실시하여 사회 부적응을 치유하는 '가정교육 가이드 계획Guided Family Intervention Project', 결손가정 아이들과 부모 역할을 대신할 자원봉사자를 결연 맺어주는 '가정 조정 계획Family Mediation Project', 학교로부터 퇴학·정학 등을 당한 학생들로 하여금 매일 6시간 이상 근로하게 하여 사회에 대한 책임감과 근로의식을 고취시키는 '정학 학생 사업School Suspension Project', 청소년 시기에 음주운전·음주범행·약물범행을 저지른 전력이 있는 사람을 강사로 초빙하여 그러한 범죄에 노출된 청소년에게 자신의 경험을 알려주도록 하는 '청소년 피해 위원회Adolescent Victim Impact Panel', 비교적 경미한 범죄를 저지른 수형자를 교도소가 아닌 자택에 연금하고 이를 감시하도록 하는 '자택연금 프로그램Home Incarceration Program', 고질적인 청소년 범죄자를 대상으로 심층적인 분석과 조언을 통해 자신의 잘못된 행동으로 인해 피해자와 지역사회가 겪는 고통을 자각하게 만드는 '청소년 보상 프로그램Juvenile Reparation Program' 등이 있다.

이 프로그램들의 특징은 가해자를 무조건 용서해주는 것이 아니라 일단 사회와 격리하여 철저한 반성과 사회에 대한 봉사를 통해 공동체 의식을 불러일으키는 데 목적을 둔다는 것이다. 심지어 청소년에게 하루 8시간의 강제노동을 시키기도 한다. 우리나라 같으면 인권 침해라고 길길이 날뛸 이야기지만 인디애나 주뿐만 아니라 미국 내 여러 지역에서 큰 호응과 주목을 받고 있다.

한편 캘리포니아 주는 '지역공동체 갈등 해소 프로그램'을 채택하고 있다. 캘리포니아 주에는 29개의 '피해자–가해자 조정 프로그램 센터'가 있는데, 주 검찰이 운영한다. 특이한 점은 일단 기소된 사건이라 하더라도 법원의 결정에 따라 다시 지역공동체 분쟁 해결 프로그램에 회부할 수 있는 점이다. 캘리포니아 주 법률California Penal Code Title 10.6 Community Conflict Resolution Program Section 14150~14156에서는 이 제도를 도입한 취지와 경과를 자세히 설명하고 있다.

"지난 10년간 캘리포니아 형사 사건은 다른 어떤 사건보다 눈에 띄게 증가하였다. 이러한 경범죄 사건은 캘리포니아 법원의 업무 폭증을 낳았고, 기존의 형사 사법 절차에 따른 일방적인 해결은 지역 사회에 지속적인 갈등을 낳았을 뿐 아니라 범죄의 반복이라는 결과를 빚었다. 게다가 범죄 피해자들은 형사 사법 절차에서 소외된다고 느껴왔다. 범죄의 직접적인 피해자임에도 형사 사법 절차는 그들에게 가해자에 대해 책임을 물을 아무런 지위도 보장하지 않고 있다. 대체적 분쟁 해결 방법을 활용하는 '지역공동체 갈등 해소 프로그램Community Conflict Resolution Programs'은 그동안 경범죄를 포함한 많은 범죄에 사용되어 그 범죄가 야기한 문제점과 갈등을 해소하는 데 효과적이었다. 이러한 대체적 분쟁 해결 방법을 활용하면 피해자로 하여금 가해자에게 직접 책임 추궁하게끔 할 참여 기회를 보장할 수 있다. 분쟁 당사자를 모두 주체로 참여시키는 이러한 절차는 그들에게 형사 사법 절차에 대한 만족감을 주고, 반복적으로 범죄를 유발시키는 근원적인 분쟁을 해결하여 지역공동체의 갈등을 감소시키며, 가해자의 책임감을 고취시킬 수 있다. 샌프란시스코와 콘트라 코스타 지역 검찰청은 매년 1000건에서 1500건의 경범죄 사건을 대체적 분쟁 해결 절차를 제공하는 캘리포니아 지역공동체 갈등 해소 프로그램으로 이관하였고, 이 사건들의 70~75%는 성공적

법은 공정하고 객관적인 분쟁 해결 방법인가

으로 해결되었다."

이 외에도 회복적 사법 이론에 입각한 프로그램을 법제화한 주에서부터 회복적 사법 이론의 기본 이념을 법령에 명시한 주에 이르기까지 미국의 수십 개 주에서 다양한 형태로 회복적 사법을 적용하고 있다. 여기서 일일이 열거할 수는 없지만, 분명한 건 형사 사건과 범죄를 조정과 중재로 해결하는 방식이 공상에 불과한 것이 아니며 현재 성업 중이라는 사실이다.

물론 회복적 사법 이론이 좋아 보인다고 해서 기존 형사 사법 제도를 전면적으로 대체할 수 있는 것은 아니다. 무엇보다 회복적 사법 이론은 가해자가 자발적으로 자신의 잘못을 인정해야만 적용할 수 있다. 사실 가해자가 책임을 인정하고, 기꺼이 피해보상을 하겠다고 나서면 애초에 형사 사건이 되지도 않을 것이다. 하지만 돈 받기 위한 고소가 대부분인 우리나라 상황이나, 끝까지 가보자는 심리가 팽배한 우리 국민의 정서에 비추어볼 때 회복적 사법 이론이 이 땅에서 뿌리를 내리는 것은 그리 쉽지 않아 보인다.

또한, 적법절차를 통한 인권보호라는 전통적인 형사 사법의 가치를 구시대의 유물이라고 치부하기도 어렵다. 우리나라의 현실을 보더라도 검찰청에서 조사받던 피의자가 사망한 것이 불과 15여 년 전의 일이다. 아직도 경찰의 미제 사건 덮어씌우기는 그다지 낯설지 않은 행태이고, 경찰 조사 과정에서 폭행을 당하는 사례 역시 계속 발생하고 있다. 수사 중인 피의자가 스스로 목숨을 끊는 사건도 여전하고, 재판 중에 모욕을 당한 피해자가 자살하는 사건도 발생한다. 이런 상황에서 강력한 국가권력으로부터 개인의 자유를 보장해야 한다는 정통적인 형사 사법 제도는 여전히 필요하다.

그럼에도 회복적 사법에 대해 길게 언급한 것은 결국 필요하기 때문이다. 우리나라 형사 사법 제도의 문제점은 민사 사건이 형사 사건화되고 그로 인해 고소 사건이 폭증한다는 점이다. '대정 14년' 사건에서 보듯 형사 사법 절차에 의한 해결은 득보다 실이 더 많다. 게다가 이 방식은 국민들이 스스로 해결해야 할 문제들을 검찰에 맡기는 것인데, 이는 결국 검찰권의 비대와 시민에 대한 국가의 부당한 간섭을 낳을 수 있다. 물론 정치인들이 고소 권한을 강화하여 검찰이 국민들의 모든 삶에 개입할 수 있도록 하는 것은 그렇게 해야 검찰의 칼날이 자신들에게 다가오지 않을 것이라고 생각하기 때문일 수도 있다. 하지만 그렇게 검찰이 커지면 결국 정치인들은 그 힘을 사용하려는 욕망에 포위될 것이고, 검찰을 장악한 권력은 반드시 괴물이 될 것이다.

사회가 성장하고 발전하기 위해서는 검찰, 경찰, 국세청 같은 공권력 기관이 아니라 시민들이 권력을 잡아야 한다. 그러기 위해서는 시민들이 자발적으로 분쟁과 갈등을 해결하는 능력을 길러야 한다. 물론 대통령에게 모든 권력을 집중시키는 우리나라 헌정 체제상의 한계를 짚고 넘어가야겠지만, 그 문제를 논외로 하더라도 최소한 시민 스스로 자신의 힘을 국가권력에 갖다 바치는 어리석음을 보여서는 안 된다. 그 어리석은 행태를 가장 악화시키고 있는 것은 바로 고소인의 권한 확대이다. 늘어나는 고소를 당장 줄일 수 없다면 최소한 시민들 스스로 직접 분쟁을 해결하는 방향으로 전환해 나가야 한다.

새로운 목민관이 아니라
본질적 개혁이 필요하다

'김영란법'에 대한 내 생각을 묻지 않았으면 한다. 내 생각 따위가 뭔 대수라고 그런 고약한 질문을 하는지 모르겠다. 무척 대답하기 곤란하면서도 숨김없이 악의가 드러나는 질문이다. 문제가 있다고 말하면 변학도 버금가는 탐관오리 취급을 받을 것이요, 찬성한다고 말하면 위선적이라며 더 밉상이라고 여길 것이다.

우리나라에서 자기 생각을 넙죽 말하는 것은 매우 위험한 일이다. 가끔 질문의 목적이 다른 사람의 생각을 듣고 싶어서가 아닌 경우가 있다. 예전에 누군가 성매매 단속에 대해 어떻게 생각하느냐고 물어보기에 생각 없이 '성매매 여성의 행위를 범죄화하는 것은 그다지 좋은 생각이 아닌 것 같다'고 답했다. 그러자 대뜸 그렇다면 당신 가족에게도 성매매를 시킬 수 있느냐는 대꾸가 날아왔다. 장애인 이동권 보장을 주장하면 장애인이 되고 싶은 거냐고 반문하고 싶었지만 꾹 참았다.

부도덕과 불법은 다르다. 모든 부도덕을 불법으로 만드는 사회는 결국 전체주의 국가나 신정국가로 전락할 수 있다. 다에시나 보코하람, 마녀사냥, 주홍글씨 모두 같은 연장선상에 있는 것이다. 물론 성매매 남성의 부도덕까지 옹호하는 것은 아니니 벌컥 화를 내지는 마시라. 내 말은 '불법화는 보충적인 것으로 가장 마지막에 등장해야 하는 항생제와 같은 것'이라는 뜻이다. 부도덕이라고 모두 소독하고 박멸해야 하는 것은 아니다. 그리고 성매매를 하는 여성들의 경우 그들을 정말 부도덕한 사람으로 봐야 하는지도 모르겠다. 사실을 말하자면 몸을 파는 것보다 영혼을 파는 것이 더 부끄러운 것이다. 정말 성평등이 완성된 사회라면 성매매 여성들을 그렇게 부끄러운 존재로 여기지는 않을 것이다.

아무튼 검사 생활 18년 동안 아버지가 마련해준 집을 팔아 전셋집으로 옮기고, 그 전세보증금도 곶감 빼먹듯 까먹어 결국 월세 살고 있는 나를 스스로 냉철히 평가해보면, 부패하지는 않았지만 그렇다고 청렴한 편도 아닌 것 같다. 곤궁하다고 다 청렴한 것은 아니니까.

우리나라 국민들이 생각하는 바람직한 공무원은 『목민심서』에 나오는 '목민관'이다. 그에 비하면 나는 여간 부족한 것이 아니다. 물론 조선시대에도 그런 공무원이 많았을 리는 없다. 만약 그랬다면 정약용이 18년 동안 귀양살이를 했을 리 없다. 또 목민관이 일반적이었다면 『목민심서』를 쓰지도 않았을 것이다. 흔치 않은 존재였기 때문에 염원을 담아 『목민심서』를 쓰지 않았겠는가. 시대의 요구는 그때나 지금이나 마찬가지인지 오늘날 우리에게 『목민심서』는 경전과 같은 존재이다. 하지만 나는 그 좋은 내용에도 불구하고 『목민심서』가 지금 대한민국의 문제들을 해결해줄 처방전이라고 생각하지는 않는다. 8세기에 부르카나 히잡이 약탈로부터 여자들을 보호해주었다고 하여 지금도 그들을 보호해준다고 말할 수는 없지 않은가.

용기를 내서 분노를 일으킬 만한 이야기를 해보자. 약 100년 전인 1917년, 미국 연방의회는 술을 제조·운반·판매·수입·수출하는 것을 금지하는 내용의 '수정헌법 제18조'를 통과시켰다. 앤드루 볼스테드 의원이 발의했기 때문에 '볼스테드 법Volstead Act'이라 불리는 '금주법'은 각 주가 이를 승인함에 따라 1920년 1월 발효되었다. 술을 사고팔았다는 이유만으로 처벌을 받았다는 것이 황당하지만, 금주법은 우리의 짐작과 달리 매우 엄격히 적용되었다. 1924년 한 해에만 2만2000여 건의 금주법 위반 사건이 재판에 회부되었다.

당시 금주법이 제정된 데에는 여러 가지 원인과 시대적 배경이 복합적으로 얽혀 있었다. 남북전쟁 이후 미국은 산업혁명에 성공하면서 빠른 속도로 제국이 되었다. 당연히 산업혁명과 제국주의화 과정에서 많은 사회적 문제들이 드러났다. 노동 문제뿐 아니라 복지 문제, 범죄 증가 등 이전에 경험하지 못했던 문제들이 터져 나왔다. 하지만 미국은 여전히 농업국가 시대에 마련한 제도와 틀을 유지하고 있었다. 따라서 당시의 법·제도·관습·정치가 새로이 터져 나온 문제들에 효율적으로 대처하지 못했다. 시대의 변화를 규범이 따르지 못한 것이다.

이런 규범 지체 현상에 대응하여 1890년대부터 1920년대까지 일어난 사회적·정치적 개혁 운동 시기를 일러 '진보 시대Progressive Era'라고 부른다. 이 시기에 도입된 새로운 공교육·의료·금융·보험·산업·교통·종교·지방행정 제도들은 비록 수많은 시행착오와 혼란을 겪었지만 결국 살아남아 지금까지도 미국의 근간이 되고 있다. 물론 이 시기의 흐름은 '진보'라는 단어만으로 설명하기 어려운 무척 다양하고 복잡한 양상을 띠었다. 따라서 취미 삼아 공부하는 내 수준으로는 한마디로 단언하기 어렵다. 한 가지 확실한 것은 이 시기를 관통하는 시대의 의지가 예전의 강한 도덕적 사회로 회귀하자는 데 있었다는 점이다.

영국에서도 비슷한 흐름이 있었다. 17세기 말과 18세기 초 영국에서는 향신계층을 중심으로 강한 도덕 운동이 벌어졌다. '예의범절 개혁모임Society for Reformation of Manners'이라는 전국 단체도 만들어졌는데, 이들은 매춘·동성애·불경·음란·풍기문란·외설행위 등을 단속했다. 이들은 국가로부터 백지영장을 받아와 앞에서 언급한 부도덕 행위를 저지른 사람들을 기소했다. 일단 기소되면 무조건 벌금을 내거나 실형을 살아야 했다. 억울하더라도 일단 형을 집행한 이후에야 재심을 요청할 수 있었다. 재미있는 것은 재심에서 패소할 경우 재판 비용의 3배를 지불해야만 했다는 점이다. 사실상 재심 신청을 막아놓은 것이다. '예의범절 개혁모임'이 설립된 1691년에만 7만 5270건의 부도덕 행위를 처벌했다. 우리나라로 치면 삼청교육대 같은 것이다.

새로운 목민관이 아니라 본질적 개혁이 필요하다

이런 도덕 운동의 특징은 반드시 희생양을 만든다는 것이다. 대개 매춘부, 떠돌이, 장애인, 과부 등 사회적 약자나 말 못하는 사물이 과녁이 된다. 자신들이 원인이라는 것은 인정하고 싶지 않기에 약자나 사물에 책임을 미루고 포악하게 공격하면서 죄책감에서 벗어나는 것이다. 미국의 경우는 술이었다. 비옥하고 드넓은 평야를 지닌 미국에는 곡물이 넘쳐날 수밖에 없다. 그러나 미국 중서부 대평야에서 생산되는 막대한 양의 곡물을, 대운하를 건설하기 전까지는, 대서양 연안의 대도시로 운반할 방법이 없었다. 그래서 남는 곡물로는 운반이 쉽고 부가가치가 높은 위스키를 만들었다. 그러다 보니 위스키는 매우 중요한 상품이었다. 위스키에 대한 과세는 반란을 부를 정도로 민감한 문제가 되었다. 이렇게 술이 넘치니 당시 미국인은 자연스럽게 엄청난 양의 술을 마시게 됐다. 그 결과 미국은 폭력과 방화 등 과음이 부르는 일탈행위로 고통 받고 있었다.

게다가 술은 당시 부패한 정치와도 밀접한 관련이 있었다. 지역적인 연고를 바탕으로 한 정상배들이 '살롱salon'이라는 술집을 기반으로 활동하고 있었기 때문에 이 시기의 부정부패한 정치를 '살롱 정치'라고 부른다. 우리로 따지면 '요정 정치'인 셈이다. 따라서 정치 개혁을 위해서는 최우선적으로 살롱 정치를 척결해야 했다.

그뿐이 아니었다. 보수적인 미국인들이 생각하기에 당시 술집은 가장 문란한 장소로 '소돔과 고모라'의 실재나 다름없었다. 무엇보다 신경질적인 반응을 보일 수밖에 없었던 것이, 술집에서는 흑백 인종이 쉽게 섞였다는 점이다. 백인들 입장에서는 흑백 남녀가 섞여 술을 마셔대는 술집이 아주 짜증나는 장소였던 것이다. 흑인에 대한 성적 콤플렉스, 또는 성기 콤플렉스가 인종차별의 숨은 원인이라는 주장도 있는 것에 비춰볼 때, 흑백 인종이 어지럽게 어울려 이성을 잃을 때까지 술을 마시는 것은 매우 걱정스러운 일이었음에 틀림없다.

이성과 규범, 도덕을 중시하는 백인 기독교 문화는 건국 초기부터 여성·토착민·흑인·재즈·술·난교·동성애 등에 대한 두려움과 공포감이 심했다. 따라서 금주법은 이러한 부도덕한 상황들에 대한 효과적인 해결책으로 대두되었다. 이와 달리 금주법이 제1차 세계대전을 치른 독일에 대한 반감 때문에 생긴 것이라는 견해도 있다. 독일계 이민자들이 주로 만들어 먹던 맥주를 규제하기 위해 만든 법이라는 것인데, 당시 주를 이루었던 것은 위스키 같은 독주였다는 점에 비춰볼 때 진위가 의심스럽다.

아무튼 금주법은 선의에서 시작되었다. 술이 사라지면 정치도 깨끗해지고, 폭력도 사라지고, 사회가 다시 도덕적으로 바뀔 거라고 믿었다. 그러나 미국을 정화시켜줄 것이라고 믿었던 금주법은 예상치 못한 불치병을 낳았다. 마피아가 창궐하게 된 것이다. 금주법이 시행되자 마피아들이 쓰나미처럼 미국 전역을 휩쓸었다. 원래 이탈리아 시칠리아 섬에서 활동하던 마피아들은 1860년대에 기후가 비슷한 뉴올리언스로 이주한 뒤 매춘과 술집 운영으로 돈을 벌어 세력을 확장했다. 경찰서장을 살해하는 등 악명을 떨치긴 했지만 그래도 그 지역에 국한되어 있었던 마피아들은 금주법이 시행되자 미국 전역으로 퍼져갔다. 금주법이 쓸어버린 북부 대도시의 주류시장을 아무런 비용도 들이지 않고 장악한 것이다. 밀주사업으로 엄청난 수익을 올리게 된 마피아들은 그 자금을 바탕으로 몸집을 불렸고 무서운 기세로 시카고, 뉴욕 등 대도시를 접수했다. 마피아가 북상함에 따라 마피아의 술집도 북상했고, 그에 따라 재즈도 북부로 이동했다. 갱들의 천국 시카고에는 미시간 호를 건너 캐나다산 위스키들이 물밀듯 흘러들어왔다. '불법', '해적판'을 의미하는 '부트레그bootleg'라는 말도 부츠에 밀주를 넣고 다닌다고 하여 생긴 말이다.

금주법 시행으로 미국이 얻은 거라곤 마피아의 창궐로 인한 조직 간의 전쟁, 부패한 경찰, 마피아와 맞서 싸우는 경찰 조지프 페트로시노Joseph Petrosino 같은 느와르의 소재 정도였다. 술보다 더 고약하고 치명적인 부작용이 생긴 것이다. 술이 늘 사고를 치는 건 아니었지만 마피아는 빠짐없이 사고를 쳤다. 사실 술은 사고를 친 적이 없었다. 술을 마신 사람이 사고를 친 것일 뿐. 결국 금주법은 술의 유통과 음주를 막지 못했다. 오히려 미국을 온갖 불법과 조직범죄의 온상으로 탈바꿈시켰다.

1933년 '수정헌법 제21조'로 금주법은 폐지되었다. 그 이후에도 주에 따라 금주법을 고집한 곳이 있긴 했다. 미시시피 주 같은 경우에는 1966년에 이르러서야 금주법을 폐지했다. 지금은 모든 주에서 금주법이 사라졌다. 금주법이 남긴 것이라곤 마피아, 그리고 순진한 선의는 고질적인 부작용을 낳을 수 있다는 교훈 정도이다.

갑자기 금주법 이야기를 꺼낸 것은 현상과 원인에 대한 판단, 그리고 그에 대한 처방을 잘못 내릴 경우 심각한 부작용을 낳을 수 있다는 말을 하기 위해서다. 밤중에 나방이 들끓을 때는 살충제를 뿌리는 것보다 불을 끄는 것이 낫다. 살충제를 아무리 뿌려도 불빛이 있는 한 나방이 몰려오는 것을 막을 수 없다. 살충제에만 의존하다간 나방은 못 잡고 사람만 잡을 수도 있다. 불을 끄면 전기도 아끼고 나방 꼴도 안 볼 수 있다.

마찬가지로 청탁을 궁극적으로 막는 방법은 청탁이 생기는 구조를 고치는 것이다. 그러지 않고 청탁행위만 처벌하다 보면 결국 경찰국가가 될 것이다. 권력자는 경찰과 검찰을 동원하여 정적을 처리하는 데 사용할 것이고, 감시와 권력이 겨울 폭풍처럼 세상을 뒤덮을 것이다. 그럼에도 아마 청탁은 없어지지 않을 것이다. 대개 위험수당까지 붙어 청탁의 대가는 더 커질 것이고, 청탁 방법은 더 교묘해질 것이다. 기업들이 외국으로 자녀들을 유학 보낸 공무원들이나 정치인들에게 유학 경비를 건네줄 수도 있고, 장학재단을 세워 그들의 자녀들을 장학생으로 선발할 수도 있다. 또한 그들의 자녀들을 자신의 회사에 취업시킨 다음 미국이나 유럽 지사에 장기 발령을 내줄 수도 있고, 그들의 친인척 명의로 청소용역회사나 인테리어업체나 홍보대행회사를 세우게 한 다음 일감 나눠주기를 할 수도 있다. 권력자들은 재단법인을 만들 것이고, 기업들은 기부나 출연이라는 합법적 형식으로 뇌물을 줄 것이다. 권력자들은 그 재단법인에 처와 자식들을 이사로 등재시킬 것이고, 상속세 한 푼 내지 않은 채 뇌물을 자식들에게 물려줄 것이다. 서화전, 출판기념회를 막는다고 해도 빠져나갈 방법은 한도 끝도 없다.

게다가 우리나라에는 '청탁'이란 것이 없다. 그러니 청탁금지법을 쓸 일이 없다. 나는 살아오면서 청탁했다는 사람을 단 한 번도 본 적이 없다. 남이 하는 것은 청탁이지만 자기들이 하는 것은 추천이자 소통이기 때문에 우리나라에서는 분명히 청탁이란 것이 없다.

만약 우리 사회가 권위주의적인 관료제, 암 덩어리처럼 공생을 거부하는 재벌 체제, 권력에 의해 좌우되는 관치금융, 붕괴된 공교육, 연고주의와 서열문화, 폐쇄성을 벗어나지 못하는 국수주의, 정치인 상비군에 불과한 시민단체 등 갖가지 문제를 안고 있다면, 그래서 관료주의와 수직적인 의사결정 구조를 벗어날 수 없다면, 청탁 행위를 규제하는 것만으로는 결코 맑은 사회를 만들어낼 수 없다. 그런 구조를 그대로 둔 채 현상만 잡는 대책은 자칫 금주법처럼 부작용을 낳을 수도 있다. 사회 구조가 청탁을 발생시키는 것인데, 구조를 도외시한 채 대중요법만 실행할 경우 대중들의 환호를 불러일으킬지는 모르지만 궁극적으로는 더 심각한 문제를 초래할 것이다. 원인을 잡지 않고 증상만 해결하는 것은 마치 바람에 흔들리는 나뭇가지를 붙들어 맨 후 바람이 멈췄다고 말하는 것과 같다.

우리나라가 강력한 관료제 국가라는 것은 대부분 공감하는 내용이다. 실제 우리나라는 관료제를 유지하기 위해 다른 나라에는 없는 해괴한 정부부처도 유지하고 있다. 전국의 공무원들을 규율하는 '행정자치부'라는 신기한 조직도 있고(2017년 7월, 행정자치부와 국민안전처가 통합되어 '행정안전부'가 되었다), 각 행정부처의 법령을 규제하는 '법제처'라는 조직도 있다. 이런 부처가 아직 남아 있다는 것은 우리가 아직도 천 년 전부터 사용한 과거제의 미신에 사로잡혀 있기 때문이다.

우리나라의 모든 일은 '고시'에 합격한 관료들이 결정한다. 마치 과거에 급제한 이몽룡이 벼락같이 암행어사가 되어 모든 불의를 응징하고 아름다운 이야기의 끝마무리를 매듭짓듯이, 고시를 통해 선발된 엘리트 관료들이 모든 문제를 아름답게 해결해줄 것이라고 믿고 있다. 그래서 모든 권한을 관료들에게 부여하고 있다. 길거리에서 국수 한 그릇을 팔려고 해도 공무원들의 온갖 인허가를 받아야 한다. 관료들에게 그렇게 큰 힘을 주고서도 국민들이 믿을 거라곤 『목민심서』뿐이다. 하지만 선의는 담보가 될 수 없다. 선의를 담보로 은행에서 단돈 100원도 대출받을 수 없다는 것을 알면서도 어떻게 우리는 관료들에게는 그렇게 쉽게 선의를 기대하는 것인지 모르겠다. 이건 마치 공부 잘한다는 말만 듣고 생면부지의 남에게 자신의 집문서와 어제 발급받은 인감증명서를 맡겨두는 것과 같다. 그렇게 막대한 권한을 가진 공무원들은 본연의 일보다 성과관리나 결과지표라는 사족을 그리는 데 집중하고 있다.

일찍이 헨리 조지 Henry George는 '관료제와 정부의 규제는 관료 권력의 비대화를 낳고 그것은 온갖 뇌물과 거짓을 부를 것'이라고 단언한 바 있다. 조지 스티글러 George Joseph Stigler도 같은 취지의 말을 했다. 규제는 시장경제의 결과를 개선해 보편적 이익을 증진시키는 것이 아니라 파괴할 뿐이며, 경쟁을 제한시켜 자원을 비효율적으로 분배하게 만든다는 것이다. 또한 그는 규제란 내생적인데, 이는 규제를 만드는 정책 입안자들이 규제 대상자들에게 포획되어 있기 때문이며, 결국 규제란 경제 내부에서 만들어지는 것이라고 주장한다. 따라서 규제는 누군가에게 경쟁을 회피하고 초과이윤을 만들 수 있게 해주며, 이에 따라 그 누군가는 필사적으로 규제를 만들려고 한다는 것이다.

새로운 목민관이 아니라 본질적 개혁이 필요하다

게다가 우리는 규제가 시장을 개선해줄 것이라는 환상을 가지고 있다. 어떤 사람들은 규제를 하는 정책 입안자들이 완전한 정보와 판단력을 가지고 있을 것이라는 신격화에 나서기도 한다. 이렇게 선의라는 담보와 환상, 그리고 맹신 속에서 제어되지 않는 관료들의 권력이 더욱 증가했고, 그 결과 각종 규제와 청탁이 발생했다.

물론 정부는 공공정보를 민간에게 개방하여 새로운 서비스와 산업 창출에 이바지하고, 부처 간 칸막이를 없애 소통하고 협력하여 국민 요구형 서비스를 제공하는 이른바 플랫폼 정부를 이루겠다고 말하기도 했다. 하지만 플랫폼 정부 출범식에서 검은 양복을 입은 공무원들이 서열대로 도열해 있고, 기업들은 일간지에 '경축 플랫폼 정부 출범'이라는 광고를 싣고, 공무원들은 행사장 배치표나 만들고 있다면, 그건 플랫폼이 아니다. 그건 영화 세트장 같은 것이다.

회의가 엄격한 서열에 따라 정해진 자리에 앉아 가장 높은 사람이 이야기하는 것을 받아 적는 시간을 뜻하는 것이라면, 그리고 혹시 이견을 말하면 레이저 같은 눈총을 받는 자리라면, 보스가 넥타이를 매면 모두가 넥타이를 매고, 보스가 반팔을 입으면 모두가 반팔을 입은 채 어색하게 웃는다면, 보스와 간부가 모두 한 치의 차이도 없이 같은 생각을 하면서 그걸 '공유와 소통'이라고 생각한다면, 그건 플랫폼 정부가 아니다. 그건 건물 옥상에 상추 몇 개 심고 도시농업이라고 외치는 거나 마찬가지다. 플랫폼은 서로 다른 것이 동등한 자격으로 모이는 것이고 거기에서 생존에 필수적인 다양성이 나온다.

대통령이 바뀌면 일사분란하게 모습을 바꾸고 고향까지 바꾸는 강력한 관료조직에서는 절대로 수평적 의사결정 구조가 나오지 않는다. 관료적인 구조를 그대로 둔 채 시작한 개혁이 성공할 수 있을지, 안 그래도 냉소적이라는 평을 듣는 나로서는 참 낙관하기 어렵다.

경제는 어떤가? 모 기업의 회장은 '경제는 정부나 정치권보다 나은 2류'라고 자평한 바 있다. 하지만 정치인이나 관료보다 낫다 한들 '2류'로 볼 수 있을까? '2류'라면 적어도 협력하고 상생하는 시늉이라도 해야 한다. 그러나 현실은 그렇지 않다. 재벌 기업들은 날로 확대되는데 중산층은 날로 줄어들고, 늘어나는 것이라곤 비정규직뿐이다. 애플의 협력업체인 폭스콘은 큰돈을 벌어 샤프도 인수했다는데, 우리나라 재벌 회사의 협력업체들은 3%대의 살인적인 수익률에 묶여 죽지도 살지도 못하는 좀비 같은 상태이다. 그게 '2류'인가 보다, 내가 보기에는 '3류'도 안 되는 것 같은데.

예전에 전경련을 대변하는 사람이 방송에 나와 대기업들이 매년 협력업체의 납품가를 후려치는 이유에 대해 설명하는 것을 들은 적이 있다. 그 사람은 컴퓨터를 사례로 들어 설명하고 있었다. 그의 말에 따르면 매년 더 나은 성능의 컴퓨터가 같은 가격에 공급되고 있으므로 같은 제품을 납품한다면 매년 납품단가가 낮아져야 정당하다는 것이었다. 즉, 동일 사양의 컴퓨터 값이 매년 떨어지듯이 같은 품질의 부품이라면 당연히 가격이 떨어져야 한다는 것이다.

그러니까 그 말을 풀어보면, 인류가 수천 년간 금을 채굴해왔으니까 지금은 금값이 똥값이 되어야 한다는 뜻이다. 컴퓨터 산업과 다른 산업을 동일한 틀에서 분석하는 것이 제정신에서 나온 발상인

새로운 목민관이 아니라 본질적 개혁이 필요하다

지 모르겠지만 아무튼 열린 마음으로 받아들이기로 했다. 결국 매년 납품대금을 후려치는 것은 협력업체의 혁신을 유도하기 위한 속 깊은 배려였던 것이다. 물론 매년 상승하는 재벌 차의 가격이 이 사람의 주장과 배치되기는 하나, 그건 우리나라 재벌 차가 무어의 법칙보다 더 빠른 혁신을 한 덕분이라고 생각하기로 했다.

말이 나온 김에 덧붙이자면, 우리나라 재벌 차는 인류 최대의 수수께끼를 품고 있는 신비로운 존재이다. 세상에서 내가 절대로 풀지 못하는 수수께끼 중 하나가 '우리나라 재벌 차는 내수용과 수출용이 같은 차인가 아닌가' 하는 것이다. 국내 소비자에게 내수용과 수출용은 같은 차라고 말해놓고, 막상 외국에서 리콜을 당할 때는 얘기가 달라진다. 그럼 서로 다른 차가 아니냐고 물어보면 멀쩡한 차 두 대를 들이받는 퍼포먼스를 한 후 같은 차가 맞는다고 윽박지른다. 그럼 두 사람을 데려다놓고 똑같은 충격을 가해 똑같은 상처가 생기면 같은 사람이라고 해야 하는 건가? 아무튼 재벌 차 회사의 논리를 이해하기에는 내가 너무 저능한 거다.

물론 우리나라 재벌 회사의 하청업체들 중에도 폭스콘 못지않은 성공신화를 가진 회사들이 있다. 어떤 업체는 국내 유수의 경쟁기업을 제치고 일약 업계 선두로 도약하기도 했다. 그런 성공신화를 써 내려간 회사들에게는 신기한 공통점이 있다. 놀랍게도 그 회사들은 모두 재벌 3세가 세웠다. 씨도둑은 못 한다더니, 우월한 사업가 유전자를 가진 것임에 틀림없다. 그들이 세운 회사들의 주요 업종은 물류, 운송, 유통이거나 외제차 수입, 와인 수입, 식당 체인 운영 등이다. 하나같이 후발주자가 성공하기 극히 어려운 레드오션이다. 그런 적대적이고 바늘 하나 꽂을 틈 없는 과포화시장에서 눈부신 성과를 거두었다는 것은 그들이 분명 경영의 신이라는 명백한 증거임에 틀림없다. 그래서인지 각종 신문과 방송에서는 재벌 3세 오너들에 대해 혁신과 도전으로 성과를 이루어낸 경영 천재라고 극찬을 해주곤 한다.

미국의 10대 부자들은 공통점을 찾기 어렵다. 대개 대학교를 중퇴했고 남성이라는 점을 빼고는 인종도, 출신성분도 다르다. 그에 반해 우리나라 10대 부자는 뚜렷한 공통점이 있다. 바로 아버지가 모두 재벌이라는 점이다. 아마 이런 신기한 이야기는 처음 들어봤을 것이다. 국가대표 축구선수를 모아놨는데, 그들의 아버지가 모두 국가대표 축구선수였다고 생각해보라. 어찌 신기하지 않겠는가. 물론 상속 제도가 낳은 자연스러운 현상이라고 일축할 수도 있다. 그런데, 왜 미국이나 유럽 등 자본주의 선진국에서는 그런 현상이 생기지 않고, 유독 우리나 중국 같은 나라에서만 나타나는 것인지 의문이다. 중국이 자본주의의 끝판왕인가 보다.

재벌 3세가 만든 운송회사는 아버지가 지배하는 회사들의 일감을 싹쓸이하는 수법으로 재계 서열에 이름을 올린다. 오직 재벌 3세의 경영권을 위해 자행된 당혹스러운 합병에도 이를 비판하는 기사는 별로 없다. 오히려 애국심 문제를 들먹이면서 합병에 반대하면 마치 민족의 반역자인 것처럼 몰아붙인다. 합병을 반대한 소액주주가 민족의 반역자가 아니라면 언론이 청탁의 대가로 전세기도 얻어 타고 거지처럼 요트도 빌어 탄 것이리라.

재벌들이 골프장을 만들면 납품업체들이 비싼 회원권을 모두

새로운 목민관이 아니라 본질적 개혁이 필요하다

사준다. 기부천사로 행세하면서 정작 기부는 협력업체 손목을 비틀어 하게 하는 경우도 적지 않다. 봉사는 하인이 하고 생색은 주인이 낸다. 대기업 직원들이 협력업체의 회계장부를 가져다 보는 것도 선의의 발로일 것이다. 그게 아니면 자기들 장부는 분식이 너무 심해 다른 회사 것을 보고 장부의 원래 모습을 음미해보고 싶은 것일 수도 있다.

세상에 나가 선진국의 거대기업들과 경쟁해보라고 힘을 실어줬더니 정작 진출하는 곳은 골목상권이고 집안에서 문어발식 사업 확대에만 몰두한다. 물론 우리 재벌들에게만 문어발이라고 하는 것은 부당한 비난일수도 있다. 사실 구글도 문어발 아닌가. 안경도 만들고 자동차도 만든다. 다만, 미묘한 차이는 있다. 구글은 남들이 전혀 안 하는 극히 모험적인 분야에 진출하는 것에 반해, 우리 재벌들은 서민이나 중소기업들이 하고 있는 분야를 침입한다. 그게 낙수효과인가 보다.

우리가 대기업을 용인했던 것은 낙수효과에 대한 기대 때문이었다. 외국의 거대기업들과 경쟁하는 데 힘을 모아주면 세계 시장에서 살아남을 것이고 그 과실이 협력업체에도 떨어질 것이라고 생각했다. 하지만 자신들은 일감 빼돌리기로 부의 대물림을 하면서 협력업체에게는 말도 안 되는 혁신과 원가절감을 요구한다는 건 사리에 맞지 않는다. 그런 착취 구조에서 협력업체가 어찌 기술 개발을 할 수 있을 것이라고 생각하는지 그 의식구조가 궁금하다. 헝그리 정신이 혁신의 원천이라고 생각하나 보다. 그럼 자신들부터 헝그리 정신을 가져야 할 것이다. 혹시 협력업체가 어찌어찌 혁신에 성공해서 신기술을 개발하면 상황은 더 나빠진다. 기술을 빼앗거나 베끼기 때문이다. 협력업체가 개발한 신기술은 협력 차원에서 가져다 써도 된다고 생각하나 보다. 순순히 주지 않으면 그게 나쁜 거다. 누구 덕분에 밥 먹고 사는데 감히 거부한단 말인가! 그게 우리나라 산업계의 협력이고 낙수효과였다.

피터 언더우드Peter Underwood는 우리나라 재벌들이 북한 김 씨 왕조와 닮았다고 말한 적이 있다. 연희전문학교(연세대학교의 전신)와 YMCA를 설립한 호러스 언더우드Horace Grant Underwood의 증손자인 그의 말에 따르면 재벌 회사의 이사회나 주주총회는 북한 노동당 전당대회처럼 하나마나한 것이고, 아버지가 왕이라서 아들도 왕이 되며, 경영 능력이라고는 늘 말아먹는 실적뿐인데도 신격화되는 점 등이 너무나 닮았다고 한다. 그러고 보니 온갖 궤변으로 그들을 신격화하고 그들의 죄악을 외면하는 편측무시증후군 환자들을 팬으로 거느리고 있는 것도 유사하다. 북한의 인권 상황에 대해 비판이라도 할라치면 전쟁하자는 것이냐고 발작하는 것이나, 재벌들을 구속하면 경영권 공백의 타격이 크다는 등 일자리 축소가 불가피하다는 둥 위협하고 외국에 국민기업 경영권이 넘어간다며 호들갑 떠는 것이 놀랍도록 닮았다.

독점이나 지배력 집중을 자유시장경제의 자연스러운 현상이라고 말하기도 하지만, 우리나라 재벌 체제는 애당초 자유시장이 만든 것이 아니다. 재벌들은 하나같이 정경유착과 특혜의 사생아에 불과하다. 자유시장경제는 죄가 없다. 우리나라에서는 자유경쟁시장이 제대로 돌아간 적도 없다. 누군가는 재벌도 시장의 선택이며, 언

새로운 목민관이 아니라 본질적 개혁이 필요하다

젠가는 시장이 자연스럽게 소멸시킨다고 했다. 하지만 우리가 지켜본 바는 달랐다. 방만한 운영으로 재벌 기업이 무너질 때면 어김없이 국민의 세금이 투여됐다. 세금이 아니면 국민들의 저금, 그것도 부족하면 국민들의 연금까지 동원해서 기어코 살려주었다. 자유시장경제를 초월한 불사신인 것이다. 국민의 혈세가 들어갔다고 하여 국민기업인가 보다.

재벌 체제는 패권주의적인 정치 그리고 관료 체제와 결합하여 경쟁을 완벽히 회피하는 둔갑술을 익힌다. 그래서 암 덩어리처럼 죽지도 않고 점점 커진다. 세상이 플랫폼 기반의 기업들로 빠르게 재편되는 것에 발맞춰 우리 경제계는 재벌 가문 기업들로 재빠르게 재편되고 있다. 구글, 애플, 페이스북, 아마존 등 세상을 호령하는 기업들은 플랫폼 안으로 공급자와 수요자를 끌어들여 그들이 공정한 거래를 통해 얻고자 하는 가치를 교환하게 만들고 있다. 하지만 우리나라 재벌 체제에서는 엄격한 지배와 피지배 속에 청탁과 특혜가 무럭무럭 자라고 있을 뿐이다. 세계적인 플랫폼 기업의 세계에는 참여자들의 연결과 상호작용, 모두가 공유하는 새로운 가치가 있다면, 우리나라 재벌 체제에는 하청업체의 희생과 복종, 그리고 모두가 숭배해야 하는 새로운 왕자님들과 공주님들이 있다. 세계가 4차 산업혁명을 향해 전력 질주하는 동안 우리는 국민 세금을 쏟아부어 폭력적인 절대왕조를 만들고 있는 것이다.

그렇다고 약탈적 입법으로 시장에 개입하여 규제를 하자는 것이 아니다. 단지 소비자에게 이익이 되고, 자본의 축적이 대대적인 모험적 투자로 이어지며, 기업가정신이 빛을 발할 수 있는 자유시장이 제대로 작동하기를 바라는 것이다. 그렇게 하여 부당한 청탁이 사라지고, 접대는 구시대의 유물이 되며, 모험과 창의력이 정당한 대가를 받는 기업가 시대가 열리기를 바라는 것이다. 하지만 재벌 체제에서 공정한 경쟁과 기업가정신을 바라는 것은 사막에서 고래를 찾는 일보다 난망하다. 최소한 사막에서는 고래 화석이라도 발견할 가능성이 있다. 그래서 '재벌'과 '김영란법'이 공존한다는 것이 나에게는 도저히 풀 수 없는 수수께끼이다.

우리나라 정치에 대해서는 잘 모르겠다. 우리나라 정당들을 보면 16세기부터 18세기경의 유럽 상황을 보는 것 같다. 고풍스럽다는 것이 아니라 이합집산, 결탁, 배신이 잦다는 뜻이다. 그래서 우리나라 정당 이름과 그 뿌리를 찾는 것은 근대 유럽의 국경선을 외우는 것보다 어렵다. 보급형 페론주의, 지겨운 징고이즘, 선불 맞은 민족주의, 사회적 발달지체 등이 섞여 있는데, 뭔지 모르겠지만 아무튼 지역과 진영으로 나라를 산산조각 분열시키는 데는 대단한 능력을 보이고 있다. 그게 표를 얻기에는 가장 효율적인 방법인 것이다.

프레더릭 바스티아Frederic Bastiat가 말하길 국회의원이란 시민의 자유와 재산을 보호하기보다는 한쪽의 시민을 위해 다른 한쪽의 시민을 희생시키는 존재라고 했다. 바스티아가 우리나라에 와봤나 보다. 소름 끼치게 정확하다. 최고 권력자는 권력기관과 관료에 대한 인사권과 정보 독점을 통해 모든 것을 쥐려고 한다. 정치는 그 독점을 해결하려는 과정이 아니라 그 자리에 오르기 위한 상대 끌어내리기에 불과하다. 그래서 정치는 네트워크가 아니라 통합 리모컨 쟁탈전이다. 자신이 조종당하지 않으려면 상대방이 리모컨을 쥐는 것을 막아야 하기 때문에 상대방은 모두 적이고 폐기 대상이다. 그러다 보니 결국 국민도 어느 한쪽에게는 없어져야 할 적이다.

정치를 더욱 악화시키고 있는 것은 팬덤에 기초한 무비판적인 공감 혹은 반감이다. 프로이트가 말하길 이 세상의 현상을 알고자 한다면 겸허한 마음으로 자신의 공감과 반감을 제거해야 한다고 했다. 하지만 우리는 두 극단적인 감정의 노예가 되는 것을 오히려 자랑스러워한다. 게다가 정치인들이 연출해낸 적대적인 상황은 '무관심도 적으로 간주'하는 문화와 '공격을 참여라고 생각'하는 돌림병을 낳았다. 적대적인 정치 환경은 무관심할 자유도 주지 않는다. 잘못된 정치에 동조하지 않고 거기에 소극적으로나마 저항할 자유도 주지 않는 것이다. 그래서 선거 때만 되면 투표가 세상을 바꾸고, 투표율이 높을수록 선진국이라는 말이 아무런 고려도 없이 주술처럼 떠돈다. 어떤 투표는 나쁜 투표라고 하면서 어떨 때는 국민의 의무라고 강변하는데, 그 차이를 도대체 모르겠다.

OECD 주요 국가의 평균 투표율은 71.4% 정도이다. 우리나라는 56.9%로 OECD 전체 국가들 중 26위 정도이다. 오스트레일리아의 경우 평균 투표율이 95%가량이다. 이 수치들만 놓고 보면 투표율이 높아야 선진국이라는 선동이 사실인 것처럼 느껴진다. 하지만 세상에서 가장 살기 좋다고 하는 스위스의 평균 투표율은 50% 미만이다. 그리스(76%), 브라질(83.3%), 아르헨티나(70.9%) 등보다 훨씬 낮다. 하지만 스위스가 그리스, 브라질, 아르헨티나보다 정치 후진국이라고 생각하는 사람은 없다.

오스트레일리아의 투표율이 높은 것은 투표에 참여하지 않으면 벌금을 부과하기 때문이다. 벨기에, 룩셈부르크, 싱가포르, 터키의 투표율이 높은 것도 역시 투표에 불참하면 형사처벌을 하기 때문이다. 선진국일수록 정치에 관심이 없어 투표를 하지 않기 때문에 어쩔 수 없이 형사처벌로 투표를 강제하고 있는 것이다. 그리스에서는 여권 및 운전면허증의 발급을 중지할 뿐 아니라 징역형을 선고하기도 한다. 결국 투표율과 정치 발전은 직접적인 연관성이 없다.

투표율이 낮으면 최악의 정상배가 집권할 것이라고 위협한다. 그럼 투표율이 높으면 최악의 정상배가 집권하지 않을까? 나치가 집권한 1933년 3월 바이마르 공화국 선거의 투표율은 71.6%로 당시로서는 기록적인 투표율이었다. 1934년 히틀러가 총통이 된 독일 국민투표의 투표율은 95.7%였다. 푸틴이 권력을 사유화해가던 2011년 러시아 총선의 투표율은 140%가 넘었다. 러시아는 하이퍼-울트라 선진국인가 보다. 그런데도 투표율이 낮으면 나쁜 정치인이 득세한다고 말할 수 있을까? 투표 거부도 분명한 정치적 의사표현이다. 오히려 몰리는 것이 위험하다. 클라우제비츠Karl von Clausewitz는 『전쟁론Vom Kriege』에서 무게 중심은 언제나 대중이 밀집해 있는 곳에서 발견되며, 그곳이 바로 상대를 궤멸시킬 수 있는 가장 효과적인 타격점이라고 했다. 무게 중심에 몰리는 것이 썩 좋은 전략은 아니라는 뜻이다.

그럼 왜 설사 최선이 아니더라도 반드시 투표를 하자는 말이 나올까? 그것은 자신들이 지지하는 후보가 하자 있는 상품이라는 것을 알고 있기 때문이다. 그래서 선뜻 구매하지 않으려고 하는 손님에게 차선이라도 선택해야 한다고 꼬이는 것이다. 그 결과 지지율의

함정이 발생한다. 실제보다 높은 지지 속에 당선되었다고 믿는 착시 현상이 생기는 것이다. 그로 인해 국민의 대의가 자신을 선택한 것이라고 견강부회하면서 독점적인 권력 행사를 당연하게 여긴다.

우리나라 정치는 시아파나 수니파의 대결 같다. 옆에서 보기에는 다 같은 이슬람이고 그게 그건데, 자신들은 엄청나게 다른 것이라고 주장한다. 별 차이 없어 보이면 선택하지 않는 것이 낫다. 마음에 들지 않으면 거부하는 것이 진정한 민의다. 먹기 싫은 메뉴만 내놓는 식당에서 가장 덜 싫어하는 음식이라도 무조건 먹으라고 말하는 것이 상식적인 일인가. 어쩔 수 없으니 받아들이라는 것은 폭력이다. 그것은 대체 세력의 탄생 자체를 막으며 결국 과점 체제를 유지시키려는 발상일 뿐이다.

또 우리나라 정치꾼은 조직폭력배와 유사하다. 혼자 다니는 경우는 거의 없고 늘 떼로 몰려다니는데, 고향이나 출신지에 따라 모이며 주로 검은 차나 승합차를 타고 다닌다. 조직의 이름은 주로 모이는 곳이나 오야지가 사는 동네, 그게 아니면 오야지의 이름이나 별칭을 따서 만든다. 하는 일은 주로 모여서 같이 밥을 먹는 것인데, 그래서 그런지 대개 '식구'라고 부른다. 주변에서 계보를 만들어 주는데 당사자는 그 계파가 아니라고 극구 부인하나 사실인 경우가 많다. 요즘에는 계파 구분도 모호해져서 '범○○' 혹은 '친○○'으로 불린다. 이권 앞에서 그나마 의리도 사라진 거다. 그들은 서열이 확실하고 특별히 하는 일은 없지만 벌이는 좋고 세금은 안 낸다. 또 갈등과 분쟁을 사랑하기에 늘 그런 자리에 나타나며 주변 사람들의 염원과 달리 그런 상황을 키우는 데 천부적인 능력을 발휘한다. 범죄를 저지르면 늘 자신은 모르는 일이며 아랫사람이 몰래 한 짓이라고 변명하는 것도 조폭과 다를 바 없다. 교도소를 다녀와야 대접을 받고 난동을 부려야 전국적으로 이름을 떨친다. 자주는 아니지만 결정적인 순간에는 완력과 힘으로 문제를 해결한다. 종교 행사에도 자주 참석하고 영화나 드라마에도 자주 출몰한다. 놀라운 것은 그럼에도 국민들은 욕하면서 늘 열심히 본다. 막장드라마 시청률이 높은 것과 유사하다. 물론 다른 점도 있다. 정치꾼과 달리 조폭은 암묵적인 정년도 있고 여자들은 가담하지 않는다. 정치는 세상을 좋게 만드는 데 유용하지 않은 도구이지만, 세상을 아수라장으로 만들기에 그보다 더 효율적인 도구도 없다. 정치인들부터 솔선해서 공천 청탁을 위해 보스나 계파를 만드는데, 법 하나만으로 공정과 청탁 해소가 가능할까?

물론 정치나 경제 분야가 이렇게 '사소하게' 불공정하더라도 시민사회가 건강하다면 결국은 좋은 방향으로 해결될 것이다. 예를 들어 시민단체가 정치권력이나 거대기업과 거리를 유지하면서 감시와 견제를 한다면 조금씩 문제점들이 교정될 수도 있다. 이미 18세기에 영국의 철학자 퍼거슨Adam Ferguson은 시민단체를 '문명화의 소산'이라고 말한 바 있다.『미국의 민주주의De la démocratie en Amérique』를 쓴 토크빌Alexis de Tocqueville도 시민단체를 강조했다. 그는 절대군주의 몰락으로 인해 정치권력의 신성함이 사라지고 그에 따라 대중들의 사회·정치·경제적 평등에 대한 요구가 증대하면서 오히려 중앙집권적이고 전체주의적인 국가가 탄생할 것이라고 예견했다. 그에 따라 시민들은 중앙집권화된 국가와 관료주의에 예종될 것이라고 우려하면서 그러한 문제점을 삼권분립과 국가와 정치로부터 독립한 자유로운 시민단체가 해결해줄 것이라고 기대했다. 즉, 시민단체의 생명은 정치, 권력, 정부, 특권층과의 거리 유지이자 독립이란 뜻이다.

그러나 시민단체가 재벌들의 약점을 잡아 '협찬'받는 일이 일상화된다면, 마라톤 대회와 서화전과 음악회를 개최하면서 베를린 필하모닉 공연보다 비싼 티켓을 기업들에게 판다면, 선한 영리사업이라면서 임대료와 임금 등 모든 영업비용을 재벌들에게 부담시킨다면, 공금 횡령을 밝혀낸 내부고발자를 오히려 시민운동의 명예를 실추시켰다고 징계한다면, 재벌 기업에게 상속 문제를 제기하겠다고 위협한 다음 후원 약정서를 돌린다면, 국고보조금을 마음대로 유용하고서도 시민단체의 구조적 취약성으로 호도한다면, 시민운동으로 이름을 떨친 후 그 연장선상의 행보라는 경천동지할 궤변을 내세워 정치인으로 변신한다면, 친위 어용시위를 하고 그 대가를 받는다면, 그런 시민운동으로 과연 무엇을 개선할 수 있을까?

일부 단체의 문제라고 항변할 수도 있다. 하지만 부정한 짓을 저지른 일부 검사들을 떠올려보자. 그들이 검사라는 직위와 권력을 이용해 부정을 저질렀다면 그것은 표본이나 개인의 문제가 아니라 검찰 전체의 문제다. 마찬가지로 시민단체의 영향력을 치부와 권력의 수단으로 삼았다면 그것은 일부의 문제가 아니라 전체의 문제이다.

그래서 엥겔스Friedrich Engels는 퍼거슨이나 토크빌과 달리 시민사회를 부정적으로 봤다. 그는 시민사회란 사적 소유에 기반을 둔 계급사회에 불과하고 상부구조로서의 정치적 질서인 국가를 결정하는 토대라고 일갈한 바 있다. 그람시Antonio Gramsci 역시 시민사회는 자본주의 사회를 파국적 기습에서 보호하는 참호라고 말한 바 있다. 지배층이자 특권층일 뿐이라는 뜻이다. 정치권력이나 재벌과의 협업을 지켜보며, 권력에 대한 견제보다는 나눠 먹기를 바라는 모습을 보며 그들의 말을 무작정 배척할 수는 없구나 하는 한탄을 해본다.

게다가 우리는 자기 자신이 문제라는 것을 인정하지 않고 늘 다른 사람, 다른 계층, 다른 직군에게 책임을 미룬다. 이렇게 낙후된 정치가 날로 번창하는 것은 늘 다른 곳에 책임을 미루고 마녀사냥으로 책임을 호도했기 때문이다. 그래서 우리 사회 그 어디에든 퍼져 있는 갑질 문화와 수직적 문화가 쉽게 개선되지 않는 것인지도 모른다. 굳이 권력자가 아니더라도 모두가 모두에게 갑질하고 군림한다. 조금이라도 우위에 있다고 생각하면 어김없이 그 지위를 과시한다. 아파트 부녀회는 경비원들에게 갑질하고, 경비원들은 택배원·음식배달원들에게 갑질한다. 정규직은 비정규직에게, 비정규직은 특성화고 연수생에게 갑질한다. 갑질하는 사회라고 분노하는 사람들이 뒤돌아서면 마트 주차 관리인에게, 편의점 아르바이트생에게, 여성 운전자에게 아무렇지 않게 갑질한다. 완장에 분노하는 것이 아니라 자기 완장이 적은 것에 분노하는 것이 아닌가 싶을 정도다. 결국 우리는 공범이 아니더라도 최소한 방관자였다. 돈과 권력으로 사람을 비참하게 만들고, 그것을 위해서라면 영혼까지 서슴없이 파는 것을, 단지 공짜 밥을 못 먹게 하는 것만으로 막을 수 있을까?

맨커 올슨Mancur Olson이 말하길, 사람은 경쟁을 피해서 이익을 얻는 방법을 찾아내기 위해 반드시 집단을 만들어 로비를 통해 정부로부터 특권을 얻어낸다고 했다. 이러한 집단은 생산으로 이익을 얻는 것이 아니라 조직력이 약한 집단의 이익을 희생시켜 그 몫을 착취한다고 했다. 또한 이러한 집단은 경쟁을 막고 혁신과 생산성 향상 대신 로비와 규제를 만들어낸다고 했다. 부정부패는 범죄와 마찬가지로 그 사회가 스스로 그 크기를 결정한다. 부정부패는 우리 몸의 신경망처럼 밀접하게 연결되어 있고 상호작용을 한다. 중추신경계가 문제인데 말초신경을 자극해봐야 별 효용이 없다.

앞으로 시대는 기계화, 전기화, 정보화를 넘어 융합과 스마트의 시대가 될 것이다. 가까운 장래에 O2O를 통한 공유경제, 인공지능, 빅 데이터, 스마트시티, 산업인터넷, IoT, ICT, RFID, MES, 자율주행자동차, 텔레매틱스, 로보틱스, 오픈소스, 메이커 무브먼트, 3D 프린터와 같은 단어들이 일상화될 것이다. 이런 단어들의 시대에 왕에 충성하는 신하들의 청렴함을 강조하는 『목민심서』는 좀 곤란하다. 수평적 의사결정과 융합, 창의력이 핵심 가치가 되고 있는 4차 산업혁명의 시기에 공무원의 청렴 이야기는 지루하고 따분하다. 무엇보다 형사법으로 도덕과 청신한 기상을 되살리지는 못한다. 사회가 요구하는 바를 법률에 의해 가장 빠르고 간편하게 달성하려고 하는 것은 왜곡된 공리주의의 잔재이다. 이러한 사고는 결국 국가가 개인의 삶에 개입하는 것이 정당한가 하는 본질적인 질문은 옆으로 제쳐둔 채 다수가 좋아한다면 법률이라는 어느 정도 정당성을 내포하고 있는 수단은 아무 때나 사용할 수 있다는 인식에 기초하는 것으로, 이는 기본적으로 폭력적이다. 이러한 공리주의와 정책적 효율 만능주의는 궁극적으로 사회 구조에 복종적인 법률과 법 실무가들을 양산하게 될 것이다.

다산 정약용이 지금 대한민국에 있다면 『목민심서』를 쓰지는 않을 것 같다. 아마 수평적 의사결정 구조 수립, 재벌 해체, 권력구조 개편, 관료제 혁파, 교육 개혁 등을 주장할 것 같다는 막연한 생각이 든다. 실제로 다산은 이렇게 말한 바 있다. "백성을 어떻게 하면 편안하게 할 수 있겠는가? 관각(홍문관, 예문관, 교서관, 규장각)과 대간(사헌부, 사간원)을 없애면 백성이 편안해질 것이다. 관각과 대간을 없애면 임금의 덕이 바로 서고, 모든 관리가 제 할 일을 다 하게 되고, 기강이 바로잡히고 또 풍속이 두터워질 것이다."

우리는 언제까지 관료, 재벌, 권력기관의 선의만을 바라고 살아야 할까. 그것들이 없어진다고 대한민국이 무너지지 않는다는 것은 누구나 알고 있으면서도 우리는 본질적인 개혁은 버려둔 채 새로운 『목민심서』를 만드는 것으로 오히려 그들의 권력을 더 강화시키고 있는 것은 아닐까? 버나드 맨더빌은 말했다. "나라 전체로서는 정직함에 기댈 것이 아니라 필연성에 기대야 한다. 잘 살고 못 사는 것을 공무원과 정치인의 미덕과 양심에 기댈 수밖에 없는 사람들은 불행하며 그들의 법질서는 언제까지나 불안할 것이다."

국민들에게는
재판을 청구할 권리가 있다

우리나라에서 검찰이 하는 일이 많다고 하나 결국 우리 사법 제도의 핵심이자 대들보는 법원이다. 아무리 큰 보름달이라도 흐린 해보다 밝을 수는 없다. 검찰의 업무가 형사 사건에 국한된다면 법원은 민사·형사·행정·특허·가사·소년 사건 등을 모두 담당한다. 결국 우리나라 사법 제도가 국민의 신뢰를 회복하기 위해서는 법원이 제 역할을 다해야 한다. 법원의 개혁이 사법 제도 개혁의 핵심이 될 수밖에 없는 이유이다. 대들보 썩어 가는데 마루만 바꾼다고 새 집 되는 건 아니다.

우리 법원이 국민과 눈높이를 맞추고 서민의 목소리를 잘 듣는다고 생각하는 사람은 거의 없을 것이다. 많은 학자들은 그 원인으로 법원의 순혈주의와 무오주의無誤主義를 꼽고 있다. 그것들은 마치 방 안의 공기 같다. 안에 있는 사람들은 이상함을 느끼지 못한다. 늘 자연스럽게 느껴지는 방 안의 공기는 오직 밖에서 들어가본 사람만이 그 탁함을 알 수 있다.

5~6년 전 성폭행 가해자가 피해 사실을 신고한 장애 여성을 죽인 사건이 발생했다. 가해자는 그 여성을 죽이기 전에 이미 두 건의 살인 전력이 있었다. 그자가 사람 2명을 죽인 대가로 복역한 기간은 겨우 5년 6개월이었다. 상식적인 형량이라고 보기 어렵다. 범죄자의 인권을 지극히 고려한 판결인지는 모르겠으나, 살인 재범이라면 그보다는 엄히 처벌했어야 했다. 적어도 그랬다면 그 장애 여성이 살해당할 확률은 극적으로 낮아졌을 것이다. 그런 것이 진짜 위헌이고 인간의 존엄성에 반하는 것이다.

그뿐 아니다. 우리나라 재벌의 횡포가 이렇게 극에 달하게 된 데에는 법조계의 책임도 적지 않다. 1999년 이후 2012년 12월까지 우리나라 10대 재벌 그룹의 총수 중 7명이 징역형을 선고받았다. 그들의 징역형은 모두 합해 22년 6개월이다. 그러나 실형을 산 사람은 단 한 명도 없었다. 모두 집행유예로 나왔다. 이 정도면 우연이라고 할 수 없다. 게다가 놀랍게도 재벌들 모두 법원에 가기 전에는 대부분 휠체어에 의존해야 하는 중병이 들었는데, 재판이 끝난 후 집행유예가 선고되고 나면 얼마 지나지 않아 모두 멀쩡해졌다. 이 정도면 우리나라 법원은 앉은뱅이도 일으켜 세운 예수님과 동급이다. 몇 년 전에는 1000억 원을 횡령한 사학 이사장을 보석으로 풀어줘 사회적으로 큰 물의를 빚은 적도 있다.

더 어처구니없는 얘기도 많다. 얼마 전에는 길 가던 정신지체 2급의 15세 소녀를 꼬여 성폭행을 한 54세 남자를 집행유예로 풀어준 사례도 있다. 15세면 겨우 중학생이다. 정신지체란 정신 발육이 항구적으로 지체되어 지적 능력의 발달이 불충분하거나 불완전하여 자신의 일을 처리하는 것과 사회생활 적응이 현저히 곤란한 사람을 의미한다. 정신지체 2급은 그중 두 번째로 중한 상태를 말한다. 우리 사회에서 가장 낮은 곳에 있는 약자이고, 우리 사회의 가장 약한 고리라 할 수 있다. 1심에서는 그 성폭행 가해자에 대해 징역 3년을 선고했다. 하지만 항소심에서는 그자를 집행유예로 풀어주었다. 그 이유가 눈물겹다. 피고인이 성폭행을 한 후 바로 후회를 하고 따뜻한 물로 씻어준 다음 피해자의 집 주변에 데려다주었다는 것이다.

범행 후 씻어주는 것이 그렇게 감동할 만한 사연인지 몰랐다. 성폭행범들은 자신의 흔적과 증거를 없애기 위해 피해자를 씻어주기도 한다. 피해자가 장애인이거나 정상적인 판단을 하기 어려운 사람인 경우 가해자가 주로 그런 행동을 한다. 그런 피해자를 씻어주는 이유는 주변 사람들에게 발각되지 않고 꾸준히 성폭행을 하기 위해서이다. 집 근처에 데려다주었다는 것도 좋게 볼 일이 아니다. 자기 집으로 끌고 가 저지른 범행인데, 그 주변에 피해자를 둘 경우 경찰의 눈에 띄기라도 하면 범행이 발각될 가능성이 높아진다. 그래서 집에 데려다준 것이다. 그게 그렇게 박수를 받아야 할 일인지, 그래서 정신이 온전치 못한 여중생을 성폭행한 사람을 풀어줘야 하는 일인지 나는 당최 모르겠다. 아마 내가 생각이 좁거나 처벌 만능주의자인지도 모르겠다.

2008년 청주에서는 정신지체의 16세 소녀를 수년간 성폭행한 일가족 4명에 대해 집행유예를 선고한 사례도 있다. 2012년 12월 서울남부지법에서는 12세 여아들을 강제 추행한 72세 노인에 대해 집행유예를 선고했다. 판결문을 보니 그 노인은 범행을 부인했고, 자신의 잘못을 반성하지도 않았다고 한다. 그럼에도 부모와 합의했다는 이유만으로 집행유예를 선고하고 풀어준 것이다. 하기야 반성한다고 쌀이 생기는 것도 아니니 돈으로 값을 치른 것이 더 합리적인지도 모르겠다. 그러나 인간의 존엄성은 합리적인 계산을 초월하는 것이다. 인간의 존엄성은 우리 헌법의 우주이자 태초의 빛이다. 정신지체라는 그 아이는 많은 시간이 흐르고 나면 자신이 어떤 일을 당했는지 기억하지 못할지도 모른다. 하지만 우리는, 대한민국의 구성원인 우리는 그것을 기억한다. 그리고 부끄러워한다. 또 그 기억과 부끄러움이 설사 사라진다 하더라도 인간의 존엄과 보편적인 가치에 대한 불신은 결코 사라지지 않는다.

아동을 성추행하고도 부모와 합의했다는 이유로 집행유예를 선고한 사례는 그뿐만이 아니다. 2011년 12월 제주에서 자신이 운영하는 태권도장에 다니는 8세 여아를 상습적으로 성추행한 관장에 대해서도 부모와 합의했다는 이유로 집행유예를 선고했고, 2011년 8월 서울동부지법은 16세 남자 중학생을 강제 추행한 노인도 합의했다는 이유로 집행유예를 선고했다. 결국 성범죄를 저지르더라도 가난하고 어수룩한 부모를 둔 아이들을 대상으로 하면 큰 탈은 없는 것이다. 합의하면 되니까. 가난한 것은 단지 불편할 뿐이라는 말은 틀렸다. 가난한 것이 부끄러운 세상이다. 이러니 '유전무죄, 무전유죄'라는 말이 나오더라도 할 말이 없는 것이다.

최근의 사례를 들어보자. 창원지법 진주지원에서는 만취 상태에서 아무런 이유 없이 남의 집에 들어가 잠자고 있던 노부부를 찔러 남편을 죽게 한 피고인에 대해 술을 마셨다는 이유만으로 심신미약 상태였다며 형을 감경해주었다. 청주지법에서는 만취 상태에서 운전을 하다 뺑소니 사망사고를 낸 피고인에 대해 집행유예를 선고하고 풀어주었다. 이 사건에서도 재판부는 피고인이 술을 마셨다는 이유로 심신미약 감경을 했다. 술을 마신 것이 죄가 되는 음주운전에서 술을 마셨다고 감경을 해주는, 나로서는 오성의 한계를 느끼게 하는, 인간은 우연적이고 부조리하다는 실존주의를 온몸으로 증명한 판결이다.

전화를 기분 나쁘게 받았다는 이유만으로 여자 친구를 찾아가 무자비하게 폭행한 피고인이 의대생이라는 이유로 벌금형이 선고되기도 하고, 병원에 입원 중인 할머니를 성추행한 간병인에게 벌금형이 선고되기도 한다. 그뿐 아니다. 회칼과 야구방망이로 장모와 처를 협박한 피고인을 집행유예로 풀어주고, 융자금 대출 사기를 벌인 의사들이나 10대 여성을 성희롱한 택시기사에게 벌금형을 선고하기도 한다. 모두 동일한 재판부에서 나온 것이다. 지식과 권력은 적이 아니라 동반자라는 푸코의 말이 조금씩 이해가 된다. 나의 한계를 깨우쳐줘서 고맙다고 해야 하나. 얼마 전에는 경찰에서 두 번이나 신청한 가정폭력 사범에 대한 구속영장이 법원에서 연달아 기각되었고, 결국 그가 처를 살해했다는 기사가 나왔다. 가정폭력을 저지른 배우자를 체포·구금한다고 하여 가정폭력이 줄어들지는 않을 거라고 반박하는 이들이 있을지도 모르겠다. 그러나 1981년 미국 미니애폴리스에서 실시된 실험에 따르면 가정폭력 배우자에 대한 체포·구금이 추가 가정폭력을 억제한다는 결론이 나왔다. 숭례문 방화 사건은 또 어떤가. 숭례문을 방화하여 전소시킨 범인은 이미 창경궁을 방화한 전력이 있었다. 그때 그는 집행유예를 선고받고 빠져나왔다. 만약 그가 정당한 죗값을 받았더라면 우리는 숭례문을 잃지 않았을 것이다. 한 판사의 자의적인 자비는 국보 1호의 상실을 낳았다.

만약 국회의원이나 행정부 공무원들이라면 이렇게 무리한 일을 할 수 있을까? 무엇보다 이런 결과를 낳고도 아무런 책임을 지지 않을 수 있을까?

이런 판결은 국민을 슬프게 한다. 그래도 국민은 어찌할 방법이 없다. 우리나라 판사는 국민이 뽑은 것이 아니니 국민이 심판할 방법이 없다. 주권은 국민에게 있다는데, 우리나라 국민은 주권 중 하나인 사법권을 행사해본 적이 없다. 국민은 판사를 뽑아본 적도 없고, 그래서 국민의 의사를 사법권에 관철시킬 도구도 없다. 그래서 헌법과 달리 우리는 국민이 행정권과 입법권만 행사하는 3분의 2 민주주의인 것이다. 그래서 어떤 대법원장은 판결과 판사에 대한 비판은 사법부의 독립에 대한 공격이라고 으름장을 놓기도 했다. 어떻게 주권자인 국민이 판결을 비판할 수 없는가?

서구 법조인들은 우리나라 법조 체계를 보며 민주적 정당성이 없는 판사 임명 제도에 대해 놀라워한다. 그리고 그보다 더 놀라워하는 것은 사법부의 민주적 정당성이라는 핵심 사안이 전혀 문제되지 않는 우리나라의 상황이다. 미국의 예를 들어보자. 미국의 판사

국민들에게는 재판을 청구할 권리가 있다

는 선거 혹은 주지사의 지명과 의회의 인준으로 임명된다. 주권자의 선택을 거치지 않은 판사가 사법권을 독립적으로 행사하는 것은 민주적일 수 없다는 것이다. 그건 마치 국회 입법조사처가 입법고시 합격자 중 고득점자를 국회의원으로 뽑는 것과 같은 것이다.

미국의 연방판사는 대통령의 임명과 상원의 승인으로 임용된다. 연방판사에 속하지 않는 연방파산법원판사는 연방항소법원판사들의 다수결 투표로, 치안판사는 연방지방법원판사들의 다수결 투표로 각 선출된다. 연방판사를 대통령의 지명과 상원의 승인을 통해 임명하는 것은 사법권의 민주적 정당성을 확보하고, 권력의 견제와 균형을 실현하기 위함이다.(흔히 연방판사라 하면 연방대법관, 연방항소법원판사, 연방지방법원판사를 의미한다. 즉, 대통령이 임명하지 않는 연방파산법원판사나 치안판사는 통상 연방판사에 포함시키지 않고, 또한 이들을 연방판사와 구별하기 위해 다른 판사들 Tax court judges, Federal court judges, Territorial court judges과 더불어 'Non-Article Ⅲ judges'라고 부른다.)

각 주의 판사는 주민들의 투표로 선출되거나 주지사의 지명과 주의회의 인준으로 임용되는데, 대다수인 39개 주가 선거로 판사를 뽑고 있다. 통계를 보면 전국 주판사의 87%가 선거로 임용되었다. 판사를 국민이 직접 선출하는 것은 판사를 국민의 통제 범위 안에 두겠다는 국민주권 원칙과 공직에 대한 선거권 확대 요구에 따른 것이다. 선출 판사 제도는 '잭슨 민주주의Jacksonian democracy'의 영향으로 1777년 버몬트 헌법이 각 카운티 자유인은 하급심판사, 보안관, 치안판사, 검인판사를 선출할 권리가 있다고 선언한 데 이어, 1802년 오하이오 헌법도 대법관, 민사법원 법원장과 판사들은 상하 양원 합동 선거로 임명한다고 규정하였다. 1812년 조지아(하급심 판사는 4년 임기로 선출)와 1816년 인디애나(대법관을 주지사가 임명, 순회법 원장은 양원 합동 투표, 배석판사는 카운티 선거인단 선거로 선출), 1832년 미시 시피, 1846년 뉴욕에서 잇달아 선출 판사 제도를 채택하였다. 1846 년 이후 연방에 가입한 모든 주는 판사의 일부 또는 전부에 대해 유 권자가 직접 선출토록 하고 있고, 그 이후에도 1849년 캘리포니아 헌법에서 판사 전원에 대해 선출 방식을 적용하도록 규정하였으며, 1850년 미시간 주와 펜실베이니아 주, 1853년 테네시 주의 대법원 이 선거제로 전환하였다.

이러한 판사 선출 제도는 법원의 민주적 정당성을 확보함과 동 시에 재판에 판사 개인의 편견이 개입되거나, 사법부가 입법부의 법 률 제정권을 침해하는 것을 방지하여 삼권분립을 유지하기 위함 이기도 하다. 즉, 판사에 대한 선거를 대중 영합 절차로 보는 것이 아니라 개인적인 편견에 의해 입법 취지와 다르게 법률을 해석하 는 판사를 제거하거나 판사의 자질을 검증하는 절차로 파악하는 것이다. 뉴욕주립대의 스티븐 최 교수 등이 연구한 논문Professionals on Politicians: The Uncertain Empirical Case for an Elected Rather than Appointed Judiciary을 보더라도 임명직 판사가 선출직 판사에 비해 더 높은 법 률 판단 지식을 지녔다고 보기 어렵고, 또한 선출직 판사가 정치적 으로 편향적인 것은 아닌 것으로 밝혀지고 있다. 물론 미국도 우리 나라처럼 국민의 의사와 전혀 상관없이 판사를 임명하던 때가 있었 다. 영국의 식민지 시절인데, 이때는 영국 왕이 임명한 식민지 총독 이 법원장을 겸임하면서 판사도 임명했다. 우리 사법부는 그 시절

국민들에게는 재판을 청구할 권리가 있다

미국과 유사하다.

　지금 우리나라 법조계에 대한 비판과 불만은 일시적인 것도, 동기 없는 질시에서 출발한 것도 아니다. 법조인 개인에 대한 실망에서 출발한 불길은 이제 우리나라 사법 시스템에 대한 분노로 확산되고 있다. 한병철 교수는 어떤 패러다임 자체가 반성의 대상으로 부상한다는 것은 그 패러다임이 몰락하고 있음을 알리는 신호인 경우가 많다고 했다.

　물론 미국처럼 판사를 선출한다고 해서 모든 문제가 해결되지는 않는다. 미국은 이렇게 국민이 사법권을 통제하고 있음에도 판사들을 이중으로 견제하기 위해 배심제를 채택하고 있다. 우리나라에서도 국민참여재판을 한다고는 하나, 국민참여재판이 내린 유죄 선고를 판사가 선고유예로 가볍게 무시해버릴 수 있다면 그것은 구색 맞추기에 불과한 것이다. 미국은 배심원들에게 사실인정에 대한 전권을 부여한다. 그러면서도 배심원들의 권한 남용을 견제하기 위해 엄격한 증거법 원칙을 확립했다. 증거법 원칙은 검찰을 견제하는 원리가 아니라 배심원을 견제하기 위한 것이다. 우리나라 법서는 어떤지 모르지만 미국 법서에는 그렇게 적혀 있다. 검사는 판사가 견제하고, 판사는 배심원들이 견제하며, 배심원들은 엄격한 증거법에 제한되도록 하여 이중삼중으로 사법권을 통제하는 것이다.

　이렇게 권한 남용과 자의적인 권한 행사를 경계하고 있음에도, 미국 역시 판사와 배심원에 의한 판결의 신뢰성에 의문이 제기되고 있다. 한 연구에 따르면 동일 사건에 대해 검사의 구형이 34개월일 때와 12개월일 때 판사가 내린 평균 선고 형량의 차이가 무려 8개월이었다고 한다. 기준점을 만들어놓고 생각을 하면 최종 결론이 그 기준점에 영향을 받는다는 '기준점과 조정Anchoring and Adjustment 휴리스틱' 때문이다.

따라서 재판에도 불복할 수 있는 절차가 있어야 한다. 우리처럼 민주적 정당성이 부족하고, 법원행정처가 완벽하게 인사권을 행사하는 법원이라면 당연히 그 결과에 대한 불복 절차가 있어야 한다. 대부분의 선진국에는 재판에 대한 불복 절차가 있다. 미국의 경우 주대법원의 판결도 연방대법원의 심판 대상이 된다. 유럽의 대부분 국가들은 헌법소원의 대상에 재판을 포함시키는 것으로 해결하고 있다. 이것을 '재판소원'이라고 하는데, 재판 결과를 헌법소원의 대상으로 삼아 그것의 기본권 침해 여부를 심판하는 절차를 말한다. 신성불가침인 판결을 감히 다시 판단하다니 참으로 해괴하고 불경스러운 발상이라고 생각할지 모르나, 사실 헌법재판소가 있는 나라에서는 재판소원을 인정하는 것이 일반적이다. 헌법재판소가 있는 독일, 러시아, 스페인, 체코, 헝가리 등은 재판소원을 인정하고 있다. 독일의 경우에는 헌법소원의 대부분이 재판소원이다.

사회 교과서에 나오는 헌법소원의 의의에 대해 다시 한 번 되새김해보면, 헌법소원이란 '공권력의 행사 또는 불행사에 의하여 헌법상 기본권을 침해당한 자가 법률에 다른 구제 절차가 없는 경우 직접 헌법재판소에 대하여 당해 공권력 작용의 위헌성을 확인하고 권리를 구제해줄 것을 청구하는 특수한 구제 절차'라고 정의 내리고 있다. 쉽게 말하면 국가 공권력으로 자신의 권리를 침해받았고 다른 방법으로 구제받을 수 없을 때 마지막으로 호소할 수 있는 제도라는 뜻이다.

그럼 공권력이란 무엇인가. 공권력은 크게 입법권, 사법권, 행정권으로 나뉜다. 입법권은 국회의 법률을 만드는 권한이다. 행정권은 행정기관의 권한이다. 사법권은 재판 권한이다. 따라서 재판도 당연히 공권력 행사이다. 따라서 재판에 의해 국민의 기본권이 침해되었다면 공권력에 의해 기본권이 침해된 것이다.

물론 재판소원이 헌법에 위배된다고 주장하는 이들도 있다. 하지만 상당수 헌법학자들의 생각은 다르다. 재판소원이 위헌이 아니라 오히려 헌법소원에서 재판소원을 배제한 것이 위헌이라는 것이다. 또한 재판소원 배제가 위헌은 아니라고 주장하는 학자들마저도 '법원의 재판'을 헌법소원 대상에 포함시켜야 한다고 주장한다. 헌법 전문가들 대부분이 재판소원을 당연하게 생각하고 있다. 그러니 내 말은 일개 검사의 엉터리 주장이 아니다. 실제 헌법재판소를 설치한 나라 중 재판소원을 인정하지 않는 나라는 슬로베니아, 오스트리아 정도이다.(오스트리아의 경우 재판소원이 인정되는지에 대해 논란이 있다.) 일각의 주장대로라면 독일의 연방헌법재판소는 헌법을 위반하고 있는 것이다.

우리나라 헌법 제27조에서는 '재판청구권'을 보장하고 있고, 재판에는 당연히 헌법소원도 포함된다. 따라서 헌법소원에서 법원의 판결을 완전히 배제시키는 것은 헌법에서 정한 재판청구권을 침해하는 것으로 '과잉금지의 원칙'에도 위배된다. 또한 재판을 헌법소원 대상에서 제외하는 것은 법원에 특권을 부여한 것이고, 재판으로 기본권을 침해받는 국민을 불합리하게 차별하는 것이므로 헌법상

'평등권'을 침해하는 것이다. 더구나 헌법소원은 다른 구제 절차를 다 거친 후에 더 이상 다툴 방법이 없는 경우 마지막으로 구제를 요청하는 절차이다. 다른 구제 절차를 거쳐야 청구가 가능한 것을 '보충성의 원칙'이라고 한다. 따라서 법원 재판이 가능한 경우 이를 모두 거친 후에야 헌법소원이 가능하다고 하는 보충성의 원칙을 요구하면서 정작 그렇게 경유한 법원 재판에 대하여 헌법소원을 못하도록 하는 것은 모순이라 아니할 수 없다. 실제 입법권, 행정권과 달리 별다른 통제 방법이 없는 사법권에 대한 공백을 메우기 위해서라도 헌법소원이 반드시 필요하다.

이에 대해 헌법재판소에서 이미 재판소원을 배제한 것에 대해 합헌이라고 결정 내렸는데 철 지난 이야기를 왜 다시 꺼내느냐고 타박할 수도 있다. 물론 헌법재판소가 재판소원을 제외한 헌법재판소법에 대해 합헌이라고 결정한 것은 사실이다. 그러나 헌법재판소의 결정문을 자세히 읽어보면 전혀 다른 내용이다.

헌법재판소의 해당 결정문에서는 이렇게 밝히고 있다. "법원의 재판을 헌법소원심판의 대상이 될 수 있도록 한다면 또 한 번의 기본권 구세 절차를 국민에게 제공하게 되는 것이므로 더욱 이상적일 수 있다. 그러나 입법자가 헌법재판소와 법원의 관계 기타의 사정을 고려하여 행정작용과 재판작용에 대한 기본권의 보호를 법원에 맡겨 헌법재판소에 의한 기본권 구제의 기회를 부여하지 아니하였다 하여 위헌이라고 할 수는 없다. 현재의 법적 상태가 보다 이상적인 것으로 개선되어야 할 여지가 있다는 것이 곧 위헌을 의미하지는 않는다." 쉽게 풀어보면 '비빔밥에 고추장을 넣으면 훨씬 좋지만, 고추장이 빠졌다고 하여 비빔밥이 아니라고 할 수는 없다'는 뜻이다. 즉, 비빔밥에는 고추장이 빠져야 한다는 것이 아니라 고추장이 있었으면 더 좋았을 것이라는 뜻이다. 헌법소원 대상에 재판을 포함시키면 더 이상적일 거라고 명시적으로 밝히고 있으므로 이 결정이 재판소원을 반대하는 근거가 될 수 없다.

헌법에서 '법률이 정하는 헌법소원'이라고 규정하고 있으므로 헌법소원은 제한적으로 인정되어야 한다는 주장도 있다. 그러나 대부분의 학자들은 이 규정이 법률로서 헌법소원의 내용을 제한하라는 것이 아니라 '헌법소원의 구체적인 절차와 내용을 법률로서 구체화하라'는 뜻이라고 말하고 있다. 그게 아니라면 헌법에서 정한 것을 하위법인 법률이 제한하는 꼴이 된다.

한편으로는, 헌법재판관들이 대부분 법관 출신이므로 재판소원을 하더라도 결과는 대동소이할 것인데 굳이 재판소원으로 시간과 비용을 낭비할 필요가 있겠느냐는 주장도 있다. 맞는 말이다. 헌법재판소는 대부분 판사 출신들로 채워져 있다. 헌법재판소법 제5조에서 헌법재판관은 변호사 자격이 있어야 한다고 규정하고 있다. 그러나 변호사 자격이 있어야만 헌법적 가치를 판단할 수 있는 것은 아니다. 사실 헌법재판소를 판사로만 채우는 것은 헌법재판소 설립 취지에 맞지 않다. 이것은 변호사 자격을 요구하고 법원 출신이 헌법재판관을 독점하면서 생긴 문제점이라 그것을 해결하면 해소할 수 있는 문제이다. 헌법재판소법 제5조는 삭제되는 것이 마땅하며 헌법재판소의 인적 구성은 법원으로부터 독립되어야 한다. 이렇게만 되면 자연스럽게 해결되는 문제이다.

지금까지 내용을 읽다 보니, 재판소원이라는 것이 너무나 당연히 보장되어야 할 것 같은데 도대체 왜 법률에서 빠지게 되었는지 궁금할 것이다. 좋은 제도라고 하지만 법률에서 빠지게 된 데에는 그럴 만한 이유가 있었기 때문이 아닌가라고 생각할 수도 있다. 우리나라에서 재판소원이 제외된 것은 '헌법재판소법 제68조 제1항' 때문이다. 이 조항은 "공권력의 행사 또는 불행사로 인하여 헌법상 보장된 기본권을 침해받은 자는 법원의 재판을 제외하고는 헌법재판소에 헌법소원심판을 청구할 수 있다"라고 규정하고 있다. '법원의 재판을 제외하고'라는 예외 조항이 들어가면서 재판소원이 제외되게 된 것이다. 이 예외 조항이 생겨나게 된 역사를 알아보려면 내가 고등학교 3학년이었던, 군사 쿠데타로 집권한 정권에 대한 저항의 불길이 거세게 타오르던 1987년까지 거슬러 올라가야 한다. '박종철', '이한열'이라는 꽃다운 청년들의 피와 시민들의 저항으로 1987년 군사정권은 무릎을 꿇었고, 그 군사정권을 유지하던 헌법과 제도들도 개정되었다. 그 과정에서 기존의 사법 제도로는 국민들의 기본권을 보장하기에 부족했다는 반성에 따라 헌법재판소가 탄생하게 된다. 그래서 지하철 3호선 안국역에 있는 헌법재판소는 국민의 기본권 보호를 위해 피로 쟁취한 기관이자 유일하게 시민의 힘으로 세운 헌법기관이다.

그에 따라 1987년 헌법재판소법이 제정되는데, 당시 전두환 씨의 민주정의당은 재판소원을 제외시키자는 입장이었고, 반면 야 3당은 재판소원을 제외시킬 이유가 없다는 의견이었다. 그래서 각자 별개의 헌법재판소법 제정안을 만들어 국회에 제출했다. 1987년 7월

21일, 국회 법제사법위원회 제3차 회의에서는 양 법률안을 심의하기 위해 법률심사소위원회를 구성했다. 7월 22일 밤, 위 소위는 여당과 야당의 법안들을 모두 폐기하고 법률심사소위원회의 대안을 제시하였는데, 이때 이 예외 규정이 들어온 것이다. 얼마나 급하게 끼어들었는지 국회 속기록과 관련 기록 어디에도 이날 밤의 진행 경과에 대한 내용이 없다. 아마 디스패치라면 은밀한 사진 몇 장은 건졌을 텐데 아쉽다. 이날 밤 사생아처럼 은밀히 태어난 이 법안은 국민들이 미처 알지도 못한 채 바로 다음 날인 7월 23일 국회를 통과했다. 이 때문에 헌법재판소법 제68조 제1항은 태생 자체가 정파 간의 은밀하고 달콤한 불륜과 로비의 소산이라는 의심을 받고 있다. 국민들로서는 백주대낮에 자신들의 권리구제를 위한 강력한 무기 하나를 '네다바이'당한 셈이다. 음, 한밤중의 일이니 백주대낮은 아니다.

혹자는 말한다, 우리나라 사람들처럼 승복하지 않는 국민들에게 재판소원을 허용하게 되면 모두가 소송 폐인이 될 것이고, 재판소원이 제4심으로 기능하여 옥상옥이 되므로 법적 안정성을 해치게 된다고. 그런데, 재판과 수사 결과에 승복하지 않는 것이 오로지 국민들의 책임일까? 우리 국민들은 나라가 망하면 집 안에 있는 금가락지를 들고 나오고, 유조선이 좌초하면 떼로 몰려가 조약돌 하나하나에 낀 기름까지 닦는 사람들이다. 유별나기에 이런 기적도 가능한 것이다. 국민들은 계속 목이 마르다고 하는데 자칫 잘못하면 우물이 마른다며 울타리 치고 막는 것이 정답일까? 우리 국민들의 유별난 애국심에 비춰볼 때, 우물이 마를 것 같으면 지게질로 다시 물을 채워 넣을 것이다. 게다가 그 우물의 주인은 원래 국민이다.

국민은 헌법에 따라 재판을 청구할 권리를 가지고 있다. 그 권리로부터 법원, 검찰의 권한이 나오는 것이다. 주인이 계속 납득할 수 없다고 하는데 마름이 나서서 그만두라고 할 수는 없다. 게다가 지금 과거에 이뤄졌던 수많은 재판들이 잘못되었다는 것을 인정하면서 재심을 받아들이고 있다. 이렇게 재심이 많이 이뤄지고 있는 마당에 법적 안정성을 이유로 재판소원을 배척하는 것은 자가당착이다.

사법개혁을 하려면 이제는 모두가 서로를 견제할 수 있도록 장치를 갖춰야 한다. 그러기 위해서는 법원의 판결·결정에 대해서도 불복할 수 있어야 하고, 헌법재판소의 완전한 모습을 갖추기 위해서라도 재판소원이 부당한 속박에서 해방되어야 한다.

혹시 내가 구라 치고 있다고 생각할 수도 있어 '독일연방헌법재판소'의 결정 한 구절을 인용한다. "헌법소원은 국가에 대한 국민의 특수한 권리보호 수단으로서, 입법·행정·사법권의 모든 행위는 기본권 적합성에 따라 심사되어야 한다는 목적을 실현하는, 국가에 대한 국민의 특수한 권리보호 제도이다."

형사처벌 편의주의를 경계한다

소방관, 경찰관, 운전사, 의사, 교사, 검사 중 가장 최근에 생긴 직업은 무엇일까? 답은 예상한 바와 같이 검사다. 검사는 불과 200 여 년 전에 생긴 직업이다. 영국의 경우는 1985년에야 비로소 근대적 의미의 검사 제도가 만들어졌다. 그러니 따지고 보면 신상품이다. 짧은 역사에도 불구하고 검사 제도가 단기간에 전 세계에 퍼지게 된 것은 민주주의와 법치주의를 실현하는 데 적합했기 때문이다. 우리나라 검찰에게는 과분한 평가라고 발끈하는 사람도 있겠지만, 토레스가 부진하다고 해도 축구선수가 아닌 것은 아니다. 롯데 팬들이 아무리 "느그가 프로가?"라고 울부짖어도 롯데 자이언츠가 프로야구 팀이라는 사실은 변하지 않는 것과 같다.

법을 집행하는 대표적인 직업이라 그런지 '검사' 하면 자연스럽게 떠오르는 이념이 '법치주의'다. 간혹 법치주의를 중국의 법가사상과 유사하다고 오해하는 사람들이 있는데 전혀 다른 개념이다. 우리나라 학생들의 높은 성적 수준에 비춰볼 때 두 가지를 혼동하는 것은 당황스러운 일이다.

법치주의는 절대군주의 권력을 견제하여 군주의 자의恣意에 의한 통치를 막고 국민의 대표 기관인 국회에서 제정한 법률에 따라 통치하게 하는 사상이다. 이에 반해 법가사상은 절대왕정과 부국강병을 이루기 위한 수단으로서 궁극적으로 왕권을 강화하는 수단이다. 앞뒤 다 자르고 말하자면 법치주의는 왕권을 억제하기 위해 만든 제도이고, 법가사상은 그 반대로 왕의 권력을 강화시키기 위한 제도이다.

전혀 다른 두 가지를 종종 혼동하는 것은 '법'이라는 단어가 들어가기 때문이기도 하지만, 무엇보다 미리 정해놓은 기준에 의해 예측 가능성을 준다는 점에서 유사하기 때문이다. 예측 가능성은 신뢰라고 할 수 있다. 법치주의에서나 법가사상에서나 법이 제대로 기능하기 위해서는 국민들이 법을 신뢰해야 한다. 법이 신뢰를 얻기 위해서는 공정해야 하고, 또 두려움을 줘야 한다.

법이 신뢰를 얻는 방법은 무엇일까? 흔히 법이 신뢰를 얻는 사례로서 춘추전국시대 진나라의 부흥을 이끈 '상앙商鞅'의 예를 들곤 한다. 남문에 놓인 나무를 옮기는 자에게 상금을 주었다는 상앙의 '이목지신移木之信' 고사는 신뢰나 법치주의 이야기가 나올 때면 늘 등장하는 단골 소재다. 상앙은 누가 뭐래도 법가사상의 프랜차이즈 스타이다. 농구계의 조던이자 축구계의 펠레와 같은 존재이다.

형사처벌 편의주의를 경계한다

상앙은 춘추전국시대에 위衛에서 태어나 위魏나라 재상 공손좌公孫痤 밑에서 말직을 맡았다. 공손좌는 상앙의 비범함을 간파하고 위 혜왕에게 그를 중용하든지 아니면 차라리 죽이라고 했다. 그러고 보니 항우를 몰락시킨 한신도 범증으로부터 마찬가지 이야기를 들었다. '중용하지 않을 거라면 차라리 죽여야 할 인물'이라는 것은 중국인들이 뛰어난 캐릭터에 붙이는 진부한 수사가 아닌가 싶다. 민족적 성품이 잘 드러나는 표현이다.

아무튼 상앙은 위나라에서 출세하기 어렵다고 생각했던지 '초현령招賢令'을 내려 각지의 인재를 구하고 있던 진나라로 떠났다. 진나라로 가서 권세가였던 경감景監의 추천을 받아 진 효공孝公을 만난 그는 세 번째 만남 끝에 법가사상을 설파하며 중용된다. 그리고 후일 결국 상앙은 진나라에서 일인지하 만인지상의 지위에까지 오른다.

외국인인 상앙이 진나라 최고 지위에까지 오른 것은 매우 놀라운 일이다. 당시 진나라에는 외국인을 꺼리는 분위기가 없지 않았기 때문이다. 실제 진나라에서 외국인 관료들을 추방하자는 내용의 '축객령逐客令'이 내려지기도 했다. 물론 축객령이 내려진 데는 그럴 만한 이유가 있었다. 진나라의 중국 정복을 가능케 했던 경제력의 바탕에는 '정국거鄭國渠'와 '도강언都江堰'이라는 대규모 관개시설이 있었다. 그중 정국거는 불모지였던 관중평원을 옥토로 바꾼 인공 수로 공사인데, 우리로 따지면 경부고속도로나 포항제철 건설과 같은 국가적인 대역사였다. 정국거는 한나라 사람 정국이 만든 수로라는 뜻이다. 그런데 진나라를 두려워한 한나라가 정국을 보내 대규모 토목사업을 벌이게 해서 진나라의 국력을 소진시키려 했다는 사실이 밝혀졌다. 결국 정체가 탄로 난 정국은 국문을 받는 자리에서, '비록 불순한 의도에서 시작했지만 정국거가 완성되면 진나라에 엄청난 경제 성장을 선물해줄 것'이라고 항변했다. 실제로 진나라는 정국을 죽인 후에도 정국거 건설을 계속했다.

정국이 진짜 간첩이었을까? 이웃 나라를 파탄내고 싶다면 서시와 같은 미녀를 보내거나 호화 시설을 짓도록 하지 대규모 R&D를 하게 하지는 않는다. 아마 정국거의 건설에 많은 비용이 들어가고 시간이 소요되자 반발하는 세력과 불안한 민심을 달래기 위해 정국을 간첩으로 몰아 희생양으로 삼은 것 아닐까 싶다. 아무튼 축객령이 흐지부지 끝난 것만 보더라도 정국이 실제 간첩이었을 가능성은 높지 않다. 이 축객령에 대항하여 이사李斯가 내세운 논리가 바로 '바다는 한 줄기의 개울도 마다하지 않고, 태산은 한 줌의 흙도 마다하지 않는다'는 말이다. 바다는 모르겠지만, 태산은 화강암으로 이뤄진 것이라 이사의 말은 반만 맞다.

축객령에서 보듯 진나라에서는 외국인에 대한 거부감이 만만찮았던 것 같다. 그럼에도 꼭 필요한 외국인을 등용한 것은 지도자의 용병술이다. 결국 진나라를 부흥시킨 것은 상앙이 아니라 상앙 같은 인재를 알아보고 추천한 경감과 그를 등용한 효공이라고 할 수 있다. 상앙 같은 인재는 어디든 있으나 그런 인재를 알아보는 지도자는 많지 않다. 우리나라를 보더라도 정실인사, 회전문인사, 코드인사라는 말이 횡행하지 않는가. 그래서 '폴리페서'나 자칭 시민활동가들은 날파리가 돼지 쫓듯 정치 거물 주변을 떠도는 거다.

형사처벌 편의주의를 경계한다

아무튼 제국이 벽을 쌓고 이민족을 내쫓을 때부터 쇠퇴가 시작된다는 것은 동서고금의 진리인 것 같다. 합스부르크 스페인 왕조는 몰락하기 전 유대인과 무어인을 추방했고, 프랑스의 산업이 붕괴된 데는 위그노의 추방이 주요 원인이 되었다. 한때 로마제국만큼 위대했던 오스만 투르크도 이민족에 대한 포용을 잃으면서 쇠퇴했고, 무굴제국도 힌두인 사업가들을 핍박하면서 결국 맥없이 무너졌다. 내가 직접 본 것은 아니지만 아무튼 그렇다고 한다.

　사람들은 힘들어지면 여성, 장애인, 외국인과 같은 사회적 약자들을 미워하기 시작한다. 그리고 자신들의 미움을 정당화하기 위해 헛소문을 만든다. '된장녀'니 '맘충'이니 하는 말들을 만들어내 미움을 정당화하는 식이다. 우리나라의 외국인 혐오는 피부색에 짙은 영향을 받는다. 사대주의의 잔재다. 외국인 근로자들의 범죄율이 높다는 이유로 그들에 대한 혐오를 정당화하는 사람들도 있다. 하지만 대검찰청에서 발간한 『범죄백서』에 따르면 외국인의 범죄율은 우리나라 국민 평균의 절반에 불과하다. 숨겨진 외국인 범죄가 많다고 반박할 수 있지만, 외국인이 피해자인 범죄는 더 많이 암장된다. 불법체류자라는 약점 때문에 피해를 입고도 신고하지 못하는 범죄가 훨씬 더 많다. '제노포비아Xenophobia'는 감기와 같다. 몸이 약해지면 걸린다.

　이야기가 길어졌는데, 효공에 의해 등용된 상앙은 강력한 변법을 제정하고 이를 실천하려고 했다. 그러나 백성들은 변법을 믿지 않았고, 기득권층은 반발했다. 이에 상앙은 두 가지 계책을 사용했다. 우선 남문에 나무 기둥을 세우고 그 기둥을 북문으로 옮기면 금

10냥을 상으로 준다고 했다. 그 말을 믿는 사람은 없었다. 그래서 상금을 50냥으로 올렸다. 어느 사람이 밑겨야 본전이라는 심정으로 옮겼다. 그러자 약속대로 50냥의 상금을 주었다. 백성들은 그것을 보고 나라가 약속한 것은 반드시 지킨다는 것을 알았다고 한다.

변법에 대해 반발하는 귀족들을 제압하기 위해서는 죄를 지은 왕족을 숨겨준 태자를 대신하여 스승인 공손고公孫賈를 묵형墨刑에 처했다. 묵형이란 얼굴에 문신을 하는 것이다. 국가가 타투를 해준 셈이다. 아무튼 변법이 미래의 권력에도 거침없이 적용되는 것을 보고 백성들은 그것이 누구에게나 공평하게 적용되는 법이라는 것을 알게 되었다고 한다. 대부분의 책에는 이렇게 나와 있다.

이 설화가 사실일까? 나무를 옮기면 돈을 주겠다는 약속을 지키는 것만으로 법에 대한 신뢰가 생겼을까? 이렇게 쉽게 국민의 신뢰를 얻을 수 있다면 부국강병을 이루지 못할 나라가 없다. 이런 쇼를 가장 잘 만들어내는 나라가 북한이다. 이게 먹힌다면 북한은 지상낙원이 되어 있어야 한다. 일반적으로 이와 같은 이벤트는 법에 대한 신뢰보다 오히려 공정성 논란을 일으킨다. 예를 들면, 상앙이 자신의 친인척에게 특혜를 주기 위해 나무를 옮기게 했다는 소문이 돌았을 수도 있다. 또, 이권을 두고 다투던 공손고를 제압하고, 진나라 후계자 구도에 개입하기 위해 수사를 빙자하여 반대파를 제거한 것이라는 '찌라시'도 나돌았을 것이다. 나무를 옮긴 사람이 상앙의 친인척이라는 사실을 직접 들었다는 사람들도 나타날 것이고, 상앙이 다른 왕자와 밀거래를 하고 엄청난 부를 챙겼다는 그럴싸한 목격담도 나왔을 것이다. 그게 더 현실적이다.

형사처벌 편의주의를 경계한다

이런 쇼가 먹혀들었다면 상상의 이벤트 때문이 아니라 아마 진나라 체제에 대한 구심력이 원심력보다 강했기 때문일 것이다. 법, 궁극적으로 체제에 대한 신뢰는 자신의 미래에 대한 희망적인 기대와 연관되어 있다. 자신의 미래가 더 나아질 것 같지 않은 상황이라면 그 사회를 유지시키는 규범과 질서에 대한 신뢰가 생기기 어렵다. 오히려 반감만 가지게 될 것이다. 게다가 법에 대한 신뢰는 주도 세력 교체나 권력 찬탈을 노리는 세력의 끊임없는 선전·선동을 이겨내야 얻을 수 있다.

당시 진나라는 후발주자였지만 단기간에 엄청난 성장을 했고, 잠재력이 현실적인 힘으로 실현되고 있었다. 외국에서 인재를 수입해야 할 정도로 경제가 비약적으로 성장하고 있었다. 국민들은 진나라 체제의 성장과 자신들의 미래에 대해 낙관적이었을 것이다. 그러니 국민들이 그런 연극에 기꺼이 박수를 치고 호응을 한 것이다. 웃을 준비가 된 관객이었던 것이다.

법은 규범적이라고 생각되나 실상 경험적이고 사실적이다. 흔히 법이 확립되고 그 결과 제국이 성장했다고 믿지만, 그렇지 않은 사례도 적지 않다. 1870년대부터 20세기 초까지의 미국은 어느 나라 못지않게 부정부패했다. 이리 철도 강탈 사건에서 보듯 사법 체제도 극히 오염되어 있었다. 그렇지만 경제는 로켓을 탄 것처럼 치솟았고, 법과 체제에 대한 당시 국민들의 신뢰도 지금보다 높았다. 누구나 그 로켓에 올라탈 수 있을 것이라고 기대하고 희망했기 때문에 아무도 그 판을 깨고 싶지 않았을 것이다. 이는 천문학적 규모의 부정부패가 횡행한 중국에서 경제성장률이 떨어지는 지금에서야 그것이 문제되는 이유일지도 모른다. 사람들은 자신도 이용할 수 있다고 생각하면 지름길을 폐쇄하지 않는다. 법만으로 세울 수 없는 것이 법치주의이고 국민의 신뢰다. 결국 국민들이 법을 지키게 하는 것은 밥과 희망이다.

그래서 법가사상으로 진나라가 통일제국이 되었다고 볼 것인지는 의문이다. 만약 그렇다면 법가사상이 유지되는 한 제국도 유지되어야 한다. 하지만 진나라는 그 법 때문에 무너졌다. 진나라 법체계를 형성하고, 엄혹한 처벌로 그 법의 규범성을 확보하려고 했던 상앙도 자신이 만든 법에 걸려 다섯 마리의 소에 의해 사지육신이 찢겨 죽었다. 제국을 만든 법은 상앙뿐만 아니라 제국도 찢어버렸다. 제국 몰락의 시작은 인류 역사상 최초의 민란이라고 할 수 있는 진승·오광의 난이었다.

원래 진승陳勝과 오광吳廣은 노역에 징발된 빈민들을 인솔하는 책임자들이었다. 그러나 가는 길에 비를 만나 강을 건너지 못했고 약속한 기일을 맞출 수 없게 되었다. 당시 진나라 국법은 기한을 지키지 못한 자를 사형으로 다스렸다. "미안, 차가 막혀서 늦었네"라고 말하면 죽이는 것이다. 아무튼 이리 죽으나 저리 죽으나 마찬가지가 된 진승과 오광은 "왕후장상의 씨가 따로 있느냐"는 실로 시대를 앞서간 혁명적인 구호를 외치고 난을 일으켰다. 진승과 오광의 농민 무리는 예상을 뒤엎고 막강한 진나라 군대를 상대로 연전연승을 하게 된다.

당시 진나라 군대는 청동기 무기와 장거리 활로 무장한 강력한 군대였다. 게다가 조나라 조괄趙括의 군사 40만 명을 생매장하는 등

공포를 유발하는 전략으로 그 위압감은 대단했다. 칭기즈칸의 몽골 군처럼 상대방에게 공포를 심어줌으로써 대적하기도 전에 이미 전의를 상실케 하는 것이다. 그런 공포 전략이 먹혀들어 진나라의 학정 속에서도 각 지방의 군벌들은 숨을 죽일 수밖에 없었다. 그런데 진승, 오광 등이 이끄는 무지렁이들이 그런 전투의 귀신들을 상대로 연전연승을 했던 것이다. '어라 저거 별거 아니네!' 이제 진나라 군대를 감싸고 있던 공포의 방패가 사라져버렸다. 버프가 꺼진 거다. 그 결과 진나라 군대의 살기에 숨도 못 쉬던 각지의 군벌들이 저마다 봉기를 하게 되고 그로 인해 진나라는 망하게 된다. 아무리 용이라도 개천에 빠지면 모기붙이 새끼까지 달려드는 법이다.

우리나라에서는 누군가 비난받을 짓을 하면 반드시 형사처벌을 받게 해야 한다는 감정적 흐름이 강하다. 2016년에는 실신한 택시기사를 두고 떠난 승객들에 대한 기사가 나오면서 '선한 사마리아인 법'이 언급되었다. 승객들이 아무런 조치도 취하지 않고 다른 택시를 잡아 공항으로 떠났다는 것이다. 결국 택시기사는 구조가 늦어져 사망했다. 승객들이 전화 한 통화만 해주고 떠났더라도 그 택시기사는 살아서 가족 품으로 돌아갔을지 모른다. 너무 화가 났는지 위험에 처한 사람들을 방치하는 행위도 형사처벌해야 한다는 주장이 우세했다. 하지만 선의와 공감은 처벌로 위협한다고 생기는 것이 아니다. 그보다는 의로운 행동으로 인해 발생하는 책임을 면책해주고 보상해주는 것이 제대로 된 방향이다. 선의를 베풀지 않았다고 처벌하자는 것은 분노일 뿐이다. 너무 잦은 형사처벌은 법의 규범력을 무너뜨리고 국민의 불신을 가져온다. 규범을 지키는 데 필요하다 하더라도 예외적인 최후의 수단으로 사용되어야 한다.

우리나라는 검찰의 힘이 지나치게 강해서 '검찰 공화국'이라고 불린다. 물론 '찌라시 공화국'이라고도 하고, '갑질 공화국'이라고도 하고, '삼성 공화국'이라고도 한다. 아무튼 검찰 공화국이라는 것은 결국 모든 것을 검찰에서 해결하고 검찰의 권력이 지나치게 강화되었다는 의미일 것이다. 하지만 이 말은 정확한 것이 아니다. 정확히는 '대통령 공화국'이나 '형사처벌 공화국'이라고 불러야 한다. 검찰이 전횡을 일삼는다고 하나 결국 인사권으로 검찰을 쥐고 흔드는 것은 권력자이다. 검찰 개혁은 늘 권력을 쥔 자의 욕망만을 대변했다.

우리나라는 법안을 만들 때 반드시 벌칙 조항을 만든다. 그래야 법에 실효성이 생긴다고 믿는다. 하지만 그리해도 전과자만 늘어나지 막상 실효성에는 큰 영향을 미치지 못한다. 만약 실효성이 있다면 전과자가 줄어들어야 한다. 하지만 현실은 그렇지 않다. 물론 약속을 지키게 하는 가장 좋은 수단은 두려움을 주는 것이다. 그러나 두려움을 주는 수단이 단지 형사처벌만 있는 것은 아니다. 무엇보다 전근대적이다.

그럼에도 우리나라에서는 형사처벌 대상이 너무 넓다. 과실범에 대한 처벌 비율도 극히 높고, 개인적인 문제에 불과한 것도 부득부득 형사처벌 대상으로 삼는다. 범죄란 '공공에 대한 잘못으로 사회의 부담과 책임으로 처벌해야 하는 사회 전체에 대한 해악'이라는 것이 일반적인 뜻이다. 즉, 개인 간의 문제는 되도록 범죄로 인식해서는 안 되는 것이다. 그럼에도 우리는 명예훼손 같은 것까지 형사처벌 대상으로 삼는다. 그래서 우리나라에서는 일부러 '어그로'를

형사처벌 편의주의를 경계한다

끈 후 거기에 달린 댓글마다 명예훼손으로 고소해 돈 벌어먹는 짓거리도 가능하다. 세금 낭비도 이런 낭비가 없다. 이런 분야는 유럽의 사례처럼 아예 '사인소추私人訴追'를 가능하게 한 후 국가 공권력은 되도록 개입하지 않게 하는 것도 한 방법이다.(사인소추는 개인이 직접 형사소송을 제기하는 것을 말한다.)

그뿐 아니다. 대부분의 행정법규 위반도 형사처벌로 해결한다. 예비군 훈련에 불참하는 것, 승선 인원을 제대로 적지 않는 것, 영업신고를 하지 않는 것 등 검사인 내가 봐도 납득하기 어려운 법규 위반까지 죄다 범죄로 만들어놓았다. 이렇게 하니 검찰과 수사기관이 국민과 기업의 모든 것을 감시·간섭할 수 있게 된 것이다. 서울대학교의 박은정 교수는 이렇게 말한 바 있다. "평소 법과 국가는 우리 생활에 적게 간섭할수록 좋다고 생각하는 사람들도 대형사건 하나만 터지면 법이 미비해서 국가가 어떻게 좀 나서줘야 한다는 말을 하게 된다. 이러한 현대 사회의 대중소비적·대량생산적 속성이 그대로 법의 과소비, 법의 대량생산으로 이어지고 이는 입법자들의 입법편의주의와 입법만능주의와 결합하여 규범의 폭주, 입법홍수의 문제가 발생한다. 이는 규범과 입법 간의 충돌과 모순을 발생시키고, 이런 편의주의적·공리주의적 사고는 법의 파편화·단편화를 불러오며, 결국 법 해석과 집행에서의 어려움과 불확실성을 높인다."

형사처벌은 진통제와 같다. 자꾸 먹다 보면 내성이 생기고 점점 더 많이 사용해야 한다. 게다가 너무 많은 형사처벌로 인해 범죄 간의 경중에 대한 균형감각을 잃기 쉽다. 그러다 보니 정작 중요하고 강력한 범죄, 계획적인 재산 범죄, 대규모 경제 범죄 등에 대해서 터무니없이 온정적인 판결이 나오기도 한다. 처벌 대상은 줄이고 정작 본질적인 범죄에 대해서는 엄중하고 공평한 처벌이 이뤄져야 한다. 하지만 너무 많은 형사처벌 조항은 이런 것들에 대한 감각을 무디게 한다.

검찰은 아무 길이나 마구 갈 수 있는 무한궤도 차량이 아니다. 형사소송법은 범죄를 징벌하기 위한 것이 아니라 궁극적으로 검찰과 수사기관의 힘을 제한하기 위해 만든 법이다. 형사소송법으로 인해 검찰은 법이 허용하지 않은 길로는 한 발자국도 움직일 수 없다. 탱크가 아니라 차고가 극히 낮은 스포츠카에 가깝다. 아스팔트가 깔리지 않으면 함부로 나갈 수 없다. 하지만 우리나라에서는 숲을 자르고 계곡을 메우고 산꼭대기와 계곡 끝까지 아스팔트길을 깔아놓아 검찰이라는 스포츠카가 어디든 질주할 수 있게 만들었다. 그래서 산속의 평화가 사라지는 것이다. 산속의 차량 공해를 막고 싶다면 길을 메우고 나무를 심어야지 차를 없애야 하는 것이 아니다.

검찰과 수사기관이 모든 분야에 개입할 수 있게 된 데는 민사재판의 형해화 등 여러 원인이 복합적으로 작용하나 형사처벌 조항이 범람하는 것도 주요한 원인이다. 따라서 형사처벌 조항을 줄이고 민사 분쟁을 형사 사건으로 변질시키는 고소·고발 제도를 개선한다면 검찰권과 수사기관의 전횡은 자연스럽게 줄어들 것이다. 하지만 그런 노력을 하지 않고 검찰권과 수사기관에 대한 비난이나 인물 갈아치우기만 한다면 결국 이름만 달리한 수많은 수사기관들의 전횡으로 국민들의 자유만 침해받을 것이다.

클라우스 슈밥은 "우려되는 것은 결정권자decision-makers들이 지

형사처벌 편의주의를 경계한다

나치게 전통적·선형적 사고에 얽매이거나 혹은 단기적 문제에 매몰되어 우리의 미래를 만드는 파괴와 혁신의 힘에 대해 전략적으로 생각하지 못하고 있다는 점이다"라고 말한 바 있다. 우리 사법 제도나 검찰 제도가 늘 과거로 회귀하는 것은 결정권자들에 의해 주도되기 때문이다.

미국의 법사학자 로렌스 프리드먼Lawrence M. Friedman은 "사회는 명백히 원하는 범죄의 양을 스스로 결정한다"라고 말했다. 범죄의 양이 많아지면 범죄에 둔감해지고 법을 경시하게 된다. 또한 범죄를 지나치게 많이 원하면 검찰이나 수사기관의 힘이 거대해진다. 그 부작용으로 검사들은 엄청난 업무 강도에 시달리게 되었다. "그렇다면 관둬라. 검사 일 하고 싶은 사람 줄을 섰다"라거나 "왕관을 원하는 자, 그 무게를 견뎌라"라는 말은 하지 마시라. 왕관을 써야 하는 것은 국민이다. 그게 헌법 제1조가 말하는 민주공화국이다.

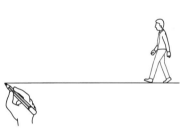

아침을 여는 청소부처럼
묵묵히 살아가는 그대들에게

나도 백만 문청 중 하나였기에 책을 써보자는 출판사의 제의를 들었을 때, 회가 동했다는 것을 솔직히 인정한다. 어차피 엉망인 책도 많으니 나 하나쯤 보탠다고 크게 죄 되는 일은 아니라고 스스로를 속이기도 했다. 그러나 욕심은 화를 부른다. 출판사로부터 내 이야기를 써보라는 제안을 받자 생각보다 빨리 화가 닥친 것을 깨달았다.

내 이야기랄 게 마땅히 없다. 게다가 자기 자신만큼 주관과 객관의 시각차가 극렬하게 벌어지는 것도 없다. 세상에서 자기 목소리를 육성으로 들을 수 없는 유일한 주체가 자기 자신이다. 그래서 시작이 어찌 되었든 자기 이야기는 결국 자화자찬이자 미화일색으로 끝난다. 세상의 영웅과 우국지사를 찾고 싶으면 서점에 가서 아무 자서전이라도 뽑아보라. 거기에 넘치게 있다. 그래서 그런 류의 이야기는 보지도 않고 믿지도 않는다. 심지어 연설에서 '나'나 'I'를 많이 사용하는 정치인은 신뢰하지 않는다. 그런데 내 이야기를 쓰라니!

더구나 검사가 자신의 이야기를 쓴 책이 없는 것도 아니다. 대개 도전적인 선전 문구로 시작되나 읽어보면 하나마나한 잡담으로 채워지곤 하는데, 우연의 일치인지 그런 책들의 저자들은 얼마 후 국회의원 선거에 도전하더라. 그래서인지 나는 검사가 자기 이야기를 하는 것에 대해 부담감과 반발심을 반반씩 가지고 있다.

물론 교대역에서 곱창에 소주잔을 기울이던 출판사 편집자가 중년남의 속사정이 궁금해서 내 이야기를 써보라고 했겠는가. 아마 우리나라 사람들이 검사는 어떤 생각을 하고 사는지 궁금해한다는 뜻이었을 것이다. 사실 우리나라에서 검사만큼 애증의 대상이 되는 직업도 없다. 영화나 드라마를 보더라도 지겹도록 자주 검사가 등장한다. 화면 속에 등장하는 검사는 거악의 근원이기도 하고, 모든 불의를 일거에 해결하는 '데우스 엑스 마키나Deus ex machina' 같은 장치가 되기도 한다. 하지만 당연히 영화나 드라마 속의 검사들은 현실의 그들과 아무런 관련이 없다.

그리고 실제 검찰에 대해서 할 이야기는 별거 없다. 드라마와 달리 검찰도 일반 회사와 거의 같다. 물론 검찰은 조직의 목적이 공익인 점과 강제력을 지니고 있다는 점 등에서 조금 다르기는 하다. 하지만 그 안에서 일하는 사람들은 대개 같은 방식으로 살아간다. 다들 열심히 일하나 따분하고, 지루하다. 목표 지향적이고 높은 이상을 가지고 있지만 적당히 부조리하고 본분에 대한 회의와 반성이 반복된다. 뛰어난 직원은 본업보다 보스의 일정 관리나 보스가 무심코 던진 계획이 잘 진행되는 것처럼 보이게 하는 일을 하는 것도 똑같다. 가끔 보스가 어디선가 서류와 회의를 줄여야 한다는 내용의 강연을 듣고 나면 회의를 줄이기 위한 TF가 생겨나고, 보고서를 줄이기 위해 수십 개의 보고서를 작성해야 하는 것도 마찬가지다.

그렇다고 검사가 되기까지, 혹은 검사가 되고 난 후 나에 대한 특별한 이야기가 있는 것도 아니다. 말 그대로 어쩌다 보니 검사가 됐다. 어려서부터 검사를 꿈꿔본 적 단 한 번도 없었고, 당연히 무딘 각오조차 없이 엉겁결에 검사 일을 시작했다. 하긴 언제도 인생의 궤적을 미리 그릴 수 있다고 생각해본 적 없으니 그리 어색한 선택은 아니었다. 게다가 준비 없이 시작한 직업이라고 꼭 오염되는 것은 아니라고 생각했다. 그럭저럭 주변이나 데울 수 있는 검사면 충분하다고 생각해서 시작했고, 장래 계획이라야 온기가 떨어지면 요란 떨지 않고 적당히 그만두겠다는 것 정도이다.

별다른 소명의식이나 야망 없이 시작한 것치고 오랫동안 검사실을 지킨 것은, 이상하게 들리겠지만, 가끔은 이 짓이 어렸을 때 꿈꿨던 우주여행 같기도 했기 때문이다. 울퉁불퉁하고 소란하며 불규칙하고 무질서한 검사실에 앉아 있으면 우주로 쏘아 올린 디스커버리호에 탑승한 것 같다. 검사실에서 마주하는 인생의 파열들이 직선적이고 단편적일 것이라고 생각할지 모르지만 사실 들여다볼수록 다양하고 모순적이다. 복잡하고 비틀어진 세상은 성층권에서 바라보나 50km 아래 검사실에서 바라보나 같은 모양이다. 선악과 미추가 시사 고발 프로그램이나 인터넷 댓글처럼 그리 쉽게 구별되는 것도 아니다. 그래서 검사실에서 벌어지는 한바탕 소나기 같은 소란들은 반복되어도 늘 새로운 여행 같았다. 물론 그 여행을 거치면서 더러 감탄하고 때론 깊은 슬픔에 빠지기도 했지만, 아쉽게도 나는 성장하거나 진화하지 못했다. 부족한 것은 더 많아졌고, 혼란스러움은 요동이 심해졌으며, 사람에 대한 기대와 불신의 경사는 더 급해졌다. 여전히 그대로인 아쉬움도 있지만, 그렇기 때문에 아직 온기가 남아 있는 것이라고 스스로 위로하기도 한다. 그러니 어쩌면 남아 있는 그 온기가 이 책을 쓰게 만든 것인지도 모르겠다.

이 책이 검사라는 직업의 이면이나 실상을 알려주는 역할을 할 것 같지는 않다. 게다가 실상이란 본래 그다지 재미없는 법이다. 검사보다 멋지고 보람 있는 일을 하는 사람들이 훨씬 많다. 사고가 난 곳이면 어디든 번개처럼 달려와 국민의 생명을 구하는 구조대원도 있고, 자신의 굽은 허리보다 더 가파른 남해 섬 비탈에서 고사리를 꺾어 데치고 말리는 촌로도 있으며, 가족들을 위해 천대와 열악한 노동 조건에도 불구하고 프레스 기계 앞에서 졸음을 쫓고 있는 이주노동자들도 있다. 그에 비하면 검사가 하는 일이란 온실 속의 화초 가꾸기 정도에 불과하다.

그 정도는 아니겠지만, 그래도 새벽마다 새 아침을 열어주는 청소부처럼 아무도 눈여겨보지 않는 곳에서 묵묵히 일하는 형사부 검사들이 있긴 하다. 세상을 속이는 권모술수로 승자처럼 권세를 부리거나 각광을 훔치는 사람들만 있는 것 같지만, 하루하루 촌로처럼 혹은 청소부처럼 생활로서 검사 일을 하는 검사들도 있다. 세상의 비난에 어리둥절해하면서도 늘 보람을 꿈꾸는 후배들에게, 생활형 검사로 살아봤는데 그리 나쁜 선택은 아니었다는 말을 해주고 싶었던 것 같다. 세상에는 우리보다 무거운 현재와 어두운 미래에 쫓기는 사람들이 더 많으니까. 이 정도가 수달 제사처럼 정리되지 않은 글을 세상에 내놓는 이유인 것 같다.

　누군가 돌을 쌓아둔다고 집이 되는 것이 아니듯이 사실을 모아둔다고 과학이 되는 것은 아니라고 했다. 마찬가지로 글을 모아 놓는다고 다 책이 되는 것은 아닌 것 같다. 하지만 굳이 통찰력이나 선견지명이 없더라도 이야기는 할 수 있다. 멈춰버린 시계도 하루에 두 번은 정확히 맞는다. 해결되지 않거나 비틀어진 논리들은 가끔 빗자루를 들고 양탄자 밑으로 쓸어 넣은 뒤 잠시 잊어도 된다고 누군가 말했다. 그래도 세상 무너지지는 않는다.